地方政府行为与中国经济波动

Local Government Behavior and China's Economic Fluctuations

李猛 著

图书在版编目（CIP）数据

地方政府行为与中国经济波动/李猛著．—北京：经济管理出版社，2015.12
ISBN 978-7-5096-4041-8

Ⅰ．①地…　Ⅱ．①李…　Ⅲ．①地方政府—政府行为—关系—经济波动—研究—中国
Ⅳ．①D625②F124.8

中国版本图书馆 CIP 数据核字(2015)第 264213 号

组稿编辑：宋　娜
责任编辑：宋　娜　许　艳
责任印制：黄章平
责任校对：张　青

出版发行：经济管理出版社
（北京市海淀区北蜂窝 8 号中雅大厦 A 座 11 层　100038）
网　　址：www.E-mp.com.cn
电　　话：(010) 51915602
印　　刷：三河市延风印装有限公司
经　　销：新华书店
开　　本：720mm×1000mm/16
印　　张：16.25
字　　数：266 千字
版　　次：2015 年 12 月第 1 版　2015 年 12 月第 1 次印刷
书　　号：ISBN 978-7-5096-4041-8
定　　价：98.00 元

·版权所有　翻印必究·
凡购本社图书，如有印装错误，由本社读者服务部负责调换。
联系地址：北京阜外月坛北小街 2 号
电话：(010) 68022974　　邮编：100836

第四批《中国社会科学博士后文库》编委会及编辑部成员名单

（一）编委会

主　任：张　江

副主任：马　援　张冠梓　俞家栋　夏文峰

秘书长：张国春　邱春雷　刘连军

成　员（按姓氏笔画排序）：

卜宪群　方　勇　王　巍　王利明　王国刚　王建朗　邓纯东
史　丹　刘　伟　刘丹青　孙壮志　朱光磊　吴白乙　吴振武
张车伟　张世贤　张宇燕　张伯里　张星星　张顺洪　李　平
李　林　李　薇　李永全　李汉林　李向阳　李国强　杨　光
杨　忠　陆建德　陈众议　陈泽宪　陈春声　卓新平　房　宁
罗卫东　郑秉文　赵天晓　赵剑英　高培勇　曹卫东　曹宏举
黄　平　朝戈金　谢地坤　谢红星　谢寿光　谢维和　裴长洪
潘家华　冀祥德　魏后凯

（二）编辑部（按姓氏笔画排序）：

主　任：张国春（兼）

副主任：刘丹华　曲建君　李晓琳　陈　颖　薛万里

成　员（按姓氏笔画排序）：

王　芳　王　琪　刘　杰　孙大伟　宋　娜　苑淑娅　姚冬梅
郝　丽　梅　枚　章　瑾

本书获国家社科基金青年项目“低碳转型引致的经济减速问题及其对策研究”（项目编号：11CJL011）、国家社科基金青年项目“中国地方政府债务博弈行为及其规制研究”（项目编号：15CJL009）资助。

序　言

2015 年是我国实施博士后制度 30 周年，也是我国哲学社会科学领域实施博士后制度的第 23 个年头。

30 年来，在党中央国务院的正确领导下，我国博士后事业在探索中不断开拓前进，取得了非常显著的工作成绩。博士后制度的实施，培养出了一大批精力充沛、思维活跃、问题意识敏锐、学术功底扎实的高层次人才。目前，博士后群体已成为国家创新型人才中的一支骨干力量，为经济社会发展和科学技术进步作出了独特贡献。在哲学社会科学领域实施博士后制度，已成为培养各学科领域高端后备人才的重要途径，对于加强哲学社会科学人才队伍建设、繁荣发展哲学社会科学事业发挥了重要作用。20 多年来，一批又一批博士后成为我国哲学社会科学研究和教学单位的骨干人才和领军人物。

中国社会科学院作为党中央直接领导的国家哲学社会科学研究机构，在社会科学博士后工作方面承担着特殊责任，理应走在全国前列。为充分展示我国哲学社会科学领域博士后工作成果，推动中国博士后事业进一步繁荣发展，中国社会科学院和全国博士后管理委员会在 2012 年推出了《中国社会科学博士后文库》（以下简称《文库》），迄今已出版四批共 151 部博士后优秀著作。为支持《文库》的出版，中国社会科学院已累计投入资金 820 余万元，人力资源和社会保障部与中国博士后科学基金会累计投入 160 万元。实践证明，《文库》已成为集中、系统、全面反映我国哲学社会科学博士后优秀成果的高端学术平台，为调动哲学社会科学博士后的积极性和创造力、扩大哲学社会科学博士后的学术影响力和社会影响力发挥了重要作用。中国社会科学院和全国博士后管理委员会将共同努力，继续编辑出版好《文库》，进一步提高《文库》的学术水准和社会效益，使之成为学术出版界的知名品牌。

哲学社会科学是人类知识体系中不可或缺的重要组成部分，是人们认识世界、改造世界的重要工具，是推动历史发展和社会进步的重要力量。建设中国特色社会主义的伟大事业，离不开以马克思主义为指导的哲学社会科学的繁荣发展。而哲学社会科学的繁荣发展关键在人，在人才，在一批又一批具有深厚知识基础和较强创新能力的高层次人才。广大哲学社会科学博士后要充分认识到自身所肩负的责任和使命，通过自己扎扎实实的创造性工作，努力成为国家创新型人才中名副其实的一支骨干力量。为此，必须做到：

第一，始终坚持正确的政治方向和学术导向。马克思主义是科学的世界观和方法论，是当代中国的主流意识形态，是我们立党立国的根本指导思想，也是我国哲学社会科学的灵魂所在。哲学社会科学博士后要自觉担负起巩固和发展马克思主义指导地位的神圣使命，把马克思主义的立场、观点、方法贯穿到具体的研究工作中，用发展着的马克思主义指导哲学社会科学。要认真学习马克思主义基本原理、中国特色社会主义理论体系和习近平总书记系列重要讲话精神，在思想上、政治上、行动上与党中央保持高度一致。在涉及党的基本理论、基本路线和重大原则、重要方针政策问题上，要立场坚定、观点鲜明、态度坚决，积极传播正面声音，正确引领社会思潮。

第二，始终坚持站在党和人民立场上做学问。为什么人的问题，是马克思主义唯物史观的核心问题，是哲学社会科学研究的根本性、方向性、原则性问题。解决哲学社会科学为什么人的问题，说到底就是要解决哲学社会科学工作者为什么人从事学术研究的问题。哲学社会科学博士后要牢固树立人民至上的价值观、人民是真正英雄的历史观，始终把人民的根本利益放在首位，把拿出让党和人民满意的科研成果放在首位，坚持为人民做学问，做实学问、做好学问、做真学问，为人民拿笔杆子，为人民鼓与呼，为人民谋利益，切实发挥好党和人民事业的思想库作用。这是我国哲学社会科学工作者，包括广大哲学社会科学博士后的神圣职责，也是实现哲学社会科学价值的必然途径。

第三，始终坚持以党和国家关注的重大理论和现实问题为科研主攻方向。哲学社会科学只有在对时代问题、重大理论和现实问题的深入分析和探索中才能不断向前发展。哲学社会科学博士后要根据时代和实践发展要求，运用马克思主义这个望远镜和显微镜，增强辩证思维、创新思维能力，善于发现问题、分析问题，积极推动解决问题。要深入研究党和国家面临的一系列亟待回答和解决的重大理论和现实问题，经济社会发展中的全局性、前瞻性、战略性问题，干部群众普遍关注的热点、焦点、难点问题，以高质量的科学研究成果，更好地为党和国家的决策服务，为全面建成小康社会服务，为实现“两个一百年”奋斗目标和中华民族伟大复兴中国梦服务。

第四，始终坚持弘扬理论联系实际的优良学风。实践是理论研究的不竭源泉，是检验真理和价值的唯一标准。离开了实践，理论研究就成为无源之水、无本之木。哲学社会科学研究只有同经济社会发展的要求、丰富多彩的生活和人民群众的实践紧密结合起来，才能具有强大的生命力，才能实现自身的社会价值。哲学社会科学博士后要大力弘扬理论联系实际的优良学风，立足当代、立足国情，深入基层、深入群众，坚持从人民群众的生产和生活中，从人民群众建设中国特色社会主义的伟大实践中，汲取智慧和营养，把是否符合、是否有利于人民群众根本利益作为衡量和检验哲学社会科学研究工作的第一标准。要经常用人民群众这面镜子照照自己，匡正自己的人生追求和价值选择，校验自己的责任态度，衡量自己的职业精神。

第五，始终坚持推动理论体系和话语体系创新。党的十八届五中全会明确提出不断推进理论创新、制度创新、科技创新、文化创新等各方面创新的艰巨任务。必须充分认识到，推进理论创新、文化创新，哲学社会科学责无旁贷；推进制度创新、科技创新等各方面的创新，同样需要哲学社会科学提供有效的智力支撑。哲学社会科学博士后要努力推动学科体系、学术观点、科研方法创新，为构建中国特色、中国风格、中国气派的哲学社会科学创新体系作出贡献。要积极投身到党和国家创新洪流中去，深入开展探索性创新研究，不断向未知领域进军，勇攀学术高峰。要大力推进学术话语体系创新，力求厚积薄发、深入浅出、语言朴实、文风清新，力戒言之无物、故作高深、食洋不化、食古不化，不断增强我国学术话语体系的说服力、感染力、影响力。

“长风破浪会有时，直挂云帆济沧海。”当前，世界正处于前所未有的激烈变动之中，我国即将进入全面建成小康社会的决胜阶段。这既为哲学社会科学的繁荣发展提供了广阔空间，也为哲学社会科学界提供了大有作为的重要舞台。衷心希望广大哲学社会科学博士后能够自觉把自己的研究工作与党和人民的事业紧密联系在一起，把个人的前途命运与党和国家的前途命运紧密联系在一起，与时代共奋进、与国家共荣辱、与人民共呼吸，努力成为忠诚服务于党和人民事业、值得党和人民信赖的学问家。

是为序。

张江

中国社会科学院副院长

中国社会科学院博士后管理委员会主任

2015 年 12 月 1 日

摘　要

在实现中华民族伟大复兴的征程上，地方政府你追我赶、各出奇招，发挥了巨大的推动作用，城市面貌因此日新月异。但在“硬币”的另一面，地方政府行为的负面效应也不断显现：产业结构雷同、市场分割严重、招商引资竞争混乱、基础设施建设重复、群体性事件频发，等等。毫无疑问，地方政府行为在相当程度上塑造了中国经济的“老常态”，也将深刻地影响中国经济的“新常态”。尽管不能简单地根据历史推测未来，但某些发展趋势确实很可能会延续下去。例如，地方政府行为依旧会呈现出短期化的倾向，在“八仙过海、各显神通”地推动区域经济发展的同时，也将加剧债务高企、产能过剩和地区分割等问题。本书把研究视角聚焦在与中国经济运行密切相关的政府行为方面，具体而言：经济波动现象在中国呈现出何种“特色”？在“新常态”下，中国经济面临的“大落”压力来自何处？为什么地方政府行为表现出短期化倾向？中央和地方间债务博弈折射了怎样的政府间纵向关系？地区间环保“竞次”透视了何种政府间横向关系？如何才能保持中国经济稳定和持续繁荣？本书的研究得出以下结论：

第一，面对来自于任职制度、考核制度和监督制度等方面的弱约束，地方政府在中央分权化改革中逐渐将自身的利益诉求转化为行动指南。随着中央政府的放权让利，地方政府逐渐超越了忠实执行中央政策的代理人角色，成为拥有更大积极性和主动性、承担更多公共服务责任的管理者，其与中央政府之间的关系从先前的“指令—服从”演变成随后的“指令—服从”与“指导—自主”相结合，其角色从先前的“公共人”转变成随后的“经济人”。当然，地方政府在追求利益最大化的过程中并非无所顾忌，其与地方人大和中央政府之间分别存在着理论上和现实中的“委托—代理”关系。然而，由于官员任期短暂、地方人大监督弱化等因素，地方政府“短期内政绩最大化”的行为模式不断强化，并诱发了企业和产业的短期化，进而导致大量建设资金流进流出，使得宏观经济呈现出“忽冷忽热”特征。经验分析结果进一步发现，地方政府行为可以解释中国经济波动源的三成。中央与地方之间信息链条过长，加之公共产品和服务的异质性，使得地方政府和官员有足够的条件和机会来制造假信息或隐瞒真信息，以此扩大自身利益——对财税收入的渴求、对晋升政绩的偏执、对不当得利的贪婪，等等。

第二，隐藏在地方政府短期化行为背后的政府间“父子博弈”和“兄弟相争”，酿成了债务膨胀和生态退化等苦果。从政府间纵向关系上看，中央与地方之间博弈行为明显，地方政府通过“两手抓”的办法解构了中央政府债务治理措施：一手是抓资金来源，即通过影子银行来筹资，将表内融资改为表外融资，实现了表面上的“去银行化”；另一手是抓举债主体，即通过下属的地方国有企业，将资金转给融资平台公司，实现了表面上的“去平台化”。“新常态”下，当中央政府祭出顶层设计、人事控制、行政命令和债务解包等招数时，地方政府可以通过地方试点、政绩偏向、产权属地化和信息不对称等办法“见招拆招”，将其“创造性”展现得淋漓尽致。从政府间横向关系上看，地方相互之间竞争行为激烈。地区间为增长而竞争的局面，加之恶性竞争代价较低的事实，纵容了一些地方政府利用手中的自由裁量权去迎合企业在污染排放上的机会主义倾向，放松环境监管。地方政府放松环境监管的行为又会引起一些周边地区的连锁反应，导致其他地区竞相效仿，进而“门槛一降再降、空间一让再让、成本一减再减”，招商引资之争逐渐异化为企业成本的“让利竞赛”，最终各地环境监管“向底线赛跑”。

第三，在经济增速换挡期，既要抑制高增长冲动，又要防止增速过快下滑，其中关键，就在于规范地方政府行为。经验分析结果表明，权力寻租对地方政府行为解释的程度比财政分权和政治晋升更大。因此，仅仅依靠重构国家财政体制和改革政绩考核等办法还不足以应对经济的“大起大落”，决策层还需要进一步加大对权力寻租的打击力度，规范地方公共权力的运行，从根本上减轻地方政府短期化行为导致经济的“大起”。经验分析结果还表明，中国经济减速的主要原因在于全要素生产率增长放缓。因此，当务之急是依靠地区间生产率之争来应对经济的“大落”。在一个超大规模国家，“顶层设计”不可能解决现实中所有具体问题，全面深化改革各项具体措施还需交由地方政府去创造性执行。赋予地方活力和创造力，允许地方性秩序的形成和竞争，是中央与地方关系的题中之义。“新常态”下，要给予投资者以法律为基础的稳定预期，杜绝项目引进后的“关门打狗”现象，将地区之间竞争由先前的引资政策“价格战”扭转到投资环境和政府廉洁程度的比拼上。为此，中央需要以法制强固市场经济基础，通过斩断或削减地方政府给予辖区企业的环保、土地、用工和税收等软约束，倒逼企业提高技术效率。

关键词： 中国经济波动　地方政府行为　短期化　纵向关系　横向关系

Abstract

On the journey of realizing the great Chinese nation rejuvenation, local governments have made great contributions. However, the other side of the coin is that local governments have also brought us a lot of negative issues. We can not simply predict future only based on history, but some trends are likely to continue indeed. For example, local government behavior will be the driving force of China's economic growth still, and also the source of economic fluctuations. This book researches on the local government behavior, and its impact on China's economic fluctuations. Specifically, we discuss issues such us the feature of China's economic fluctuations, the reason of China's economy slowdown, the root of short – term behavior from local government, the problem with China's intergovernmental relations. Our main conclusions are as follows:

Firstly, local governments have substantial power over many affairs, but under soft constraints. There are "principal – agent" relationships between local governments and the central government, also between local governments and local people's congresses. However, local officials are used to achieve maximum economic performance in the shortest time, due to the weak institution of appointment regulations, examination regulations, supervision regulations. The short – term tendency of local government behavior may profoundly affect enterprise investment and industry development. As a result, China's economic growth is fluctuating. Our empirical results find that 30% of China's economic volatility sources can be explained by local government behavior. Because of information asymmetry and public goods heterogeneity, local officials have many opportunities to create false information, or conceal true information, in order to expand their own interests on revenue, expenditure, promotion, rent – seeking and so on.

Secondly, games between the central and local governments, and competitions between local and local governments, are the reasons of debt expansion and ecological degradation. In order to resolve the problem of local debt expansion, the central government required local governments to stop relying on bank or platforms while financing. However, local governments has taken a number of alternative ways to get funding. For example, local governments replace bank loan with shadow banking, and replace local financing platform with local state – owned enterprises. In addition to the game with the central government, local governments also compete with each other on environmental issues. In order to attract FDI, local governments often deregulate environmental regulations to attract or retain economic activity in their jurisdictions, resulting in fewer environmental protections, which trigger a chain reaction. As a result, the environmental competition of "race to the bottom" among local governments becomes increasingly apparent.

Thirdly, it is necessary to suppress high growth and to prevent low growth during the shift of economic growth. However, we could not achieve this goal if we only rely on the reconstruction of national financial system and the reform of officials performance evaluation. We also need to intensify anti – corruption efforts, thus to regulate local government behavior fundamentally. What's more, giving enterprises and investors stable expectations that based on law, and eliminating the phenomenon of "shut the dogs up to beat them" are very important. Our empirical analysis also showed that China's economic slowdown is mainly due to the slowdown of total factor productivity growth. Therefore, it is imperative to promote competition in the productivity among local governments, and reverse the competition of FDI policy to the competition of investment environment and clean government. The central government should clarify the relationship between government and market, and let the market play a decisive role in the allocating of resources by judicial reform.

Key Words: China's Economic Fluctuations; Local Government Behavior; Short – term; Longitudinal Intergovernmental Relations; Lateral Intergovernmental Relations

目　录

Contents

第一章　导　论

中国经济正处于一个以科学发展为主题，以调结构、转方式和促创新为主线，以提高经济增长质量、效益和可持续性为中心的转型时期。如何有效地抑制宏观经济的“大起大落”，是我们完成经济转型任务必须解决的一个重大课题。

第一节　研究背景和研究意义

一、研究背景

中国经济在改革开放以来保持着强劲的增长态势，取得了瞩目的发展成就。从总体上看：中国先后在 2010 年和 2012 年超越日本，成为全球第二大经济体（见图 1 - 1）和拥有全球数量第二多的世界五百强企业（见图 1 - 2）；中国先后在 2011 年和 2012 年超越美国，成为全球第一大工业国（见图 1 - 3）和第一大出口国（见图 1 - 4）；中国在 2006 年超越日本，持有全球最多的外汇储备，彼时也引得外国观察家们一片惊叹，然而很快他们便发现自己太过大惊小怪，因为此后中国外汇储备规模不断刷新纪录，现如今在全球外汇储备中“三分天下有其一”，以至于从“后视镜”里已经看不到跟随者和追赶者（见图 1 - 5）。从个体上看：中国人的平均预期寿命已从改革开放之初的 66 岁提高到现如今的 75 岁；婴儿死亡率已从 52‰下降到 12‰；成人识字率已从 65% 提高到 95%；人均国内生产总值由 155 美元跃升至7485美元。按照世界银行分组标准①，我们已从典型的低收入国家迈进中高等收入国家行列。不难发现，中国经济伴随着改革开放交出了一份精彩答卷。无论以何种标准来衡量，中国的经济增长绩效都令人印象深刻。

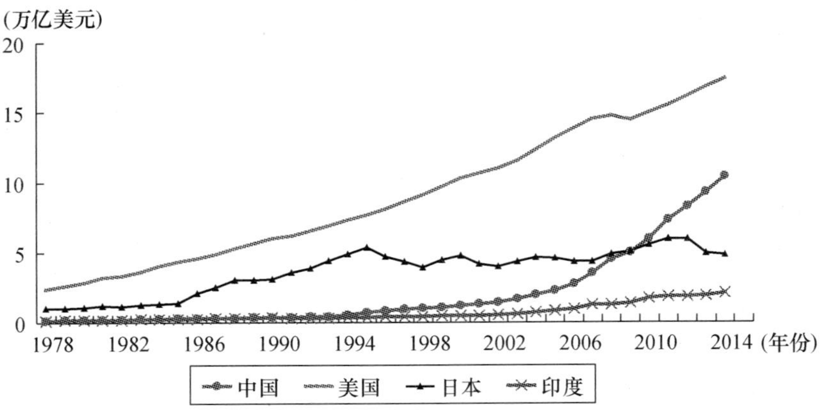

图1-1　中国目前是世界第二大经济体（以现价美元计算的GDP）

注：以下如无特殊说明，中国相关数据仅为中国大陆数据。

资料来源：世界银行数据库。

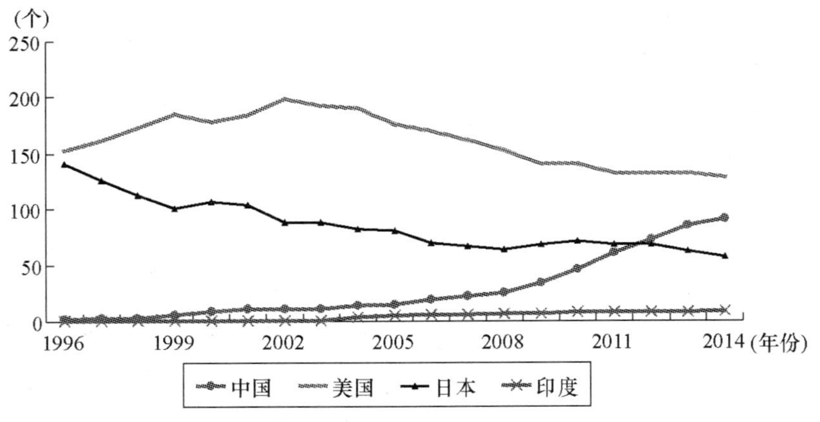

图1-2　中国的世界五百强企业数量全球第二

资料来源：《财富》杂志。

① 世界银行2008年的分组标准是：人均收入低于975美元的为低收入国家，在976～3855美元的为中低等收入国家，在3856～11905美元的为中高等收入国家，超过11906美元的为高收入国家。中低等收入国家和中高等收入国家也被称为中等收入国家。

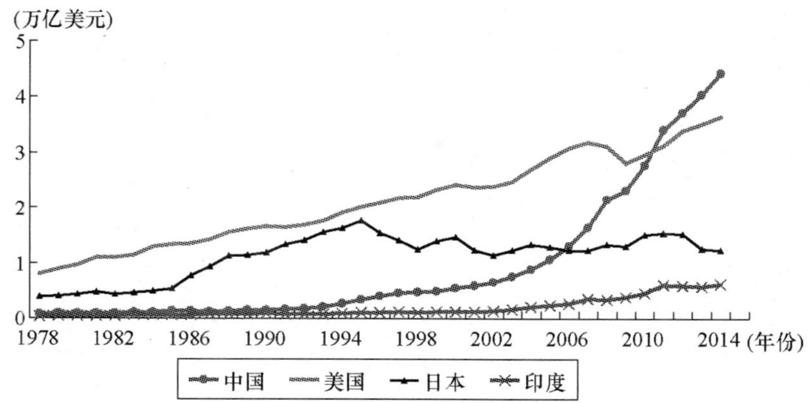

图 1-3 中国目前是世界第一大工业国（以现价美元计算的工业增加值）

资料来源：世界银行数据库。

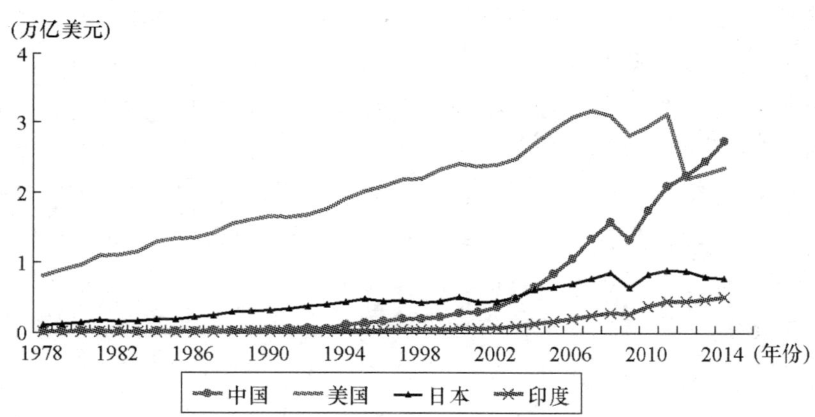

图 1-4 中国目前是世界第一大出口国（以现价美元计算的货物与服务出口额）

资料来源：世界银行数据库。

在从计划经济向市场经济转型过程中，中国同苏联、东欧国家的初始条件、转型方向和转型方式可谓大相径庭。在初始条件上，苏联和东欧国家的工业化、城市化基础整体上比较好，来自于结构调整的压力比较大，而中国工业化、城市化的基础比较差，来自于总量提升的压力比较大。在转型方向上，苏联和东欧国家选择的是向资本主义市场经济转型，以求实现价格自由化、私有化和宏观经济稳定化，而中国选择的是向社会主义市场

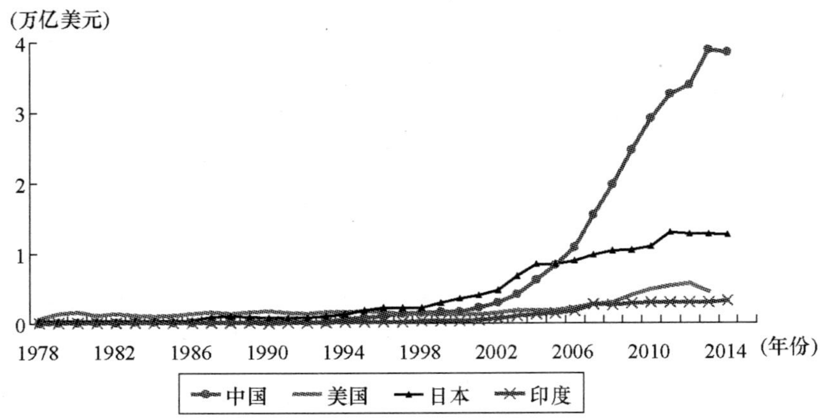

图1-5 中国目前持有全球最多的国际储备资产（以现价美元计算的国际储备①）

资料来源：世界银行数据库。

经济转型，以求实现资源配置方式从计划到市场的转换②，并兼顾经济发展水平的提高。在转型方式上，苏联和东欧国家选择的是“华盛顿共识”所倡导的大爆炸式、缺乏先后次序的激进式道路，而中国选择的是“摸着石头过河”的渐进式道路。正是由于上述初始条件、转型方向和转型方式等方面的差异，中国同苏联、东欧国家取得了不同的转型效果。然而，在评价转型效果上却存在着两种不一致的看法：一种观点认同苏联和东欧国家的转型模式，另一种观点恰好相反，认同中国的转型模式。随着时间的推移，两种观点论争的优势地位也在悄然地发生着变化。在转型伊始，尽管一些经济学家对中国改革开放以来经济增长和反贫困成绩褒奖有加（Harrold，1992；McKinnon，1993；Jefferson 和 Rawski，1995），但总体而言，在那些新古典经济学体系训练出来的经济学家当中，对中国经济转型的前景持悲观态度的占绝大多数。西方主流经济理论认为一个有效的市场经济体系所应该具备的最基本内容，正是苏联和东欧国家所“服用”的价格自由化、私有化和宏观经济稳定化这三个“药方”。反观中国，尚没有足够证据表明改革开放一开始就是朝着社会主义市场经济体制迈进，改革初期是在

① 包括持有的货币黄金、特别提款权、IMF 持有的 IMF 成员国的储备，以及在货币当局控制下的外汇资产。这些储备中的黄金成分的价值是根据伦敦年底（12 月 31 日）价格确定的。

② 亦有观点认为，中国经济转型的核心问题不仅仅是转换资源配置方式，更重要的是变革社会、政治制度框架，经济转型只是转型的一小部分（Sachs 等，2000）。

“左”与“右”之间不断徘徊。不仅如此，在如何服用药方方面，西方学者常打的一个比方是经济转型就像用刀去砍狗的尾巴，渐进式转型是一节一节地砍，而“休克疗法”是一刀砍断。与之相比，中国改革初期是在不断地进行着收权与放权、试验与推广。当然，西方学者也曾预见到了苏联和东欧国家在推行“休克疗法”初期国民经济会有所下降，但他们认为这种下降是短暂的，用不了多久就会实现快速增长和繁荣（Kornai，1990）。在转型实践中，强调激进式转型的苏联和东欧国家的实际转型效果远逊于当初的预想，甚至普遍陷入了较大幅度的经济衰退，而强调渐进式转型的中国取得了举世瞩目的经济增长绩效，给世人展示了中国奇迹。随着中国和越南的经济增长渐入佳境，在国际学术界关于渐进式转型和激进式转型相对优点的论战中，赞成渐进式转型的观点逐渐占据了优势地位。渐进主义者认为，正是渐进式的转型模式给中国带来了经济持续快速增长和宏观经济相对平稳运行等诸多优异表现，避免了苏联和东欧国家的转型泥沼（Roland，2005），以渐进性、双轨制和增量改革为主要特征的中国经济转型不仅是切实可行的，而且是成功的（樊纲，1993）。World Bank（2002）间接肯定了中国渐进式改革的优越性，强调“存量”改革和“增量”改革应当并重。

然而，中国在经济高速增长的同时，一些难以忽视的“副产品”也随之而来。正如中国持续、高速经济增长奇迹足以令“东亚奇迹”① 失色一样，这些“副产品”也足以使中国奇迹少了些许光彩。这些“副产品”，或曰“水分”，是中国经济多年的高速增长中存在的虚高成分，主要表现在外延、内涵和生态三方面②：

外延式水分，表现为增长成本过高。中国目前正处于工业化中后期阶

① 林毅夫（2008）认为，真正在第二次世界大战以后赶上发达国家的只有日本和“亚洲四小龙”这几个东亚经济体。这些东亚国家的经济赶超也被称为“东亚奇迹”。

② 对于中国经济增长的水分，也有人从地方政府向上虚报 GDP 数字这一层面来解读。近年来各省区 GDP 汇总数常常远大于全国 GDP，似乎是一个例证。笔者倒是认为，中国的 GDP 数字不太可能出现长期的系统性偏离。例如，2004 年和 2008 年，中国曾两次进行全国经济普查，两次普查的结果都将国内生产总值核定数上调大约 10%。这也说明，中国 GDP 数据不存在系统性高估。李扬（2013）甚至认为，中国 GDP 数据可能存在低估。一方面，诸如“地下经济”和服务业等未被完整地统计进去；另一方面，在货币化和资本化的过程中，一些产出通常难以被现有统计网络同步覆盖，中国长期以来货币供应增长率一直保持着高于实际 GDP 增长率与物价上涨率之和的态势，便是一个印证。

段（中国社会科学院工业经济研究所，2014），这在某种程度上决定了中国经济增长具有投资率较高、投资增速较快的特点。然而，中国经济增长在近年来的投资驱动特征不断强化，投资率（见图1－6）和投资贡献率（见图1－7）不断呈现螺旋上升态势，与世界和区域平均水平的差距快速扩大，这一现象在国际金融危机之后表现得越发突出。从纵向上看，改革开放以来的中国投资率变化情况大致可以划分为四个阶段：一是1992年以前，这一阶段投资率虽有起伏，但总体稳定在36.26%的水平；二是1993～2000年，这一阶段投资率表现出“高开低走”特征，“高开”的原因可能在于邓小平

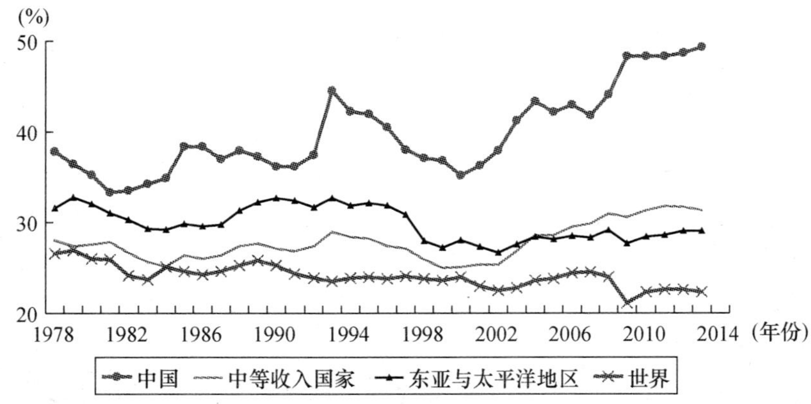

图1－6　以投资率衡量的中国投资驱动特征不断强化

资料来源：世界银行数据库。

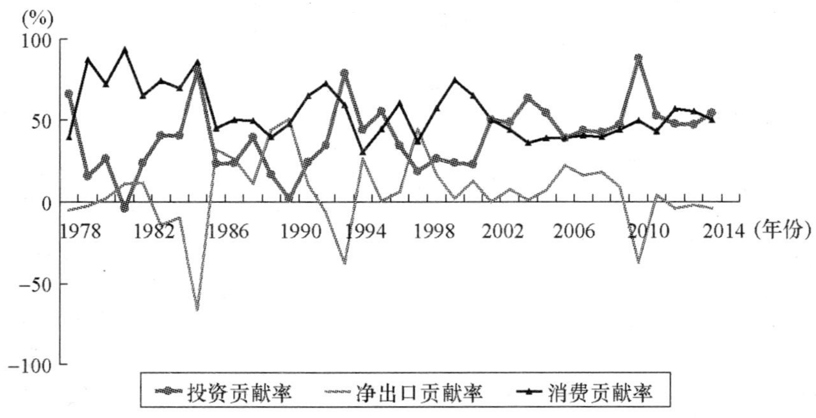

图1－7　中国“三驾马车”对经济增长贡献的转换

资料来源：《中国统计年鉴》。

的“南方谈话”以及随后“社会主义市场经济体制”确立，而“低走”的原因则可能源于亚洲金融风暴；三是2001～2008年，这一阶段投资率随着中国加入世界贸易组织而稳步提升；四是2009年以后，这一阶段投资率较前一阶段“更上一层楼”，并在48.53%的水平保持相对稳定。从横向上看，中国投资率水平在改革开放初期同具有政府主导经济发展传统的东亚国家有几分相似，但在1993年以后便同东亚国家分道扬镳、渐行渐远。不仅如此，中国投资率水平与中等收入国家以及世界平均水平的差距也呈现出快速扩大之势。与投资率节节攀升相对应的是，投资对中国经济增长的贡献率也不断提高。在改革开放初期，消费和投资对中国经济增长的贡献表现出较为明显的互补性。在短缺经济下，模仿型、排浪式消费是中国经济增长的主要驱动力。随着供给能力的提升，消费对中国经济增长的贡献趋于下降，投资发挥了越来越重要的作用。进入21世纪后，净出口和投资对中国经济增长的贡献表现出较为显著的互补性，而消费对中国经济增长的贡献则较为稳定。关于这一点，在国际金融危机爆发以后表现得尤为突出。总而言之，投资率以及投资对经济增长贡献率的上升，表明中国经济增长的动力基础不断固化，投资驱动特征不断强化。当然，投资的快速增长是要付出代价的。因为它在当前吸收产能、形成需求、消化GDP，而在未来则会形成产能、制造供给、产生新的GDP，需要新的需求去消化和吸收它。从根本上说，如果居民消费跟不上投资的步伐，就会出现产能过剩和产品积压。近年来，中国的居民消费率不断走低（见图1－8），也为外延式水分做了注脚。

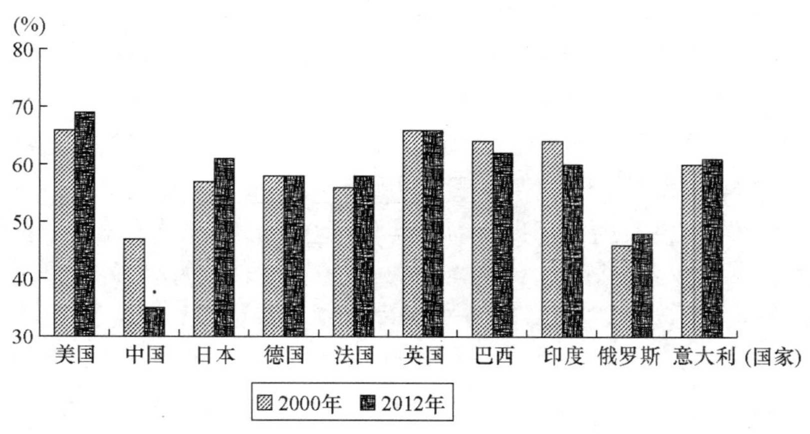

图1－8 全球前十大经济体居民消费率的变化

资料来源：世界银行《世界发展指标》。

内涵式水分，表现为产能浪费严重。与投资驱动不断强化并存的，是投资效率的滑坡和无效投资的加剧。通过比较投资和 GDP 两者的名义增长率（见图 1－9），能够直观地看出这一点。如前文所述，中国投资增长快于 GDP 增长的现象已然成为常态。伴随着投资的快速、持续增长，投资效率不断下降，浪费现象比较严重。在 20 世纪 90 年代后期，以全社会固定资产交付使用率衡量的投资效率较高，在 75% 左右波动（见图 1－10），这与彼时总体投资率下降形成鲜明对照。进入 21 世纪后，伴随着加入世界贸易组织，中国投资率水平不断提高，而全社会固定资产交付使用率不断走低，较长时期维持在 60% 左右的水平。从具体的行业上看，房地产业和交通运输设备制造业的固定资产交付使用率低下的问题尤为突出，这也说明在房地产和汽车、船舶等方面存在着较为严重的产能过剩。固定资产交付使用率的整体下降，表明投资活动中的浪费成分增加，一些投资未能形成实际的固定资产，从而无法交付使用。若以增量资本产出率来衡量，中国投资效率的阶段性转换特征亦十分明显：在 1978～1994 年，中国增量资本产出率均值仅为 2.83，1995～2007 年攀升至 3.61，2008 年以后进一步提升至 4.15（见图 1－11）。增量资本产出率的“前低后高”，意味着改革开放初期那种固定资产短缺、增加投资就迅速变成生产能力的状况一去不复返，地方政府热衷的传统产业相对饱和。当然，增量资本产出率升高并不必然意味着投资机会的消亡。实际上，经济体中的投资欠账依然很多，在农田水利、医疗教育与环境保护等公共领域，投资水平依然不足。根据《中国统计年鉴》，农、林、牧、渔业固定资产交付使用率在 2013 年高达 79.3%，教育业和社会保障业达到 71%，卫生、社会保障和社会福利业为 68.7%，环境管理业为 66.6%，它们都显著高于全社会固定资产交付使用率水平。总而言之，中国的经济快速增长，建立在不必要的高投入基础上。换言之，我们过往的高速增长，本可以依靠较少的要素投入便可以实现，抑或，依靠如此大的要素投入规模，我们本可以取得更高的经济增长速度。中国单位 GDP 能耗强度大大高于世界平均水平（见图 1－12），这实际上是生产过程低效率的突出反映。当然，之所以单位 GDP 能耗强度持续处于高位运行，并非意味着我们自然资源的“取之不尽、用之不竭”。恰恰相反，我们的能源净进口占 GDP 的比重逐年上升（见图 1－13），能源对外依存度不断提高。

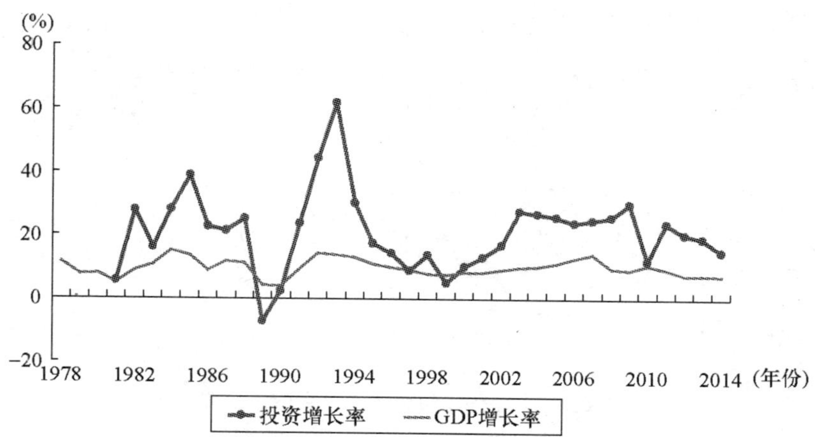

图 1-9 中国的投资增速超过 GDP 增速成为常态

资料来源：《中国统计年鉴》。

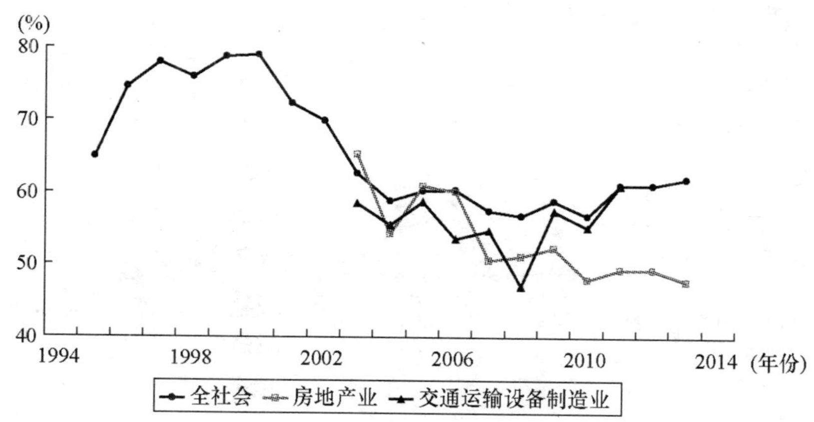

图 1-10 中国固定资产交付使用率总体走低

资料来源：《中国统计年鉴》。

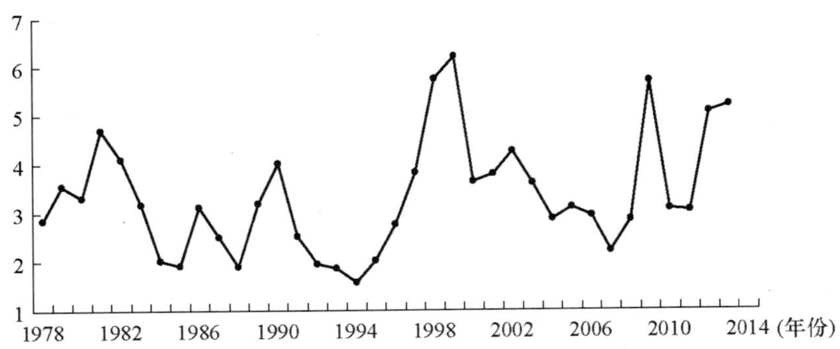

图 1－11　中国增量资本产出率前低后高

资料来源：笔者根据《中国统计年鉴》中的国内生产总值和年度投资数据计算得出。其中，增量资本产出率＝当期资本形成总额÷GDP 增加值。增量资本产出率数值越高表示投资产出效率越低。

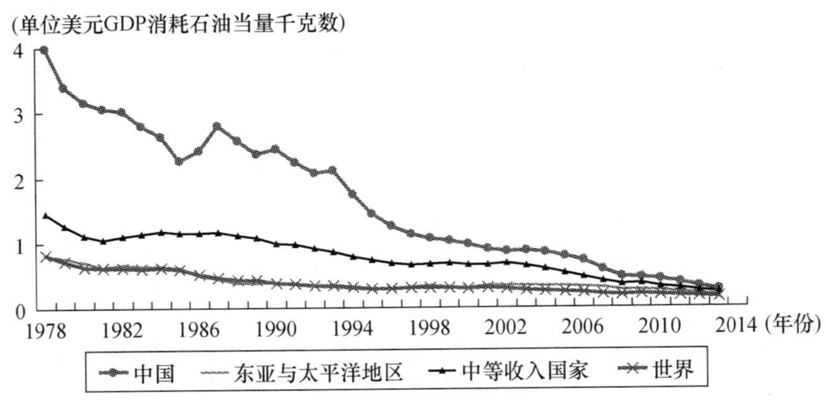

图 1－12　中国单位 GDP 能耗强度高位运行

资料来源：世界银行数据库。

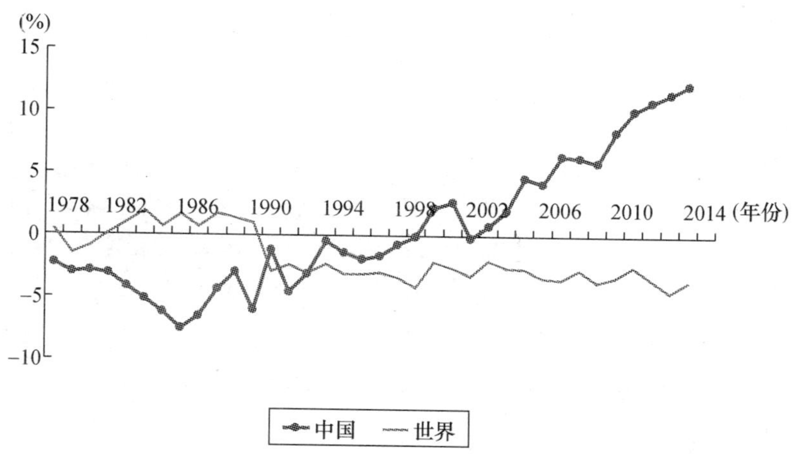

图 1-13 中国能源净进口比重不断攀升

资料来源：世界银行数据库。

生态式水分，表现为环境破坏严重。随着超级雾霾的接连、遍地出现，空气净化器的销售似乎“爆棚”，越来越多的中国人都已意识到自己的福祉正在受到侵害。根据《2014 中国环境状况公报》，在中国开展空气质量新标准监测的 161 个城市中，有 145 个城市的空气质量超标。在中国近 5000 个地下水监测点位中，较差级的监测点占比为 45.4%，极差级的监测点占比为 16.1%。在中国 423 条主要河流、62 个重点湖泊（水库）的 968 个国控地表水监测断面（点位）水质监测中，Ⅰ、Ⅱ、Ⅲ、Ⅳ、Ⅴ和劣Ⅴ类水质断面分别占比 3.4%、30.4%、29.3%、20.9%、6.8% 和 9.2%。那么，雾霾等环境污染物究竟从什么时候开始变成我们生活的一部分？根据中国人均二氧化碳排放量走势（见图 1-14），我们也许可以找到一些答案。如图 1-14 所示，中国人均二氧化碳排放量在加入世界贸易组织后急剧增大。对于其中奥秘，一种“碳泄漏”的观点颇为流行：发达国家通过向发展中国家转移能源密集型生产部门或者生产环节，再用“进口替代”的办法减少本国生产，不但削减了本国碳排放，还将能耗和碳排放的压力传递给中国等发展中国家（Peters 和 Hertwich，2008；Pan，2008；樊纲等，2010）。由于仍然处于产业链低端，在国际贸易中，中国出口的商品相当一部分为高能耗和高度依赖于原料加工的资源密集型商品，在新一轮国际产业结构调整过程中，中国又承接了相当一部分高消耗和高污染的产业，在成为“世界制造业基地”的同时，中国也直接或间接地出口了大量资源能源，进一步增加了单位 GDP 的碳强度和资源环境代价。当然，在另一方面，我们也不应该忽视这样一个现实，那就是一些高污染、高能耗的产业，恰恰是中国一些地方政府当作“财神”和“宝贝”一样从国外、从发达地区下大力气请过来的。眼下，中国一些地方政府和公众之间正为 PX 项目展开博弈，但似乎谁也无法说服谁：一些地方政府和专家学者认为，抵制 PX 项目源于公众科学素养低，但一些百姓认为，在自家后院兴建 PX 项目会影响居住环境和自身健康，而比 PX 项目危害更大的是一帮“砖家”依附公权力撒谎。作为结果，PX 项目在中国演变成了一个十分敏感的社会话题。

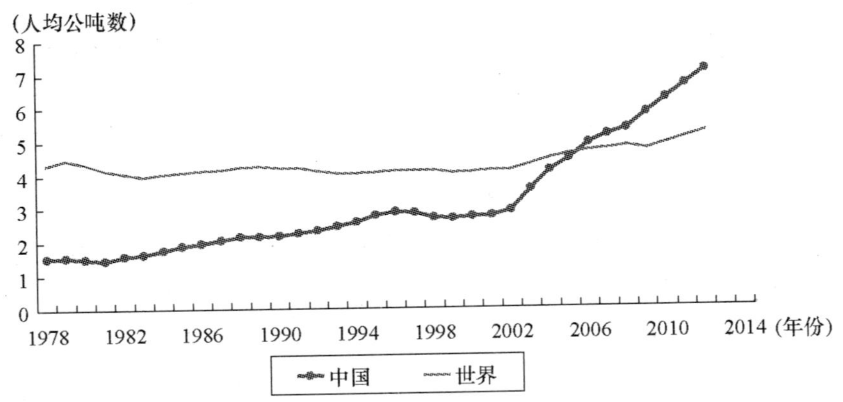

图 1－14　中国人均二氧化碳排放量在“入世”后急剧增大

资料来源：世界银行数据库。

要挤出经济增长的水分，就需调整经济结构、转变发展方式和促进科技创新，以提高经济增长质量、效益和可持续性为导向推动科学发展。世界银行（2006）认为，使各种经济体赖以从低收入经济体成长为中等收入经济体的战略，在它们向高收入经济体攀升过程中是无法被重复使用的，如果被原有的经济增长机制锁定，这些经济体将难以突破“中等收入陷阱”①，经

① “中等收入陷阱”指一些发展中国家人均国民收入进入中等收入国家区间时，由于经济发展战略失误，出现经济增长回落或长期停滞、社会矛盾集中爆发的现象。当然，也有一些观点认为不存在“中等收入陷阱”这一说法。江时学（2011）提出，世界银行在《东亚复兴：经济增长的思想》和《有力的增长与不断增加的风险》两份报告中关于“中等收入陷阱”的表述就是含糊的，对于哪些原因造成中等收入国家经济增长停滞时经常使用“可能”的字眼。刘福垣（2011）认为“中等收入陷阱”是一个伪命题，是人们对于“现代化陷阱”的一种错觉。

济发展将长期徘徊于中等收入阶段。此外，那些曾经陷入转型“泥沼”的苏联和东欧国家在近年来逐步恢复了经济增长能力，而中国在渐进式转型中原本被推迟的经济社会问题逐渐凸显（如经济增长粗放、环境污染严重、收入差距拉大，等等）。由此，反思中国经济转型模式的声音逐渐增强。原先赞成渐进主义的学者也认为，经过改革开放以来那么多年的“摸着石头过河”，中国今后的经济转型不应该继续“摸石头”了，而是应该有理性和明确的目标（洪银兴，2006）。对于中国今后的转型问题，新自由主义经济学者强调宪政转型，而马克思主义经济学者则强调市场化生产方式（于金富，2011）。结合上述观点，中国经济当务之急，就是必须扬弃过去的经济增长模式。值得注意的是，对于中国经济增长模式的反思并非始于今天，中国政府在“九五”、“十五”、“十一五”、“十二五”规划中都提出了要转变经济增长模式①。但是，知易行难。虽然转变经济发展方式已成各方共识，但是现实中经济转型方案一直难以真正、有效推进。

二、研究意义

要完成经济转型任务，就必须有效抑制宏观经济的“大起大落”。众所

① 早在“九五”计划中，中国就提出了要实现经济增长方式从粗放型向集约型转变。“九五”计划的这一目标主要是针对粗放式的高增长中反复出现投资过热和低水平扩张严重等问题。当时，中国用同样的能源消耗所创造的生产总值，仅相当于日本的1/5、英国的1/3和美国的1/2，甚至还低于印度的水平。虽然“九五”计划提出很多美好的设想，但1997年爆发的亚洲金融危机，在一定程度上阻碍了“九五”计划的执行。面对通货紧缩和经济降温的趋势，中央经济政策对刺激经济增长的关注超过了对转变经济增长方式的关注。为保持国民经济快速增长，中央政府实施了积极的财政政策和西部大开发战略。“十五”计划强调对经济结构进行战略性调整，提高经济增长的科技进步效益和结构优化效益，重视资源的环境问题，相应也提出了一些环保指标，但是没有达到预期效果。这期间，经济的高速增长使得一些长期呼吁的老问题更加突出：投资和消费关系失调，部分行业盲目扩张、产能过剩，经济增长方式转变缓慢，能源资源消耗过大，环境污染加剧，中国经济增长方式仍然相当粗放。“十一五”规划重新提出了转变经济发展方式的任务。明确要求走新型工业化道路，推进节约发展、清洁发展、安全发展，通过自主创新和循环经济，提高资源利用率，通过深化改革，形成有利于经济发展方式转变的体制保障，实现经济社会全面协调可持续发展。在总结历史经验教训的基础上，“十二五”规划将“加快转变经济发展方式”确立为主线，提出坚持把经济结构战略性调整作为加快转变经济发展方式的主攻方向，坚持把科技进步和创新作为加快转变经济发展方式的重要支撑，坚持把保障和改善民生作为加快转变经济发展方式的根本出发点和落脚点，坚持把建设资源节约型、环境友好型社会作为加快转变经济发展方式的重要着力点，坚持把改革开放作为加快转变经济发展方式的强大动力。

周知，转变经济发展方式的目标是调整经济结构，解放生产力，促进国民经济全面协调发展。然而，发展方式转型、经济结构调整的张力将可能带来经济的短期波动。比如之前计划经济国家在转型过程中，较为普遍地出现了经济衰退、大面积失业、通货膨胀或通货紧缩等负面问题。如果这些问题不能得到及时解决，转型效果就大打折扣，转型方案就很难深入推进。每当经济转型遭遇短期波动时，转型方案便容易搁浅：一方面，由于长期形成的结构性矛盾和粗放型增长方式尚未根本改变，如果经济过热，资源、环境以及社会成本方面的透支将大幅增加；另一方面，由于大量农村富余劳动力流向城镇，如果经济过冷，就业压力将对社会稳定造成很大冲击。克服宏观经济的“大起大落”、实现经济在合理区间内稳定增长，已然成为现阶段中国宏观调控的重要目标。当然，这也正是中国经济转型方案一直以来难以有效推进的关键原因。换句话说，每当经济转型方案触动宏观稳定的基本面时，那些经济转型方案往往只能是“进一步、退两步”，并且宏观经济下行趋势将不得不再求助于投资扩张政策，而投资扩张政策在抑制经济下滑的同时也势必会增强产出低效率和高耗能等经济增长水分。一言以蔽之，当经济转型遭遇经济震荡时，那些“逆转型”方案反而成为更加优先的选择。如此而言，转变经济发展方式对应着许多“药方”，但唯有那些与经济总体稳定兼容的“药方”才是真正的良方，才能使中国跳出“短期波动冲击转型战略”的陷阱。因此，转型和稳定间就形成了这样的关系：经济稳定要靠经济转型来推动，经济转型要靠经济稳定来保障。

要抑制宏观经济的“大起大落”，就必须重新审视地方政府行为。改革开放以来，中国地方政府在推动经济增长的过程中功不可没。在“硬币”的另一面，地方政府行为也是经济忽冷忽热的重要根源。众所周知，地方政府的主要目标是加速地方经济的发展，而不在于宏观经济稳定。中央政府向地方政府分权的制度安排在这厢激励了地方政府推动经济增长，在那厢也打破了各地方经济之间的动态均衡，内生性地加剧经济起伏波动问题。在寻求政治和经济资源时，地方政府往往会在相互间展开竞争。为了在竞争中获胜，一些地方甚至会采取某些违规行为。由于信息不对称和发展经济的需要，中央政府对地方政府一定程度以内的违规行为往往采取默许的态度。当经济出现过热苗头时，中央政府会考虑采取较为温和的“微调”措施，以期实现经济“软着陆”。地方政府在和中央政府多次博弈中形成了“理性预期”，当预期到中央政策将出现紧缩迹象时，为了能在中国特有的经济周期波动中获取最大利益，一些地方政府往往会在经济上进行最后的冲刺。这就好比行至十字路口时看见不断闪烁的“黄灯”（即中央的“微调”政策），地方政府本能地猛踩“油门”，争取在“红灯”（即中央的“一刀切”政策）亮起之前通过路口。地方政府这种白天学习中央文件精神、晚上“加班加点干活”的做法，令中央的“微调”政策收效甚微。为了达到预期的调控目标，中央政府不得不出台更为严厉的治理整顿措施，其中带有强烈行政色彩的“一刀切”虽然最终可以有效地遏制投资过热，但往往会造成宏观经济的迅速下滑（沈坤荣和孙文杰，2004）。当宏观经济下行时，中央政府的行政性治理措施将会减弱，此后地方政府的违规行为又会逐渐抬头、故态重演，从而引发新一轮的经济过热。综上所述，地方政府竞争和博弈行为是中国经济波动起伏循环的关键推手。在此背景下，研究中国地方政府影响经济波动的机制，其理论和实践意义就不言而喻了。

第二节 研究视角和逻辑框架

中国经济波动可能受到很多因素的影响，本书不可能穷尽对所有影响因素的研究。在导致中国经济波动的诸多因素中，政府行为只是一个方面，而非全部。本书对政府行为展开了试探性的研究，与现有文献以定性分析为主相比，本书采取了定性和定量分析相结合的研究方法，既注重机理分析，也注重经验分析。当然，在经验分析中，书中所选取的某些指标可能会引起争议。笔者认为，与其坐而论道，不如自行其是，与其因循守旧，不如大胆创新。

一、研究视角

国际学术界对经济波动的研究由来已久，形成了很多较为完整的理论体系和相对成熟的研究方法，但由于中国正处于一个发展转型时期，稳定的经济增长路径尚未形成，国外已有的研究成果并不能直接用来解释中国经济波动问题。国内现有研究在探索中国经济波动的一般经验和规律方面也做出了一些很好尝试，但总的来说尚未完全解开中国经济“忽冷忽热”

背后的冲击因素和传导机制。总之，中国经济波动问题仍然如同一个“谜”、一个“黑箱”，需要进一步研究来打开。本书将研究视角聚焦在与中国经济波动密切相关的地方政府行为上：

第一，经济波动现象在中国呈现出何种“特色”？在“新常态”下，中国经济面临的“大落”压力来自何处，究竟是因为周期性波动的影响，还是因为趋势性拐点的到来？关于中国经济的波动源，一些学者认为来自于政府性因素，另一些学者认为来自于市场性因素，还有一些学者认为来自于随机性因素。那么，是否能够把这些因素都放进同一个框架进行完整的分解，把它们的影响“过过磅”，搞清楚它们在中国经济波动过程中的分量究竟“几斤几两”？

第二，为什么地方政府行为表现出短期化倾向？谋求地方公众利益最大化本是地方政府的使命，但现实中地方政府有时甚至会置本地公众切身利益于不顾。地方政府与地方人大、中央政府之间存在着理论上和现实中的“委托—代理”关系，受到了多重约束，为什么它还能够将公共权力异化为部门权力，甚至将部门权力异化为个人权力？要矫正地方政府行为的短期化倾向，就必然要把中央政府此前所放的权和所让的利给重新收上去吗？

第三，央地之间的债务博弈折射了怎样的政府间纵向关系？在中国，地方政府与中央政府之间互动博弈的范围之广、形式之多、程度之深，足以令世人称奇。在债务问题上，为什么地方官员敢于解构中央的债务治理措施，让“政令出不了中南海”？地方政府债务博弈行为，有什么样的主客观因素？土地财政所带来的收益主要为地方政府享有，中央政府看似并未得到多少直接好处。既然如此，中央政府又为何不结束“野路子”的土地财政？

第四，地区之间的环保“竞次”透视了何种政府间横向关系？国外鲜少有如同中国地方政府那样在竞争中形成的“八仙过海”、“各显神通”的“盛况”。在迎接全球产业转移的过程中，中国地方政府频频出击。他们吸引外商投资的一个重要策略便是利用所谓的“优惠政策”。在生态环境问题上，为什么有些跨国公司在国外实现污染物零排放，而到了中国却沦落为环境污染“大户”？生态环境恶化和地方政府竞争之间有什么样的关联？

第五，如何才能保持中国经济稳定和持续繁荣？随着中央反腐力度的加大，一些地方官员心中滋生了“为官不易”的情绪，进而还出现了“为官不为”的现象。另外，地方政府在“老常态”下的招商引资常常依靠“人缘”、“关系”和“土政策”，昨天许诺诱人的优惠政策，今天则可能“关门打狗”、“吃拿卡要”，以收缴税费为名索要个人好处，甚至最终逼走无奈的投资方。那么，如何全面评估中央加大反腐力度、规范地方权力运行的经济影响?

从上述研究视角厘清中国经济运行过程中的一些突出问题，对于从根本上防止经济“大起大落”而言具有十分重要的意义。为此，本书在国内外已有的研究基础上，运用较为先进的研究方法从政府行为角度对中国经济波动问题进行深入的探讨，以期为“新常态”下兼顾经济转型和经济稳定的改革方案提供政策启示。

二、逻辑框架

本书总体框架如图 1 – 15 所示。全书由六章组成，除第一章导论和第六章结论外，其他章节的研究思路、主要内容可以分为四大部分:

第二章，经济波动的理论解释和中国实践。本部分首先沿着实际经济周期理论的逻辑，梳理经济波动的冲击因素和传导机制。其次，描述经济波动现象在中国呈现出的“特色”，解释为什么中国经济波动很难简单套用西方经典的理论模型来刻画。针对中国经济波动的两大类型（“大稳健”和“大起大落”），着重探讨其发生演变的规律。最后，研判“新常态”下中国经济面临的“大落”风险，给出从地方政府行为角度研究中国经济波动的理论和现实考量。

第三章，中国地方政府行为的短期化倾向。本部分首先通过地方群体性事件频发引出多元化的地方利益诉求：地方公共利益、地方政府利益和地方官员利益。其次，探讨地方政府为什么在多重的“委托—代理”关系下，还能够绕过任职、考核和监督等制度将公共权力异化为部门权力，甚至将部门权力异化为个人权力。最后，对地方政府行为进行必要的抽象和聚焦，归纳和提炼地方政府的行动指南：对财税收入的渴求、对晋升政绩的偏执、对不当得利的贪婪。

第四章，政府间纵向关系与中国经济波动。本部分首先剖析中央与地方之间的债务博弈，分析为什么地方政府敢于“冒天下之大不韪”，让“政令出不了中南海”，而为什么中央政府又不对其进行治理整顿、深化改革，

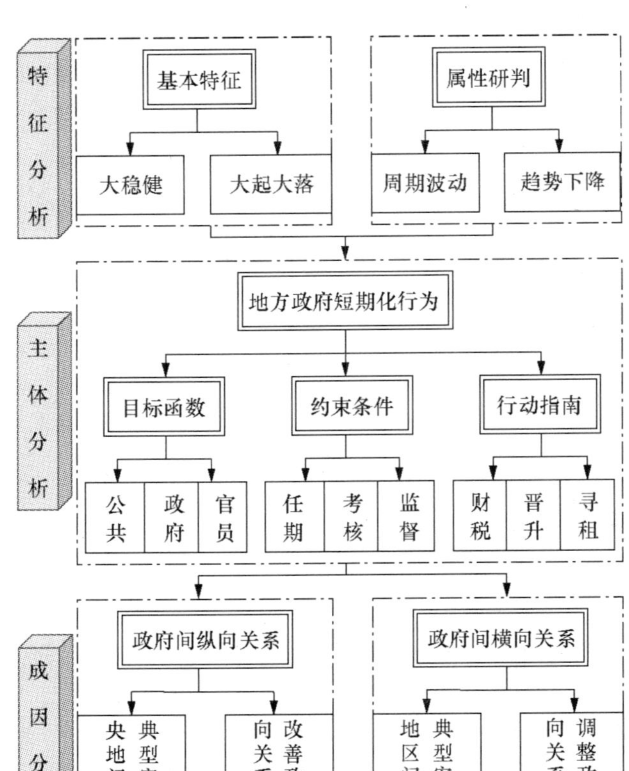

图 1－15　本书的总体框架和基本内容

结束这种“野路子”的土地财政。其次，结合“短期波动冲击转型战略”的历史教训，审视政府间的法定分权和利益配置调整，厘清政府“扁平化”、压缩政府层级的改革方案的可行性。最后，从治标和治本层面探讨中国地方政府性债务风险的化解。

第五章，政府间横向关系与中国经济波动。本部分首先剖析地方与地方之间的环保竞次，分析为什么有些跨国公司在国外实现污染物零排放，而到了中国却成为环境污染“大户”，为什么地方政府招商引资的竞争会异化成一个“谁敢比我狠”的“向底线赛跑”。其次，运用“条条块块”分解法分解中国经济波动的冲击源，对地方政府竞争博弈行为在中国经济

"忽冷忽热"过程中所承担的责任进行量化分析。最后，从政治因素、间接经济因素和直接经济因素层面再探地方政府激励。

第三节 主要结论和创新之处

一、主要结论

第一，面对来自于任职制度、考核制度和监督制度等方面的弱约束，地方政府在中央分权化改革中逐渐将自身的利益诉求转化为了行动指南。随着中央政府的放权让利，地方政府逐渐超越了忠实执行中央政策的代理人角色，成为拥有更大积极性和主动性、承担更多公共服务责任的管理者，其与中央政府之间的关系从先前的"指令—服从"演变成随后的"指令—服从"与"指导—自主"相结合，其角色从先前的"公共人"转变成随后的"经济人"。当然，地方政府在追求利益最大化的过程中并非无所顾忌，其与地方人大和中央政府之间分别存在着理论上和现实中的"委托—代理"关系。然而，由于官员任期短暂、地方人大监督弱化等因素，地方政府"短期内政绩最大化"的行为模式不断强化，并诱发了企业和产业的短期化，进而导致大量建设资金流进流出，使得宏观经济呈现出"忽冷忽热"特征。经验分析结果进一步发现，地方政府行为可以解释中国经济波动源的三成。中央与地方之间信息链条过长，加之公共产品和服务的异质性，使得地方政府和官员有足够的条件和机会来制造假信息或隐瞒真信息，以此扩大自身利益——对财税收入的渴求、对晋升政绩的偏执、对不当得利的贪婪，等等。

第二，隐藏在地方政府短期化行为背后的政府间"父子博弈"和"兄弟相争"，酿成了债务膨胀和生态退化的苦果。从政府间纵向关系上看，中央与地方之间博弈行为明显，地方政府通过"两手抓"的办法解构了中央政府债务治理措施：一手是抓资金来源，即通过影子银行来筹资，将表内融资改为表外融资，实现了表面上的"去银行化"；另一手是抓举债主体，即通过属下的地方国有企业，将资金转给融资平台公司，实现了表面上的

“去平台化”。“新常态”下，当中央政府祭出顶层设计、人事控制、行政命令和债务解包等招数时，地方政府可以通过地方试点、政绩偏向、产权属地化和信息不对称等办法“见招拆招”，将其“创造性”展现得淋漓尽致。从政府间横向关系上看，地方相互之间竞争行为激烈。地区间为增长而竞争的局面，加之恶性竞争代价较低的事实，纵容了一些地方政府利用手中的自由裁量权去迎合企业在污染排放上的机会主义倾向，放松环境监管。地方政府放松环境监管的行为又会引起一些周边地区的连锁反应，导致其他地区竞相效仿，进而“门槛一降再降、空间一让再让、成本一减再减”，招商引资之争逐渐异化为企业成本的“让利竞赛”，最终各地环境监管“向底线赛跑”。

第三，在经济增速换挡期，既要抑制高增长冲动，又要防止增速过快下滑，其中关键，就在于规范地方政府行为。经验分析结果表明，权力寻租对地方政府行为解释的程度比财政分权和政治晋升更大。因此，仅仅依靠重构国家财政体制和改革政绩考核等办法还不足以应对经济的“大起大落”，决策层还需要进一步加大对权力寻租的打击力度，规范地方公共权力的运行，从根本上减轻地方政府短期化行为导致经济的“大起”。经验分析结果还表明，中国经济减速的主要原因在于全要素生产率增长放缓。因此，当务之急是依靠地区间生产率之争来应对经济的“大落”。在一个超大规模国家，“顶层设计”不可能解决现实中所有具体问题，全面深化改革各项具体措施还需交由地方政府去创造性执行。赋予地方活力和创造力，允许地方性秩序的形成和竞争，是中央与地方关系的题中之义。“新常态”下，要给予投资者以法律为基础的稳定预期，杜绝项目引进后的“关门打狗”现象，将地区之间竞争由先前的引资政策“价格战”扭转到投资环境和政府廉洁程度的比拼上。为此，中央需要以法制强固市场经济基础，通过斩断或削减地方政府给予辖区企业的环保、土地、用工和税收等软约束，倒逼企业提高技术效率。

二、创新之处

第一，研究了中央与地方政府之间互动的新表现——债务博弈。剖析中央政府、地方政府、商业银行、地方融资平台等不同利益主体的策略性行为。

第二，研究了地方政府之间互动的新形式——生态环境竞争。用地方政府在环境监管上的“向底线赛跑”行为，解释环境破坏事件频发和生态退化现象。

第三，尝试运用一个新的分解方法来确定中国宏观经济波动源，定量地测算政府性因素和市场性因素对中国经济波动的影响程度，避免了现有文献侧重于宏观分析和描述性推理、缺少定量分析的不足。

第四，试图提出一个宏观经济稳定基本模型，分析县乡财政困境和政府层级体制对中国宏观经济稳定的影响，并通过“省直管县”财政改革试点工作的实践进行绩效评价，寻求兼顾经济转型和经济稳定的政府层级体制改革方案。

第五，探讨了权力寻租与经济波动之间的逻辑联系。通过建立一个包含财税激励、晋升激励和权力寻租的三维分析框架，并运用固定效应模型和工具变量模型，得出了有别于现有其他文献的研究结论。

第六，提炼了中国经济增长速度“大落”的历史性规律，定量分析了劳动、投资和全要素生产率在经济减速中发挥的作用，提出了区分经济减速究竟属于周期性还是趋势性的甄别标准，为实现中国经济稳定和持续繁荣的政策目标提供建议。

第二章　经济波动的理论解释和中国实践

中国作为一个转型发展的大国，由于稳定的经济增长路径尚未形成，在经济赶超的过程中，经济波动起伏在所难免。更为重要的是，中国所处战略机遇期的内涵已经发生重大变化：在国际金融危机前，主要表现为海外市场扩张和国际资本流入①；在国际金融危机后，主要表现为国内市场的崛起②、在发达国家的技术并购和基础设施投资机会（刘鹤，2012）。在此情形下，中国经济如何谱写宏观稳定和持续繁荣的篇章？

第一节　经济波动的理论解释

源于古典经济学的实际经济周期理论，其宏观经济分析的思路和方法具有较大影响力，如今已经成为宏观经济波动理论体系的一块重要基石。实际经济周期理论是在20世纪七八十年代形成发展起来的经济周期理论，其主要代表人物Kydland和Prescott（1982）认为，当技术进步对总量生产函数带来正向冲击时，工资和利率等变量的相对价格会发生变化，具有理性的经济主体会相应地调整消费和劳动供给以应对相对价格变化，由此带来产出和就业变化，形成宏观经济波动。Kydland和Prescott的开创性论文引领了新古典宏观经济学的潮流，现如今越来越多的文献在经济增长模型中引入了外生冲击，对宏观经济波动进行动态随机一般均衡分析，实际经

① 中国之所以能成为全球制造中心关键在于抓住了这一机遇。

② 全球进入了总需求不足和去杠杆化的漫长过程。

济周期理论已然成为分析经济周期问题的重要理论，实际经济周期模型更是成为宏观经济分析的基准模型。现代经济周期理论研究的分析框架已由传统的“自维持周期”分析框架转变为新的“冲击因素与传导机制”分析框架，新的分析框架把经济周期归结为冲击因素和传导机制的共同作用。近年来，实际经济周期理论出现了一些新发展，主要体现在两个方面：一是实际经济周期模型涵盖了信息冲击等技术冲击以外的若干因素；二是实际经济周期理论融入了物价和工资的名义刚性、不完全竞争、效率工资和工作搜寻等非“瓦尔拉斯”内容，解释了劳动力市场上的非均衡状态。本节沿着实际经济周期理论的逻辑，梳理经济波动的冲击因素和传导机制。

一、冲击因素

实际经济周期理论研究的分析框架分为冲击因素和传导机制两个层面。其中，冲击因素是指引起宏观经济波动的最初冲击，比如技术冲击、信息冲击和宏观政策冲击等因素。关于经济周期的主要冲击因素，标准实际经济周期模型十分强调技术冲击的影响。Prescott（1986）将全要素生产率的短期变化视为技术冲击，他发现“二战”后全要素生产率变化解释了50%～75%的经济波动源，据此提出技术冲击是经济周期的主要驱动力量。标准实际经济周期模型在对技术冲击的界定问题上饱受批评，这是因为，全要素生产率的短期变化不只是来自于技术创新步伐的变化，它也与货币流通额、劳动贮藏、生产能力利用率、军费开支、制度变迁等一系列因素相关。Hall（2005）还提出，“技术进步导致全要素生产率增加，并在中长期推动产出扩张”尚且说得通，但是“经济衰退是由全要素生产率下降导致的，而这又意味着存在着技术退步的情形”的说法就令人实在难以理解了。面对这些批评，Jaimovich和Floetotto（2008）认为尽管纯粹的技术冲击值小于全要素生产率之值，但这并不意味着技术冲击不重要。Rebelo（2005）发现，在实际经济周期模型中引入诸如生产能力利用程度和价格调整等因素，发现它们显著地放大了技术冲击的影响，所模拟出的技术冲击程度与实际情况更为接近。对于技术冲击是否导致经济周期以及技术冲击在经济周期中发挥多大的作用，现有文献存在争论。当然，这些争论也有力地推动了实际经济周期理论的研究。

标准实际经济周期模型认为，正向的技术冲击能够提高劳动生产率、增加劳动时间。然而，Gali（1999）用结构向量自回归模型展开研究得到的结果似乎颠覆了标准实际经济周期理论得出的“技术冲击与劳动时间存在着正相关”的结论，劳动时间可能随着技术的进步而缩短。Francis 和 Ramey（2003）从四个方面检验了 Gali（1999）的结论：资本收入税率变动检验、过度识别检验、真实技术冲击检验以及劳动时间特征敏感性检验。Francis 和 Ramey（2003）的检验结果证实了 Gali（1999）的研究结论，他们还利用不同的数据发现 Gali（1999）的研究结果具有稳健性，并且技术冲击只能解释大约 1/4 的总产出波动，技术冲击能解释劳动时间、投资波动的程度微不足道，由此他们认为技术冲击并非宏观经济周期波动的主要驱动力量。然而，Chari 等（2008）认为现有文献中所采用的结构向量自回归模型技术并不可靠，因为模型中的移动平均值的设定将会影响模型的结果，此外，他们认为 Francis 和 Ramey（2003）对劳动时间序列做了“随机游走”的假设，但事实证明劳动时间是稳定的时间序列，因此他们得出了与标准实际经济周期理论相似的结论，即正向的技术冲击会增加劳动时间。

在标准实际经济周期模型中，技术进步可以提升劳动和资本的效能，对宏观经济全局产生巨大影响。应当注意到，有些技术创新无法对宏观经济全局产生重大影响，而只能对某些特定部门产生影响。专有性投资技术创新（Investment Specific Technical Change）正是这类技术冲击，它对已有的资本品没有影响，却使得新的资本品更加富有效能。Greenwood 等（2000）认为专有性投资技术创新将会提升投资设备的回报率，进而促进新的投资，结果劳动时间和社会产出大规模扩张。他们还发现，投资品对消费品的相对价格在过去四十年里大幅下降，在这个经验观察的基础上他们通过增长核算法，发现“二战”后人均产出增长的六成都应归功于专有性投资技术创新，而标准实际经济周期理论所强调的那部分技术创新只解释了不超过一成的宏观经济波动。通过向量自回归模型分析，Fisher（2006）发现专有性投资技术创新可以解释五成的劳动时间变化和四成的产出变化，据此提出虽然标准实际经济周期理论所强调的技术创新很重要，但是更重要的经济波动冲击因素应该属于专有性投资技术创新。此外，他认为，之所以 Gali（1999）与 Francis 和 Ramey（2003）等会得出技术冲击对宏观经济波动不重要的结论，主要是因为他们所讨论的技术冲击只涉及对宏观经济全局产生全面影响的技术创新，而不包括专有性投资技术创新。现如今，考虑专有性投资技术创新的影响已然成为实际经济周期模型的“规定动作”。当然，除了专有性投资技术创新，Comin 和 Gertler（2006）还研究探索了企业研发过程对全要素生产率的影响。他们在实际经济周期模型中引入了全要素生产率内生变化和资本品价格变化，考虑了这些研发过程中的因素，拓展了实际经济周期模型。从新技术的消化和扩散角度，理解研发过程对产出的影响，将更好地解释经济扩张。研究企业研发过程对全要素生产率的影响已经成为实际经济周期理论未来研究的着力点之一。

如果一项新的技术（如互联网技术）将得以广泛应用并对未来生产行为产生巨大影响，当经济主体见到这一信息时，即期的产出将会有所扩张；如果在未来，新技术造成的实际影响小于原先的预期，未来的产出将会有所衰退。从这个角度看，信息冲击（News Shocks）将会导致宏观经济的周期波动。对此问题，近年来国际学术界进行了广泛的研究探索。Christiano 等（2005）发现，当信息冲击发生时，习惯持续（Habit Persistence）和投资调整成本（Investment Adjustment Cost）两个因素使得市场主体的消费、就业和投资之间形成协同效应。Beaudry 和 Portier（2006）发现，信息冲击将提高未来的生产率，提升实际投资的回报率，形成正的财富效应。Shimer（2009）在实际经济周期模型中考虑了消费习惯、闲暇习惯、投资调整成本和资本利用率变化四种因素的影响，利用结构贝叶斯方法估计出了静态生产率冲击、动态生产率冲击、动态专有性投资技术冲击和政府支出冲击，结果发现，预见到的信息冲击是最重要的不确定性因素，解释了大约 2/3 的产出、消费、投资和就业波动。

大量拓展的实际经济周期模型通过引入事先现金约束（Cash - in - advance Constraint）和有限参与（Limited Participation）等因素分析货币冲击的影响。Altig 等（2005）强调了信贷摩擦对技术和货币的冲击，认为技术冲击仍然是主要的，而货币冲击对经济波动只具有较小的直接影响，但货币在塑造技术冲击的经济结果时发挥了“倍增器”的作用。事实上，即使在那些质疑实际经济周期模型的文献中，也往往发现技术冲击造成的短期扩张需要货币政策与之相呼应（Gali 等，2004）。标准实际经济周期模型的一个重要扩展就是引入扭曲性税收和政府购买。Christiano 和 Eichenbaum（1992）利用实际经济周期模型研究了税率和政府支出对宏观经济的冲击效

应，更好地反映了经济主体的消费、劳动供给和劳动生产率之间的相互作用，明显地改进了实际经济周期模型。技术冲击不仅会改变劳动的需求曲线，还会影响劳动的供给曲线。由于财政支出是靠税收支撑的，增加即期财政支出以刺激经济的做法也必然预示着未来税率的提高。为了应对未来的政府征税行为，居民会减少消费并增加劳动供给，这将带来产出扩张，并使得总供给与总需求之间形成缺口。然而，税率和政府支出冲击并不构成一个完整的循环，所以无法成为经济周期的主导因素。近年来许多文献开始转向解释财政政策的顺周期现象，即为什么政府支出在经济繁荣时增加、在经济萧条时减少。通过构建一个预期税收模型，Talvi 和 Vegh（2005）发现如果财政支出压力随着预算盈余的增加而增加，那么政府财政支出就具有顺周期特征。Alesina 等（2008）在政治代理人分析框架下发现，如果一个腐败程度较高的政府的债务和消费行为很难被公众监督，那么居民的公共品需求在经济繁荣时将会更高。Battaglini 和 Coate（2008）发现，无论是发达经济体还是欠发达经济体，财政政策均存在顺周期特征，而这种普遍现象主要源于预算平衡的财政纪律。

二、传导机制

实际经济周期理论研究的传导机制是指使得冲击因素持续偏离稳态趋势的机制。标准实际经济周期理论提出的经济周期传导机制主要是“劳动的跨期替代”和“劳动时间”。一些研究认为，标准实际经济周期理论所提出的传导机制对于经济周期波动的解释力非常弱。实际经济周期模型能较好地解释诸如总产出、消费和资本等变量的波动，但未能很好地解释就业波动，模型的劳动力市场波动过于平缓，远远小于人们从现实经济中观测到的结果。事实上，实际经济周期理论的基本模型是“瓦尔拉斯”形式的，其基本假设包括经济主体理性、理性预期、市场有效、不存在非自愿失业、工作和闲暇具有高度替代性以及货币中性。在标准实际经济周期模型中，对于重要的就业波动来说，就需要个人愿意在不同时期进行劳动供给的替代，而标准实际经济周期理论的一个争议之处便在于劳动力的跨期替代问题上（Rebelo，2005）。为了使实际经济周期模型更有效地反映经济波动的传导机制，一些文献对劳动力市场、价格水平和部门协同性的设定做了改进，引入了非“瓦尔拉斯”内容。

由于高弹性的劳动供给可以放大技术冲击的影响，多数经济周期模型都做出了劳动供给高弹性的假定：在实际经济周期模型中，高弹性的劳动供给与低的实际工资率和生产率波动相匹配；在货币模型中，高弹性的劳动供给可以保持边际成本平稳，减少公司由于货币冲击而频繁调整价格的行为。但是，微观经济学领域研究得出劳动跨期替代弹性并不高，劳动总供给的波动基本上不是由经济主体自愿进行跨期劳动替代而造成的（Alvarez 和 Veracierto，1999）。对于总体劳动供给的高弹性与个体劳动供给的低弹性之间的矛盾现象，Shimer（2005）提出了一个比较流行的理论模型。在此模型中，劳动时间是固定不可细分的，即经济主体要么选择八小时工作，要么选择闲暇。这一模型可以同时满足总体劳动供给高弹性与个体劳动供给低弹性的情况，从而对于就业波动有了更好的解释力。在考虑货币因素的实际经济周期中，黏性工资经常被用于解释劳动供给的高弹性。在黏性工资模型中，名义工资变化的情形很少，工人愿意在过去的工资水平上继续提供劳动。黏性工资模型提出了一个无法回避的问题，即是否在现行名义工资水平下企业可以随意地决定工人的劳动时间。Francis 和 Ramey（2001）建立了两个动态一般均衡模型，其中一个模型在消费中引入了习惯形成，在投资中引入了资本调整成本，另一个模型将短期的生产函数假设为里昂惕夫型生产函数，他们还假定技术冲击具有劳动节约型的特点，较好地解释了技术冲击和劳动时间的负相关。Francis 和 Ramey（2001）提出，能对产出形成正向冲击的不是技术冲击，而是那些影响消费和闲暇边际替代率的冲击。Halevy 和 Nason（2003）在实际经济周期模型中引入工作轮班（Shift Work）因素，将劳动时间区分为常规班（Regular Shift）和小夜班（Swing Shift），发现小夜班具有很强的顺周期特点，其波动程度远大于产出波动程度，工作轮班因素可以将相对较小的技术冲击放大并造成大幅的总产出波动。虽然产能利用率在解释固定资产方面仍具有重要的作用，但是工作轮班因素已经使得宏观经济波动对产能利用率的依赖程度大为降低。Hall（2005）考虑了利润公司和工人之间的分红问题，认为黏性工资是一个博弈均衡结果。通常文献中的利润分配是通过劳资之间纳什均衡博弈实现的，而这又容易引起争议。

实际经济周期理论认为，当技术进步对总量生产函数带来正向冲击时，工资和利率等变量的相对价格会发生改变，并且价格水平呈现逆周期的特征。然而，标准实际经济周期模型的校准结果表明，价格水平是顺周期的，实际工资率也是顺周期的，只有实际利率才是逆周期的。如果经济波动是由劳动生产率冲击所造成的，那么总供给的变化应引起价格水平的反周期变动，而标准实际经济周期模型的校准结果发现价格水平是顺周期的。Mehra 和 Prescott（1985）认为，标准实际经济周期模型中的效用函数在资产价格方面违反了事实，这些效用函数在股票和债券的回报上存在较大的差别。他们计算出美国标准普尔指数从 1889 年到 1978 年的平均年收益率约为 7%，90 天国库券从 1931 年到 1978 年的平均年收益率约为 1%，经计算投资者的相对风险规避系数约为 27，而投资者合意的相对风险规避系数小于 2。这种股票回报率长期大幅度超过无风险资产收益率的现象也被称为股票溢价之谜。关于股权溢价之谜迄今为止还存在争论，然而许多研究者认为习惯形成是解释该谜的首要因素。对于价格顺周期方面的批评，许多改进的实际经济周期模型提出，如果舍弃企业和工人之间的现场交易劳动力市场假设，引入工资平滑化条件，模型对实际工资率的预测和模拟将会有所改善。Benhabib 和 Wen（2004）认为在两部门模型中，习惯形成和劳动跨部门有限流动性能解释股票回报率长期大幅度超过无风险资产收益率的现象。Christiano 和 Fisher（1998）认为，习惯形成中的偏好问题有助于解释实际利率和实际产出显著负相关的事实，也就是说高利率倾向于预示坏的经济环境。Boldrin 等（2001）认为，单纯地把习惯形成引入实际经济周期模型并不能解释股票溢价之谜，股票收益波动非常小是因为资本供给是无限弹性的，习惯形成使得经济主体有一种强烈的平滑消费的愿望，这一愿望可以在不产生股票收益波动的情况下实现。Boldrin 等（2001）修正了实际经济周期模型，调低了资本的供给弹性。在其理论模型中，投资品和消费品在不同部门生产，资本和劳动的跨部门再分配是存在摩擦的，因此，用习惯形成来平滑消费的愿望带来了更大的股票收益波动和更大的股权溢价。

随着世界各国贸易依存度的提高，世界经济一体化进程的加速，国际贸易和资本流动迅速发展，许多国家和地区间的经贸活动越来越频繁，贸易伙伴国之间经济周期也越来越表现出同步性。Karry 和 Ventura（2001）发现 OECD 国家之间经济周期同步发生，并认为这些国家的经济波动是通过劳动密集型商品的价格差异进行相互传递：劳动密集型产业繁荣导致劳动需求的增加，从而工资上涨，并带来就业和产出的增加。劳动密集型产品的价格影响了产出、消费、总投资和进出口，是形成和传递世界经济周期的重要因素。对于某一个特定国家或地区来说，在宏观经济波动中，大多数产业或部门经历着共同的衰退或繁荣，这些产业或部门具有显著的协同性。标准实际经济周期模型要么直接回避了产业或部门协同性问题，比如假设整个经济中存在一个部门，要么否认了产业或部门存在协同性，比如 Christiano 和 Fitzgerald（1998）认为，当外生冲击发生时，消费品部门和投资品部门之间很难形成相互间的协同效应，因为在两部门模型中，技术冲击会使得劳动力从消费品部门流向投资品部门，因此在经济扩张时消费品部门的劳动时间反而会有所下降，投资品部门将会比消费品部门扩张得更快。Kouparitsas（2001）发现，美国的州与州之间以及西方七国集团之间存在着明显的经济波动协同性，美国的州级总产出与全国总产出的平均相关系数达到 58%，美国总产出与其他西方七国集团成员国总产出的平均相关系数达到 46%。Boldrin 等（2001）认为，之所以 Christiano 和 Fitzgerald（1998）会得出行业和部门间不存在协同性的结论，主要是由于他们的理论模型存在两方面的缺陷：一是该模型高估了经济繁荣时闲暇的边际效用，这增加了劳动力转移的成本；二是该模型低估了经济繁荣时消费品部门的边际产出，这降低了资本调整的成本。DiCecio（2005）从闲暇的价值方面修正了实际经济周期模型：除了闲暇和工作之外，经济主体的时间还存在着第三种用途，比如家庭劳动和个人的人力资本投资，在经济繁荣时，经济主体花在第三种用途上的时间将会大量减少，而花在工作上的时间将会大量增加，因此闲暇的边际效用仍会保持较低的水平。Ambler 等（2004）从边际产出方面修正了实际经济周期模型，将消费品分为市场生产的消费品和家庭生产的消费品。上述文献对标准实际经济周期模型进行了修正，使得实际经济周期理论能够更好地解释行业和部门之间的协同问题。

应当注意到，自从实际经济周期理论诞生之日起，学术界对它的质疑、挑战和改进就从未停止过，发展中的实际经济周期理论已经让越来越多的人认可和接受其基本结论和研究方法。实际经济周期理论模型对于分析微观主体的最优化行为具有十分重要的作用，对于中国的转型经济学而言具有非常重要的借鉴意义。近年来运用实际经济周期理论解释中国经济波动冲击源和传导机制的论文越来越多，一些学者在实际经济周期理论标准模型中引入相关冲击，得出了“技术冲击是中国经济波动主导因素”等结论。当然，这些论文研究出的结论同中国经济波动事实存在一定的差距：对于处于转型期的中国经济来说，用以衡量技术冲击的索洛残差的主要因素未必是技术，而更多地可能是制度和环境变量。这些偏差也意味着国内相关领域的学者需要继续开展两方面工作：一是了解实际经济周期理论最新研究成果。实际经济周期理论最新研究成果已经在模型中涵盖了信息冲击等技术冲击以外的诸多因素，在理论上融入了物价和工资的名义刚性、不完全竞争、效率工资和工作搜寻等名义和实际的非“瓦尔拉斯”内容。这些新的研究成果对于研究中国的财政政策、货币政策、技术进步和产业结构调整对宏观经济稳定的影响十分重要。二是根据中国的具体情况发展实际经济周期理论。中国经济波动呈现出一些与发达国家不同的特征事实：地方政府在推动经济发展过程中时而有作为、时而不作为、时而乱作为，消费波动完全追随甚至超过总产出波动，就业人数变动与总产出波动基本无关，企业投资在每一轮经济周期早期像波浪一样向若干产业倾斜，市场态势已经逐渐由“产能不足”向“产能不足”与“产能过剩”并存的状况转变，宏观经济出现明显的价格水平二元分化现象（李猛，2011）。鉴于此，研究中国经济波动的逻辑就显得十分重要。

第二节　经济波动的基本特征

从起伏波动程度上看（见图 2 – 1 至图 2 – 5），中国经济波动特征可以分为两种类型：“大稳健”和“大起大落”：在改革开放初期，中国经济取得了快速增长，但增长速度并不平稳，经济不是处在过冷就是处在过热之中（刘霞辉，2004）。20 世纪末期，中国经济逐渐结束了“大起大落”的增长方式，经济波动趋向于以“微波化”为主要特征的“稳健”阶段（刘树成，2006）。环顾世界，中国经济波动特征及其演变较为独特，似乎很难简单套用西方经典的理论模型来刻画。这是因为，中国经济发展有着很强的计划经济惯性，尚未实现完全的开放和市场主导，行政干预较多，市场经济本身的扭曲程度比较大。

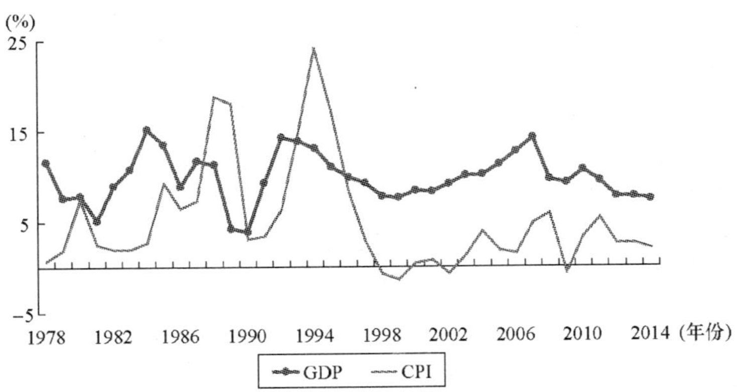

图 2-1 中国的产出和物价波动

资料来源:《中国统计年鉴》。

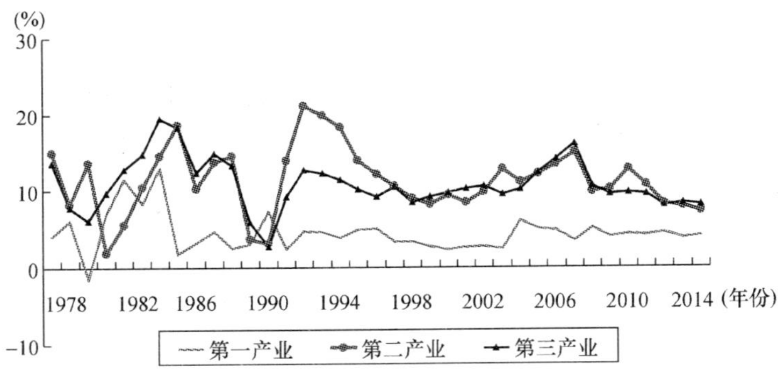

图 2-2 中国的第一、第二、第三产业波动

资料来源:《中国统计年鉴》。

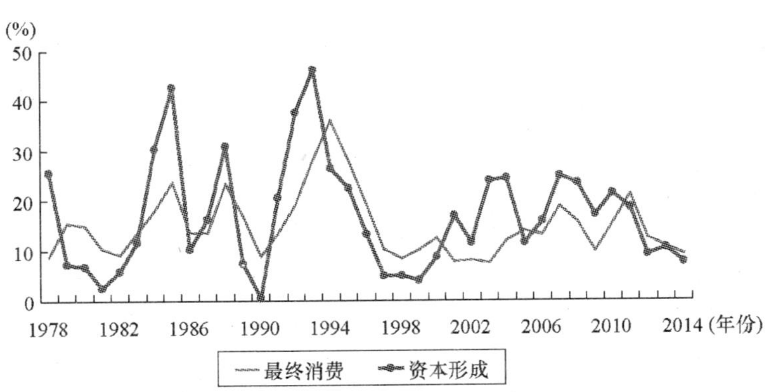

图 2-3 中国的居民消费和资本形成波动

资料来源:《中国统计年鉴》。

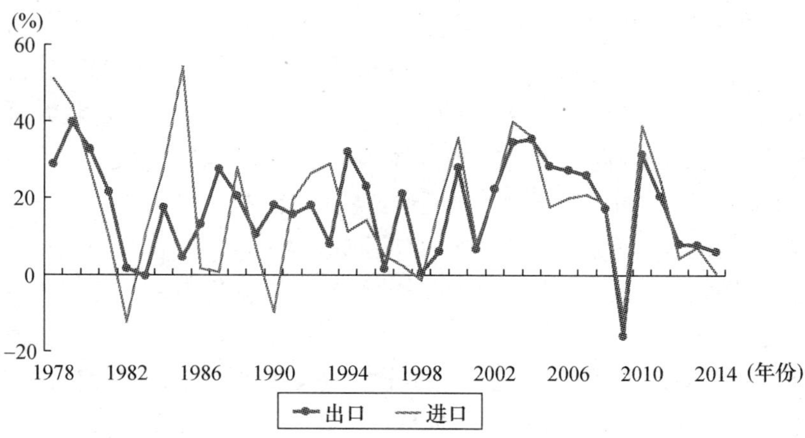

图 2－4　中国的进口和出口波动

资料来源：《中国统计年鉴》。

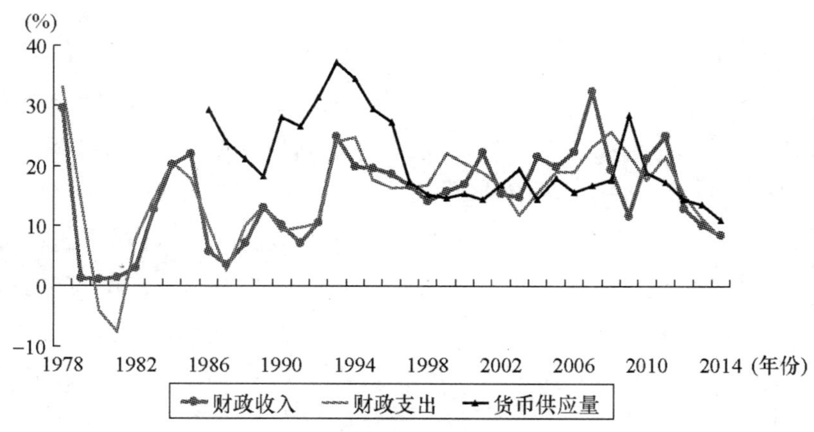

图 2－5　中国的财政收支、货币供应量波动

资料来源：《中国统计年鉴》。

一、“大稳健”

20 世纪 90 年代中期至 21 世纪 00 年代中期，中国经济出现了类似于美国曾经出现过的“大稳健”[1]：经济增长由过去那种起伏剧烈、峰谷落差极大的运行轨迹，向着起伏平缓、峰谷落差较小的运行轨迹转变，经济增长率的回落过程更加缓慢，经济增长率的上升阶段大大延长，宏观经济在上升通道内持续平稳地高位运行。中国经济由过去的“大起大落”型转化为“高位平稳”型，“高位”反映了中国经济的“增长力”增强，“平稳”则反映了中国经济的“稳定性”增强（刘树成，2006）。为什么中国经济能摆脱过去的那种“大起大落”？有学者认为，国内需求冲击趋于稳定和信贷市场自稳定机制[2]的形成是促使中国经济在21世纪出现显著的趋稳现象的根本原因（殷剑锋，2010）。更进一步地看，究竟是什么原因使得中国的国内需求冲击变得稳定？为什么中国的银行业改革、非传统货币信贷政策以及银行监管措施看起来是朝着有利于经济平稳运行的角度发展？下面从宏观、中观和微观三个维度探讨中国经济“大稳健”背后的整体性规律。

1. *宏观维度：经济调控和宏观决策模式*

从宏观维度看，随着宏观调控经验的积累，经济调控的时机、力度和节奏不断改善，中国经济运行的平稳性不断增强。首先，经济调控时机逐渐形成了“及时性”的特点。中国经济转型初期的宏观调控，针对的大多是经济波动中已经出现的“大起”。但在“大稳健”阶段，宏观调控针对的不是经济增长率已经超过上限的“大起”，而是为了防止出现“大起”，以及“大起”引发的“大落”；针对的不是已经出现的全面过热或总量过热，不是投资需求和消费需求的双膨胀，而是部分行业投资的局部过热；针对的不是已经出现的严重通货膨胀，而是物价全面上升的苗头。在这一阶段，中国宏观调控“见势快、动手早、未雨绸缪、防患于未然”，它的一个重要特征就是在经济周期的上升过程中，及时进行宏观调控，防止经济由偏快转为过热，防止由局部问题转化为全局问题。其次，经济调控的力度逐渐形成了“化大为小”的特点。按照经济周期波动规律，经济波动的拐点分

---

① 在经历了20世纪70年代和80年代初的“大通胀”（Great Inflation）后，美国主要宏观经济指标（GDP、工业产值、失业率等）的波动程度在80年代后期开始的20年内都出现了显著的下降趋势，以至于有学者认为经济周期时代已然终结（Weber，1997），这一时期也被经济学界称为“大稳健”（Great Moderation）。

② 信贷市场中的自稳定机制包括：银行业改革使得银行家们变得理性，诸如“窗口指导”、法定准备金率调整等各种非传统货币信贷政策，诸如对资本充足率和银行信贷集中度的规定等银行业监管措施。

为两种：一种是大拐点，即经济周期由上升通道向下降通道剧烈地、大幅度地转折；另一种是小拐点，即经济周期由上升通道向下降通道平缓地、小幅度地转折。在这一阶段，中国宏观调控化大调整为不断的小调整，化大拐点为小拐点，在经济周期的上升过程中，不断地、多次性地进行微调，控制住宏观经济波动的峰位，使得经济波动不“冒顶”，不突破经济适度增长区间的上限。最后，经济调控的节奏逐渐形成了“多阶段”的特点。在这一阶段，中国宏观经济“高位”运行特征明显，与过去那种“大起大落”的运行方式不同，一个经济波动周期内往往形成几次小起小伏、小峰小谷，宏观调控针对这些小波动进行适时微调，于是就形成了“多阶段”的特点。“多阶段”调控也意味着每个阶段的微调完成后，并不等于本轮经济调控的终结，中央政府还会根据新的问题进行新的调控（刘树成，2009）。

中国宏观调控在时机、力度和节奏上逐渐形成了“及时性”、“化大为小”和“多阶段”等特点，这也彰显了“民主集中制”基础上的宏观决策模式的生命力。建立在“民主集中制”基础上的中国政府决策模式具有高度的政策决断能力和资源动员能力。例如，2008 年 9 月 15 日美国投资银行雷曼兄弟公司倒闭之后，中国政府进行了宏观经济政策的全面调整，及时从年初的“防经济增长过快与防物价上涨”转变为“扩内需、保增长”，采取了扩张性的财政政策和货币政策，并很快推出财政刺激计划和十大产业振兴计划。其反应速度之快，是世界其他国家所未有的。这种快速决断一方面成功避免了经济下滑的持续，另一方面也为市场预期的稳定起到十分重要的作用（纪宝成，2010）。作为国家机构的组织原则，民主集中制的运行与宏观调控有着密切的关系。改革开放前，民主集中制无法通过自身的力量使民主与集中在制度上获得有机统一，因而无法在党的组织原则和国家机构组织层面实现自我转换，这使得财政体制具有高度集中的性质，反过来又严重阻碍了民主集中制的运行。改革开放后，在社会主义市场经济条件下，随着财政体制的变化，尤其是公共财政的确立与发展，在国家机构层面推行民主集中制，从财政体制变化中获得了相当丰富的制度基础与财政动力，由此开始了以实现制度化的民主与制度化的集中有机统一为取向的新发展（林尚立，2006）。可以说，民主集中制的推进，从体制上改善了政府的宏观调控。

2. 中观维度：产业升级和国家创新系统

产业结构对宏观经济运行产生至关重要的影响。以新中国成立初期为例，1952 ~ 1958 年中国第一产业占国内生产总值的平均份额达到 45%，同期的第二产业和第三产业占国内生产总值的平均份额只有 25% 和 30%，中国经济的产业结构单一且高度依赖第一产业，由于第一产业具有某种程度“靠天吃饭”的性质，当严重的自然灾害发生时，农业发生大面积的歉收，国民经济必然受重创。“三年自然灾害”期间，中国经济大幅衰退。相对于第一产业而言，第二产业和第三产业具有更高的稳定性，第一产业的份额无论是转移到第二产业还是第三产业，均有利于宏观经济的平稳运行。事实上，有学者在分析美国经济周期稳定化趋势时发现，美国的就业结构变得越来越稳定，管理人员、工程师、科研人员的就业比重加大，与制造、建筑和运输等传统行业相比，现代白领行业受经济波动的冲击较小，这有助于增强经济运行的稳定性，从而使包括美国在内的诸多发达经济体的经济周期呈现出稳定化趋势（曹永福，2007）。与中国宏观经济平稳化趋势对应的是，中国第一、第二、第三产业占比不断优化，产业结构显著升级。

产业升级提升了相对稳定的居民基本生活消费水平，提振了国民经济中的短板，显著地消除了经济短缺现象，促进了中国宏观经济的平稳化运行。改革开放以来，中国与居民消费紧密相关的产业结构经历了不断的升级：70 年代末至 80 年代末，领先增长的行业是手表、自行车、缝纫机、收音机、彩电、音箱、洗衣机和电冰箱等；90 年代初至今，领先增长的行业是房地产、轿车、微型电子计算机和移动电话等。在产业升级的过程中，原来比较弱小的消费品工业则经历了“补课型”的快速扩张，由此推动了加工业的迅速发展，并拉动了与之密切联系的基础工业和基础设施的发展，最终使得工业规模迅速扩大，工业化过程迅速推进。这一过程同时也拉动了为生活服务且与市场发育密切联系的第三产业“补课型”发展，并曾在一个时期内替代了工业在经济发展中的主导地位。工业和第三产业先后快速扩张，为农村劳动力向非农产业的转移创造了大量的机会，大大加快了城市化的步伐（张立群，2006）。随着国内经济短缺现象的逐渐消除，供不应求的矛盾逐步减小，中国经济增长的稳定性逐渐提高。

从产品市场来看，拥有先进的技术可以使企业的产品有着更强的市场支配力量，从而价格需求弹性更低，企业所受需求冲击的影响较小；从劳动力市场看，先进的技术对应着熟练程度较高的劳动力，而熟练程度较高的劳动力的供给弹性比较大，当需求增加时，熟练劳动力也将较快增长，当市场需求波动时，这类劳动力的就业鲜少发生大幅度的波动（Kraay 和

Ventura, 2001)。因此，技术水平及其创新系统影响着宏观经济的平稳运行。中国宏观经济运行特征的变化，也对应着国家创新系统的不断演进。改革开放前，中国的技术创新部门主要是大学、中国科学院及其分支机构，技术创新系统是由政府主导的，政府通过行政指令与计划对技术创新资源进行配置，资源和知识的流动是通过行政渠道进行的，并且信息的传递是纵向的，机构部门之间缺乏直接的横向信息交流。改革开放后，中国的技术创新系统发生了巨大的变化，企业逐渐成为技术创新的主体，在中国总研发经费中企业研发经费支出占比不断提高。到了20世纪90年代中期，企业研发经费所占份额接近40%，但仍然远低于法国、英国、德国、日本和美国的同期值。时至今日，中国研发活动经费中企业研发活动所占比例已经接近或超过了发达国家的水平。随着国家创新系统的不断完善，中国宏观经济不但表现出“高位”增长趋势，还表现出“平稳”增长趋势。

3. 微观维度：财政分权和新型国有经济体系

中国的市场化进程是一个渐进式的过程，其最终目标在于通过合理分配政府和市场力量，使得资源配置有效进行。现如今，各级政府仍然保持着对许多重要经济资源的配置权力，尤其是生产要素市场，包括资本要素、土地和自然资源要素以及劳动力要素等，不仅如此，各级政府依然控制着行政优惠政策，包括税收、土地和市场准入等，企业拥有了这些要素或行政优惠政策后，也就拥有了最值得银行信赖的抵押物和政治担保，换言之，政府掌握了地区金融资源的部分配置权。那么，政府如何将手中的资源配置权发挥最大的经济社会效用？事实上，中央政府从20世纪80年代初开始把很多权力下放到地方政府，给予地方政府相对自主的经济决策权，以“财政包干”为主要内容的财政分权改革，使得地方政府可以与中央政府分享财税收入，地区的财政收入越高则地方政府的留存就越多，并且预算外收入更是百分之百的留存，因而中国地方政府有着极强的激励去推动本地经济增长。与此同时，中国地方官员之间还存在着围绕经济增长而进行的“锦标赛”，行政和人事方面的高度集权可以将关心仕途的地方政府官员置于极强的激励之下，因此晋升“锦标赛”是将经济增长与官员政治晋升兼容在一起的激励模式。在政治晋升“锦标赛”中，官员的表现“优异”就容易带来职务上的晋升，官员要想获得职务上的晋升就必须具有“优异”的表现。中国现行的官员晋升制度和财政管理体制的结合为地方政府积极推动本地经济增长提供了重要的激励基础。

财政分权的制度安排改善了政府所掌握的资源配置权的实际配置效果。财政分权赋予了地方政府相当程度的相机抉择能力，有利于中央宏观调控政策的落实。当中央宏观调控政策出台后，地方政府快速地将财政刺激计划进行层层分解和落实。在地区间为经济增长而竞争的背景下，地方政府会根据自身比较优势来选择差异化的行为，这也避免了中央宏观调控政策“大一统”所带来的僵化的问题，从而使中国危机治理和救助具有灵活性，比如广东省在进行外向型企业救助的同时加大了服务业的投入，而山西省却在煤炭价格大幅下滑的同时进行能源企业结构性的调整，四川省则根据地震灾害的重建情况加大了基础设施建设的力度。此外，地方政府还采取多种针对辖区企业的援助措施：一是财政贷款援助，其形式是财政补贴和贷款援助，比如辽宁省要求地方商业银行每年新增贷款的部分必须用于中小企业，超过一定比例的由同级财政给予奖励，福建省对为中小企业提供融资担保的机构，按年度担保额的一定比例给予补偿；二是实行税收优惠政策，地方政府在减免中小企业税收时，并没有区分企业的性质、行业背景；三是积极发展信用担保机构，建立中小企业信用担保风险补偿制度，对担保信用等级高的中小企业信用担保机构、再担保机构给予一定的风险补偿和奖励。

在优化自身掌握的资源配置权的同时，政府还逐步退出某些竞争性领域，使得这些领域的资源配置逐步由市场完成，由此改善了政府和市场之间的关系。在政府逐步退出某些竞争性领域的过程中，也建立起了与市场经济体系相容的“新型国有经济体系”。“新型国有经济体系”中企业类型主要包括：由“拨改贷”方式投资形成的注册为“全民所有制企业”的企业，非国有资金投资建立的注册为“全民所有制企业”或者“国有企业”的企业，改制为股份公司、有限责任公司的国有企业，国有控股的上市公司，各级国有资产管理公司，大型国有独资公司。“新型国有经济体系”中的企业不仅具有市场化导向和独立竞争这一特点，还承担着传统国企作为国民经济支柱被赋予的政治、经济和社会责任，承担着对国有经济的控制、影响和带动作用，建设创新型国家的主体作用等诸多历史使命。事实表明，新型国有企业的大量涌现克服了一般市场经济环境下企业遇“冷”则过度收缩的缺陷，为中央宏观调控政策提供了传递渠道。在一般市场经济环境下，由于硬预算约束，企业面临销售下滑时往往会选择过度收缩，从而会出现经济危机进一步加强的问题。新型国有企业可在中央宏观调控政策和市场竞争之间寻找到有效的契合点，为中央宏观调控政策提供了传递渠道，从而防止经济过度收缩。

二、“大起大落”

然而，天下没有不散的筵席。中国经济的“大稳健”，只维持了十年左右的时间。从2006年开始，中国经济又开启了“大起大落”模式。当然，中国经济的“大起大落”现象，并非始于2006年（见图2－6）。杨启先（1998）系统总结了新中国成立后的几次“大起大落”。第一次是1949～1952年。中央政府为了解放战争的需要超发货币，致使通货膨胀形势严峻。1950年初，中央着手统一财经、平抑物价、调整经济，通过政府一系列富有成效的经济和行政手段，国民经济得以迅速恢复。到1952年，中国经济意想不到地实现了高增长、低通胀。第二次是1953～1955年。1953年，中国进入第一个五年计划时期。由于缺乏经验，在编制计划时“大干快上”，很快出现商品严重短缺和财政大量赤字等情况。中央政府不得不从1953年下半年起，陆续对粮、油、棉等实行统购统销。第三次是1956～1957年。对于1954～1955年坚决压缩基本建设规模和工业增长速度的做法，中央的看法并不一致。中共中央不仅做出了加快社会主义改造进度的决策，而且专门写文章批判“右倾”保守思想。结果基本建设投资突飞猛进，又造成了供求关系新一轮的紧张局面。在中共八大上，国务院领导人提出“反冒进”。第四次是1958～1965年。在中共八届三中全会上，中共领导人公开批评“反冒进”。很快，“大跃进”的口号被提出来了。从1958年下半年起，整个国民经济的运行达到近乎疯狂的高热状态。在1959年的庐山会议上，反“左”变成了反“右”，紧张局面进一步加剧。第五次是1970～1972年。1969年各地革命委员会成立后，1970年又开始“新跃进”，盲目追求高速度、高指标的问题重现。国民经济一系列比例关系严重失调，市场供应紧张。第六次是1977～1981年。打倒“四人帮”以后，中央在必须大力发展经济的问题上达成了共识。但提出一些不切实际的高指标，比如提出在1978～1985年基建投资规模达到过去28年的总和。这次“跃进”使农、轻、重的比例关系进一步失调。第七次是1985～1987年。当时，国务院酝酿采取财政金融的办法进行改革。其中，次年的信贷资金以1984年的实际贷款余额为基数。这样一来，金融机构为了扩大次年的信贷资金数额，就抓紧年底时间竞相发放贷款。第八次是1988～1991年。“大进大出”的外向型经济方针，把地方的投资和大办开发区的热情带动起来。“价格闯关”引发了恐慌性抢购，将“隐形通胀”变成了“显性高通胀”。

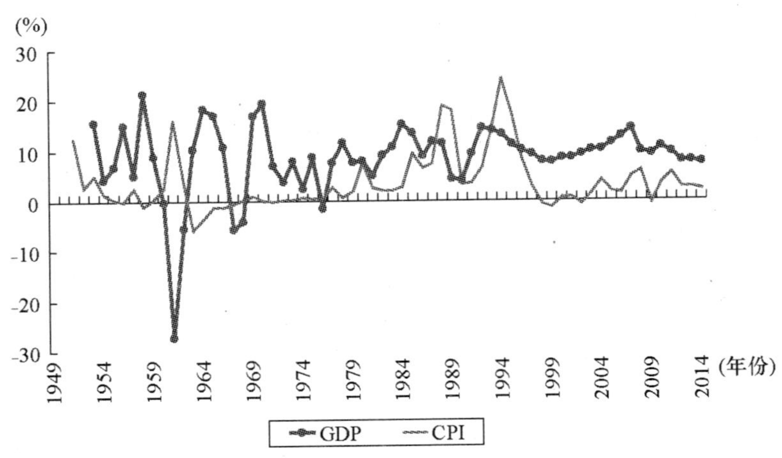

图2－6　新中国经历的几次“大起大落”

资料来源：《新中国六十年统计资料汇编》、《中国统计年鉴》。

比较而言：改革开放之后，中国经济“大起大落”幅度明显小于改革开放之前；近十年来，中国经济“大起大落”幅度又明显小于改革开放之初。对于其中奥秘，前文从三个层面进行了梳理：宏观维度的经济调控和宏观决策模式、中观维度的产业升级和国家创新系统，以及微观维度的财政分权和新型国有经济体系。当然，“是药三分毒”，这些促进经济平稳较快增长的因素在带来“大稳健”的同时，也制造了新的问题（如第一章中所论述的经济增长水分）。从宏观层面看，中国在应对1998年亚洲金融危机和2008年国际金融危机时实施的积极财政政策和宽松货币政策的宏观政策组合，形成了促使投资扩张的宽松政策环境。并且，积极财政政策和宽松货币政策的政策组合效应持续时间较长，使投资扩张对经济的影响不断累积。从中观层面看，国际金融危机后出台的十大产业振兴计划，实质上是政府预先确定产业发展方向，没有发挥市场机制作用，因此产生了比较突出的资源配置扭曲，政策支持使部分行业投资扩张过快，出现了严重的产能过剩。家电以旧换新等旨在扩大消费的政策，使得那些本应削减的产能受政策带来的短期需求影响而不能及时调整，延迟了企业产能结构调整的决策，产能过剩问题不断加剧。从微观层面看，无论在政府工作报告还是中长期规划中，经济增长目标都是由上至下层层加码。由于投资项目对经济增长的带动作用很强，各地在中央实施扩大政府支出的政策时纷纷争取投资项目特别是大项目落地，对扩大需求的宏观政策形成放大、叠加效应。土地管理制度执行不严，为地方政府投资冲动提供了机会。一些城市进行“摊大饼”式扩张，脱离实际地建设大广场、宽马路，开发区、工业园区和新城新区占地过多。此外，国有企业相关制度不完善，尤其是国有资本红利上缴过少，国有企业大量留存的利润成为其投资扩张的资金保障。由是观之，中国式“大稳健”缺乏可持续性。更进一步地看，“大稳健”的本身，并未从根本上消除“大起大落”基因。关于中国经济的“大起大落”，林毅夫等（1999）将其概括为地方政府层面的“一活就乱、一乱就收、一收就死、一死就放”的“活乱循环”。本书第五章的经验分析亦发现，中国经济波动有大约30%的部分来源于地方政府冲击。

面向未来，中国经济的“大落”问题表现得更加突出。尤其是，曾经极力推动经济增长的地方政府，其心态和行为模式正在发生微妙的变化。中共十八大以来，一些地方官员心中滋生了“为官不易”的情绪，进而出现了“为官不为”的现象。郝春禄（2015）归纳了当前“为官不为”的一些表现：一是新旧体制转轨过程形成“真空”、“断档”，没有遵循而不为；二是患上了“反腐恐惧症”，心神不定而不为；三是把守规矩和干事创业对立起来，因为行为受限而不为；四是因个人专长和岗位要求不匹配，人岗不适而不为；五是对新《干部任用条例》误读，政绩观偏差而不为；六是因已退居“二线”，没有激情而不为；七是借口前任领导留下“包袱”，没有干事空间而不为；八是公务员总体薪酬水平低，没有激励措施而不为；九是个别地方把群众意见绝对化，致使领导干部不敢作为；十是考核监督制度缺失，没有硬性约束而不为；十一是上级班子内部不团结，下级官员怕惹麻烦而不为；十二是一些官员因长期得不到提拔重用，身心受到伤害而不为。地方官员不作为实质上是“庸政”、“懒政”、“误政”行为。一些地方以前大干快上、热火朝天，但如今项目也不上了、外资也不引了、活儿也不干了，经济直线下滑。一些地方官员在工作上得过且过、不思进取，不求有功但求无过，熬资历、保位子，甚至在其位不谋其政而谋取私利，贻误发展机遇，导致单位甚至地区长期发展缓慢。本书认为，当前的中国经济减速，与公共权力规范过程中的“为官不为”现象有着撇不清的关系。

从长期看，一个国家的政治清廉程度与其经济发展水平是相互促进的。以 2014 年为例，“透明国际组织”（Transparency International）在《Corruption Perceptions Index》中报告了全球 175 个国家和地区的清廉指数，结合世界银行数据库提供的各国人均 GDP 数据可以绘制出两者关系的散点图（见图 2－7）。根据散点图拟合出的趋势线反映了这样一个基本规律：越是清廉的国家越发达，越是腐败的国家越落后。可以说，人均 GDP 水平与清廉指数呈现出正相关。当然，散点图也反映了这样一个现象：提高政治清廉程度对于促进经济繁荣的绩效在不同阶段并不一致，在经济发展的初级阶段不甚明显，而在经济发展的较高阶段较为显著。

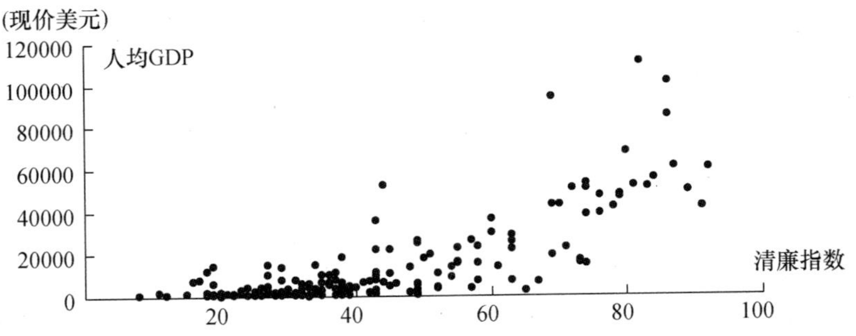

图 2－7　清廉指数与人均 GDP 水平散点图

资料来源：世界银行数据库、“透明国际组织”的《Corruption Perceptions Index》。

既然从长期看，反腐有利于经济发展。那么，反腐的短期经济效应又如何？有观点认为，中国的严厉打击腐败之举将会挫伤地方政府官员推动本地经济增长的积极性，让他们不敢越过雷池，政商关系因此而被弱化，奢侈品、高档餐饮消费大幅减少，中国经济增长于是出现下行趋势（Denyer，2015）。对此问题，可以借用“透明国际组织”和世界银行的数据，通过绘制清廉指数变化和经济增速变化关系的散点图来检验。图 2－8 刻画了在短期内反腐如何影响经济增速变化的国际经验，反映了 2013～2014 年，清廉指数变化量与经济增速变化量之间的关系。在以清廉指数变化量为横轴、以经济增速变化量为纵轴的平面直角坐标体系中：如果散点主要分布在第一象限或第三象限，便可以推断出清廉指数变化量与经济增速变化量

呈现正相关，即加大反腐败力度和经济增长加速可以同步发生；如果散点图主要分布在第二象限或第四象限，则可以推断出清廉指数变化量与经济增速变化量呈现负相关，即放任官员腐败和经济高速发展之间可能存在内在关联。令人遗憾的是，散点似乎均匀地分布在四个象限中，我们很难从散点图中拟合出清廉指数变化量与经济增速变化量之间的趋势线，寻找到两者关系的蛛丝马迹。总之，从国际经验来看，加大反腐败力度在短期内不会影响经济增长情况。当然，这也正是中国经济问题的复杂之处。关于权力寻租对地方政府行为模式的刻画，我们将在第三章和第五章中深入探讨。

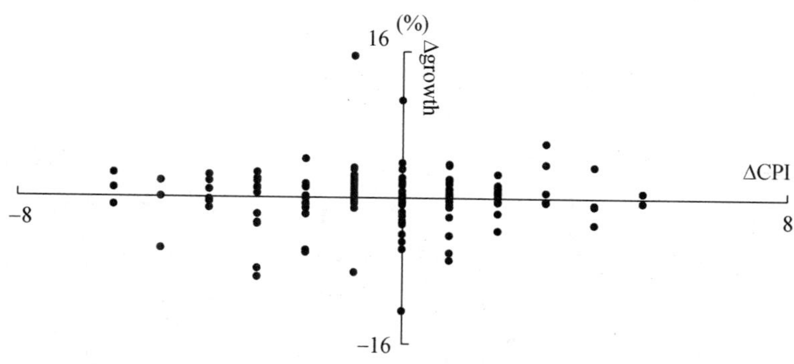

图 2-8　清廉指数变化量与经济增速变化量散点图

资料来源：根据世界银行数据库、“透明国际组织”的《Corruption Perceptions Index》计算得出。横轴 ΔCPI 表示第二年的清廉指数比第一年的增加幅度。纵轴 Δgrowth 表示第二年的经济增长速度比第一年的增加幅度。

第三节　经济“大落”的属性研判

自 2012 年以来，中国经济增长速度节节下滑。中国经济增长速度出现“大落”的压力，究竟是因为周期性波动的影响，还是因为趋势性拐点的到来，这个问题引起了各界广泛而严肃的讨论。一种观点认为，中国经济增长速度已经出现了趋势性的拐点，长期增长潜力已经下降。从供给端看，人口红利逐渐式微、储蓄率和投资率双双走低以及全要素生产率增长缓慢，索洛经济增长模型给我们的启示就是中国潜在增长能力将会下降。从需求端看，在消费力不足的同时还出现了一定程度的产能过剩和产品积压，经济增长的“外延式水分”随着国际经济形势的错综复杂、充满变数和持续低迷而更加凸显，凯恩斯主义“三驾马车”理论给我们的答案也是中国高增长态势将不复存在。另一种观点认为，中国经济增长速度下降，既有世界经济复苏缓慢的因素，也有主动调控的影响。从根本上看，中国的比较优势和后发优势依然长期存在，如果未来深入推进结构性改革，消除资源配置中的明显“扭曲”，那么中国的较高速增长依然可期。

一、周期波动

下面利用增长核算框架，找寻中国经济减速的奥秘。Solow（1957）提出的增长核算方法是分析经济增长质量和可持续性的有力工具，可以被用来探寻经济减速的直接原因。我们知道，利用增长核算方法研究中国经济增长的文献可以分为两类：第一类文献直接使用基准的增长核算方法及其衍生模型将中国经济增长分解为来自于资本、劳动和全要素生产率的增长（例如，World Bank，1997；Maddison，1998）。由于全要素生产率是资本和劳动无法解释的经济增长剩余部分，第二类文献则对全要素生产率做进一步分解，分解出制度变迁、结构变动和技术进步等因素（例如，Zheng 等，2003）。第二类文献容易扭曲增长核算的分析框架，导致其研究结果与基准文献缺乏可比性。因此，下面按照第一类的基准文献方法，研究中国经济减速来自于资本、附加人力资本的劳动以及全要素生产率的影响。在 Solow（1957）模型的基础上，本书设定如下形式的生产函数：

$$Y_t = A_t K_t^{\alpha} N_t^{1-\alpha} \tag{2-1}$$

式中，Y_t 代表产出，K_t 代表固定资本存量，N_t 代表附加人力资本的劳动。$N_t = L_t H_t$，其中 L_t 是劳动，H_t 是人力资本或者是以平均受教育年限衡量的劳动力质量。A_t 和 α 分别是全要素生产率和资本的产出弹性。根据式（2-1），可以推导出如下的经济增长核算公式：

$$\frac{dy_t}{y_t} = \frac{dA_t}{A_t} + \alpha \cdot \frac{dk_t}{k_t} \tag{2-2}$$

式中，$y_t = Y_t / N_t$，$k_t = K_t / N_t$。根据式（2-2），利用产出、固定资本和附加人力资本的劳动数据，可以计算出全要素生产率。

在核算经济增长时，产出数据的质量尤为重要。针对一些对中国 GDP

数据可靠性的批评（例如，Rawski，2001），为了提供更为可靠的研究结论，本书还选择了三个产出替代变量——耗电量（HDL）、铁路货运量（HYL）和银行贷款量（DKL）。之所以选择这三个产出替代变量，是参照了“克强指数”。“克强指数”认为，中国经济强劲有力，但是地方官员在GDP数据上有发挥的余地，而耗电量、铁路货运量和银行贷款量三个指标个个涉及真金白银，几乎不存在作假的可能。我们利用GDP数据计算了1952年以来中国全要素生产率的变化情况，并分别利用耗电量、铁路货运量和银行贷款量三个指标作为GDP的替代指标计算了中国全要素生产率的变化情况，根据三个产出替代变量尤其是HDL和HYL计算得出的中国全要素生产率与利用GDP数据计算出的中国全要素生产率相比，两者走势基本一致，但前者波动程度更大，这与“克强指数”一致。由于部分年份相关数据缺失，下面考察的样本起始于1952年。考虑到改革开放前和改革开放后两个历史时期本质上都是后发国家进行经济建设的实践探索，两者是相互联系的，因此，本书没有刻意地区分改革开放前和改革开放后的经济减速源，更何况，全要素生产率本身就已经包含了经济体制和发展模式因素。利用永续盘存法可以计算得出固定资本存量数据，其中涉及四方面数据：基期资本存量、投资额、投资价格指数和折旧率。参照Chow（1993），我们设定的1952年全国固定资本存量为700亿元（1978年价格），1952～1977年的折旧率为5%，1978～2011年的折旧率为8%，固定资本存量是根据国家统计局公布的全社会固定资产投资数据，利用固定资产投资价格指数作为平减指数计算得出。人力资本存量是根据历年从小学到大学的各类学校入学人数、毕业人数和退出劳动年龄的人口数与其受教育年限的乘积计算得出，平均受教育年限由人力资本存量除以劳动年龄人口数计算得到。人力资本的折旧率根据历年人口死亡率和退出劳动年龄的人口数计算得出。如王小鲁等（2009）一样，我们设定的1952年初始平均教育年限也为3年。以下凡未注明的数据均来自于历年《中国统计年鉴》和《新中国六十年统计资料汇编》。

在对中国经济减速源进行核算时，笔者首先用Wald检验来验证固定资本和附加人力资本的劳动收益不变的假设。结果表明，四组增长核算方程均通过了规模报酬不变假设。表2－1报告了1952年以来中国经济减速源的核算结果，此处为经济大幅减速（即经济增长率降幅超过2%）的情景。由于篇幅限制，书中没有报告1952年以来各个经济减速年份的要素增长率和减速前要素增长率，而仅报告1952年以来所有经济减速年份各要素增长率的平均值，以及各要素对经济减速的贡献程度。表2－1共包含四组增长核算结果，其中第一组产出指标为GDP，HDL、HYL和DKL分别为第二组、第三组和第四组的产出替代指标。表2－1第一组增长核算结果显示：固定资本存量增长率平均值在经济大幅减速前达到12.6%，在经济大幅减速年份下降到10.3%；附加人力资本的劳动增长率平均值在经济大幅减速前为2.8%，在经济大幅减速年份不但没有下降，反而提高到3.7%；全要素生产率的增长率平均值在经济大幅减速前达到3.4%，在经济大幅减速年份下降到－4.3%。相对于固定资本增长率和附加人力资本的劳动增长率的小幅变化，中国全要素生产率的增长率变化非常显著。表2－1的增长核算结果表明：89.3%的中国经济大幅减速都可以由全要素生产率的增长放缓来解释，而固定资本增长率下降只能解释很小的部分。虽然研究的样本完全不同，但我们的这一研究发现与Eichengreen等（2011）的发现是非常接近的——他们研究发现85%的产出增长率放缓都可以由全要素生产率增长放缓来解释。表2－1第二组至第四组的使用产出替代指标的增长核算结果与第一组相似：固定资本存量增长率变化分别解释中国经济大幅减速原因的7.6%、4.4%和12.5%，附加人力资本的劳动增长率变化分别解释中国经济大幅减速原因的－2.6%、－4.2%和0，全要素生产率增长率变化分别解释中国经济大幅减速原因的95%、99.8%和87.5%。三组产出替代指标得出的核算结果也表明，中国经济大幅减速的主要原因可由全要素生产率增长放缓来解释。

表2－1　增长核算结果："大幅减速"的情景

单位:%

变量	年份	指标在相应年份平均值				指标对经济减速解释程度			
		(1)	(2)	(3)	(4)	(1)	(2)	(3)	(4)
"固定资本存量"增长率	减速前一年	12.6	11.9	11.7	11.7	15.0	7.6	4.4	12.5
	减速当年	10.3	9.8	10.4	10.8				
"附加人力资本的劳动"增长率	减速前一年	2.8	3.3	3.0	3.5	－4.3	－2.6	－4.2	0
	减速当年	3.7	3.8	3.8	3.5				
以"GDP"为产出指标的"全要素生产率"增长率	减速前一年	3.4				89.3			
	减速当年	－4.3							

续表

变量	年份	指标在相应年份平均值				指标对经济减速解释程度			
		(1)	(2)	(3)	(4)	(1)	(2)	(3)	(4)
以“HDL”为产出指标的“全要素生产率”增长率	减速前一年		13.4				95.0		
	减速当年		2.5						
以“HYL”为产出指标的“全要素生产率”增长率	减速前一年			6.3				99.8	
	减速当年			-4.6					
以“DKL”为产出指标的“全要素生产率”增长率	减速前一年				10.4				87.5
	减速当年				1.8				

注：(1) 列、(2) 列、(3) 列和 (4) 列分别表示产出指标为 GDP、HDL、HYL 和 DKL 时的情形。例如，在“指标在相应年份平均值”的 (4) 列，以“DKL”为产出指标的经济减速年份“固定资本存量”、“附加人力资本的劳动”和“全要素生产率”增长率平均值分别为 10.8%、3.5%和1.8%，而对应的减速前一年“固定资本存量”、“附加人力资本的劳动”和“全要素生产率”增长率平均值分别为 11.7%、3.5%和 10.4%。相应地，在“指标对经济减速解释程度”的 (4) 列，“固定资本存量”、“附加人力资本的劳动”和“全要素生产率”增长率放缓对经济减速的解释程度分别为 12.5%、0 和87.5%。表2-2 同。

表2-2　增长核算结果：“小幅减速+大幅减速”的情景

单位:%

变量	年份	指标在相应年份平均值				指标对经济减速解释程度			
		(1)	(2)	(3)	(4)	(1)	(2)	(3)	(4)
“固定资本存量”增长率	减速前一年	11.8	11.6	11.8	11.2	11.4	6.8	3.8	13.2
	减速当年	10.7	10.5	10.9	10.3				
“附加人力资本的劳动”增长率	减速前一年	3.0	3.3	3.4	3.5	-3.1	-2.9	-3.5	0.6
	减速当年	3.4	3.6	3.9	3.7				
以“GDP”为产出指标的“全要素生产率”增长率	减速前一年	3.5				91.7			
	减速当年	-1.4							
以“HDL”为产出指标的“全要素生产率”增长率	减速前一年		9.3				96.1		
	减速当年		2.4						
以“HYL”为产出指标的“全要素生产率”增长率	减速前一年			4.6				99.7	
	减速当年			-4.2					
以“DKL”为产出指标的“全要素生产率”增长率	减速前一年				8.2				86.2
	减速当年				0.8				

表 2－2 中报告的经济减速是增长率的降幅大于零的情景，即包含小幅减速（经济增长率降幅介于 0～2%）和大幅减速的所有减速情景。表 2－2 第一组增长核算结果显示：固定资本存量增长率平均值在经济减速前达到 11.8%，在经济减速年份下降到 10.7%；附加人力资本的劳动增长率平均值在经济减速前为 3%，在经济减速年份不但没有下降，反而提高到 3.4%；全要素生产率的增长率平均值在经济减速前达到 3.5%，在经济减速年份下降到－1.4%。相对于资本和劳动增长率的变化，全要素生产率的增长放缓非常显著。与表 2－1 的增长核算结果相似：91.7% 的中国经济减速都可以由全要素生产率的增长放缓来解释，资本增长率下降只能解释 11.4%。表 2－2其他三组增长核算结果显示：固定资本存量增长率变化分别解释中国经济减速原因的 6.8%、3.8% 和 13.2%，附加人力资本的劳动增长率变化分别解释中国经济减速原因的－2.9%、－3.5% 和 0.6%，全要素生产率增长率变化分别解释中国经济减速原因的 96.1%、99.7% 和 86.2%。

尽管产出指标不同，但上述的增长核算结论基本一致：全要素生产率的增长放缓是中国经济减速的主要原因，其解释了九成的中国经济减速原因；资本增长率的放缓对中国经济减速的影响十分有限，其解释了余下的中国经济减速原因；附加人力资本的劳动增长放缓未能有效解释中国经济的减速问题。事实上，近年来中国的人口结构发生了巨大的变化，2003 年珠三角地区出现“民工荒”，由此引发了理论界关于中国经济增长是否正在丧失人口红利、刘易斯转折点是否到来的广泛争论：一种典型的观点认为，中国的人口红利已经式微，传统意义上的人口红利趋于消失，刘易斯转折点已经到来（例如，蔡昉，2010）；另一种与此对立的观点认为，中国农业劳动边际生产力仍然很低，农村仍然有大量剩余劳动力可供转移，劳动力市场供大于求或者说失业率仍然很高，刘易斯转折点尚未到来（例如，Lau，2010）。两种观点争论的重点主要有两个：其一是数量问题，即农业剩余劳动力是否趋于枯竭；其二是价格问题，即现代经济部门的实际工资水平是否显著上升。当然，两种对立的观点也达成了一个共识，即中国熟练和青壮年劳动力增长幅度已经下降。人口结构的巨大转变，尤其是劳动人口增长速度的骤然下降，成为理论和政策层面关于中国经济趋势性拐点是否已经到来的争论的最有力论据。近期公布的经济数据也显示，虽然政策刺激力度逐步加码，支持内需的政策措施陆续出台，但中国经济增长尚未出现明显反弹。判断经济增长速度放缓到底是由于周期性的影响，还是由于趋势性拐点的到来，对于政策制定和投资决策而言非常重要。

上述增长核算结果表明，附加人力资本的劳动在中国经济减速中的影响可以忽略不计。更进一步地，为什么劳动因素无法解释中国经济的减速呢？图2－9用GDP增长率与就业人数增长率的5年移动平均值来观察中国的GDP增长与就业人数增长的背离情况。图2－10用亚洲主要经济体的GDP复合增长率与人口复合增长率的比值来观察中国的GDP增长与人口增长的背离情况。可以看出，1990年之前，中国的就业人数增长率与GDP增长率比较吻合，两者趋势大致相同。但1990年以后，中国的就业人数增长率与GDP增长率的同步性消失了，两者背离之势十分明显。尽管GDP增长率不同，但亚洲主要经济体的GDP均有所增长。在人口增长方面，除了朝鲜和伊拉克的人口复合增长率小于零，其他亚洲经济体人口均呈现增加趋势。在亚洲主要经济体中，中国的人口增长率与GDP增长率背离现象最为明显。

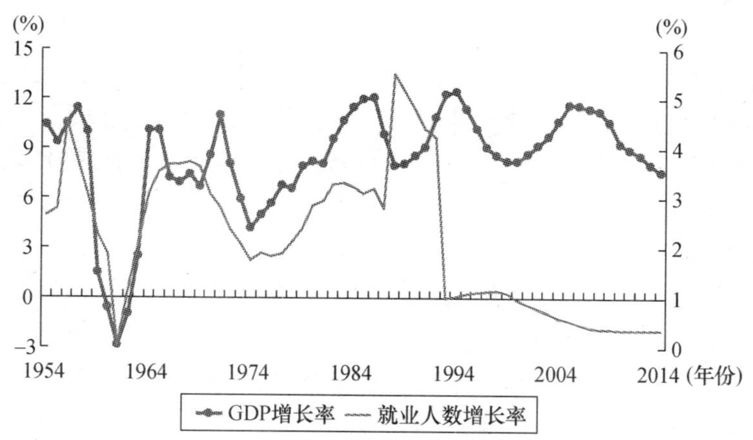

图2－9　中国就业人数与GDP增长率之背离

资料来源：《新中国六十年统计资料汇编》、《中国统计年鉴》。"GDP增长率"和"就业人数增长率"分别对应左轴和右轴，为GDP增长率与就业人数增长率的5年移动平均值。

总而言之，全要素生产率的增长放缓是中国经济"大落"的直接原因。中国经济增长率放缓90%的原因，都可以由全要素生产率的增长放缓来解释。这意味着，判断经济增速放缓到底是由于周期性的影响，还是由于趋势性拐点的到来，目前尚为时过早，因为其标准取决于那些可以推动全要素

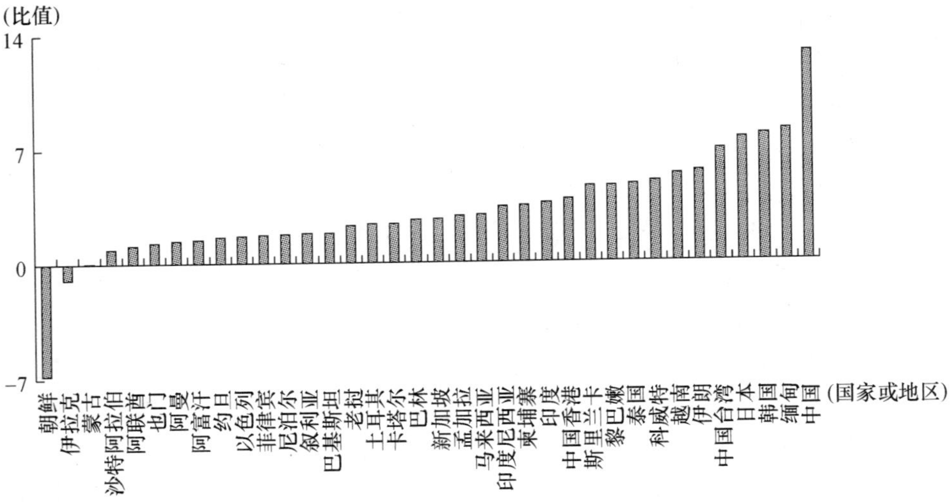

图 2-10　亚洲主要经济体 GDP 复合增长率与人口复合增长率之比

资料来源：世界银行数据库。

生产率增长的改革措施是否得以出台。换言之，如果此类改革措施出台，那么本轮经济增速放缓可能只算得上周期性影响；如果此类改革措施未能出台，那么我们面对的则是经济增长的趋势性下降。展望未来中国经济增长态势，其中既有确定性因素，也有不确定性因素。①确定性因素主要涉及劳动力供应和资本形成。劳动力供应和资本形成具有较大的惯性，不会在目前基础上大幅下降或大幅上升。结合前述增长核算结果所报告的劳动和资本在中国经济减速过程中发挥的作用，本书认为，劳动力供应和资本形成在未来的表现不会给中国本轮经济减速带来根本性的扭转。②不确定性因素主要涉及全要素生产率。回顾过去，中国全要素生产率的改善有两个重要渠道：其一是将劳动力从低生产率的地区和部门向高生产率的地区和部门转移；其二是进行技术创新和结构性改革。鉴于近年来出现的“用工荒”现象，以及固化的既得利益结构，上述两个传统渠道对于中国未来提高全要素生产率的作用已经式微。未来中国提振全要素生产率的途径主要有两个：一是深化改革，比如通过农地制度和户籍制度改革加速农村劳动力向城市转移，放松行业管制以使服务业从低端服务业向金融、房地产、商业服务、科技服务、卫生和社会福利等高端服务业升级；二是让地方政府从追求 GDP 增长速度转向追求全要素生产率的改善。值得借鉴的是，新加坡就曾经把全要素生产率每年增长2%列为国家计划。全要素生产率在未来既可能伴随着重要改革措施的出台而出现井喷之象，也可能在缺乏结构性改革的情况下维持走低之势。结合前述增长核算结果所报告的全要素生产率在中国经济减速过程中发挥的作用，本书认为，全要素生产率未来增长情况的不确定性导致了未来中国经济增长态势的不确定性。

二、趋势下降

经济增长速度趋势性下降在各国的表现相同吗？Ben - David 和 Papell（1998）研究了1950～1993年74个工业化国家和发展中国家的经济减速现象，他们将实际人均GDP时间序列在统计上的显著断点界定为经济减速，结果发现这段时期内大多数样本国家都出现了明显的经济减速。该文还发现，这些样本国家的经济减速主要集中出现在两个时期：除了美国、英国和加拿大，工业化国家的经济减速大多集中在20世纪70年代；发展中国家特别是拉丁美洲国家的经济减速主要集中在20世纪80年代。Pritchett（2000）考察了1960～1992年111个工业化国家和发展中国家的经济增长路径，他将实际GDP增长率趋势下降两个百分点以上界定为经济减速。该文发现，发展中国家的经济波动程度比工业化国家更高，这些国家在经历了一段时间的持续高速增长后，往往比工业化国家更容易陷入经济增长停滞或增速大幅下滑的困境。

经济增长速度趋势性下降的决定因素究竟是什么？Rodrik（1998）研究了1960～1989年110个国家缺乏持续增长能力甚至出现增长崩溃（Growth Collapses）的原因，他将人均GDP负增长界定为经济减速。该文发现，社会阶层割裂（社会正义丧失和种族割裂等）、外部冲击和制度薄弱（缺乏健全的政府体制、法律、人权和社会安全网）容易引发经济减速。Hausmann等（2006）在研究1960～2004年180个发达国家与发展中国家经济减速的诱发因素以及影响经济减速持续期长短的因素时，将劳均产出下降界定为经济减速。他们界定的经济减速期始于劳均产出下降，止于劳均产出恢复到下降前的水平。该文发现，战争、外部经济冲击、资本停止流动、剧烈通货膨胀和政治体制改革等是经济减速的重要诱发因素，但这些因素并不能解释经济减速持续期的长短情况。该文进一步发现，能够解释经济减速持续期长短的关键指标是Hausmann和Klinger（2006）所提出的出口替代密度加权值。Reddy 和 Miniou（2009）研究了 1960~2001 年 119 个国家实际收入增长的情景，他们将实际收入持续的负增长界定为增长停滞。该文发现，超过 60% 的样本国家曾经陷入实际收入增长的停滞。这些陷入停滞的国家大多经济发展水平很低，处于特定地区（拉丁美洲和撒哈拉以南非洲），冲突不断，或者以商品出口为主。该文还发现，收入增长停滞的现象，往往具有循环往复性，换言之，那些在 20 世纪 60 年代曾陷入收入增长停滞的国家，在 20 世纪 90 年代再次陷入收入增长停滞的概率高达 75%。袁富华（2012）在研究 19 世纪 90 年代以来 12 个发达资本主义国家的经济增长路径时发现，19 世纪 70 年代以后这些国家经济增长的减速，与生产率增长的减速密切相关，而生产率的减速是由于产业结构服务化这种系统性因素造成的：当经济发展重心由农业经济向工业化转移时便形成“结构性加速”，随后向服务业部门转移时便形成“结构性减速”。

经济增长速度趋势性下降往往发生在什么时候？摩根士丹利的王庆等（2010）根据 Maddison 的数据，发现过去 100 年间有 40 个经济体的人均 GDP 达到了 7000 美元①，这 40 个经济体中有 31 个在达到上述人均 GDP 水平之后增长速度开始减缓，在拐点出现之后的十年间，平均增长速度低于此前十年 2.8%。他们还认为，目前中国经济正在面临类似于 40 年前日本经济和 20 年前韩国经济的拐点②，此后中国经济增长将会减速，而通货膨胀将会加剧，并且经济结构③将发生重大转变，三个重要的经济比率——消费占 GDP 比重、服务业占 GDP 比重以及劳动收入占 GDP 比重会迅速蹿升。Eichengreen 等（2011）对 1957 年以来 41 个国家和地区的经济发展历程进行了研究。该文所选的国家和地区样本符合三个条件：一是在增速放缓之

---

① Maddison 的货币单位为 1990 年价格水平的 Geary - Khamis 美元。这是一种假想的货币单位，为各国之间提供了统一的比较尺度。Maddison 数据库关于中国的经济数据更新到 2008 年，该年中国人均 GDP 为 6725 美元。结合中国国家统计局公布的 2009 年中国 GDP 增长率数据，可以推测 2009 年中国人均 GDP 水平超过了 Maddison 货币单位的 7000 美元。

② 根据 Maddison（2001）的数据，在 20 世纪 60 年代末和 80 年代，日本和韩国的人均 GDP 先后达到 7000 美元，此后两国的经济增长显著放缓，通货膨胀加剧：日本 1960~1969 年 GDP 年均增长率达到 10.4%，CPI 年均增幅为 5.4%，而 1970~1979 年 GDP 年均增长率下降到 5.2%，CPI 年均增幅上升到 12.4%；韩国 1979~1988 年的 GDP 年均增长率达到 10%，CPI 年均增幅为 4%，而 1989~1998 年 GDP 年均增长率下降到 6.3%，CPI 年均增幅上升到 6.2%。

③ 该文讨论的经济结构有三个方面：生产结构（即农业、工业和服务业）、支出结构（即消费、投资和净出口）和收入结构（即劳动者收入、利润和政府净收入）。

前人均 GDP 增长率达到 3.5% 或者更高；二是人均 GDP 增长率平均值至少下降两个百分点；三是按照 2005 年购买力平价计算的人均 GDP 超过 10000 美元。由于中国并没有完全符合这三个条件，因此该文所选样本不包含中国。该文发现，经济增长显著放缓的时刻主要有三个：一是以购买力平价计算的人均 GDP 达到 16740 美元；二是人均收入达到最领先国家（美国）的 58%；三是制造业就业人口占总就业人数的比重达到 23%。按照这三条标准，该文认定中国的经济减速近在咫尺：如果中国保持以每年 9.3% 的速度增长，到 2015 年中国人均 GDP 将达到 17335 美元（以购买力平价计），恰好超出经济减速的临界点；如果中国以 9.3% 的速度增长，美国以 1.9% 或 1.0% 的速度增长，那么中国人均 GDP 将在 2023 年或 2021 年达到美国的 58%①；2002 年中国制造业就业在总就业中的比重为 11.3%②，假设中国制造业就业比重以年均 1% 的速度增长，那么现在中国制造业的就业占比距离 23% 的拐点值仅一步之遥③。此外，该文还提出，经济减速更可能出现在那些保持实际汇率低估的国家。

表 2-3　已有相关文献的研究方法和研究结论对比

相关文献	样本期	样本数	数据源	产出指标	"趋势下降"界定	主要研究结论
Ben-David 和 Papell（1998）	1950~1993	74	PWT 5.5	人均 GDP	人均 GDP 时间序列上的显著断点	工业化国家的经济减速多在 20 世纪 70 年代，发展中国家多在 20 世纪 80 年代

① 此处给出的经济增长速度 9.3% 和 1.9% 分别是 Eichengreen 等（2011）所参照的宾夕法尼亚大学世界表（1998~2007）的中国和美国近十年人均 GDP 增长率的平均值。

②《中国统计年鉴》中"按行业分就业人员数"数据公布到 2002 年。该数据显示 2002 年中国制造业就业人员数为 8307 万人，总就业人员数为 73740 万人，这也是官方公布的关于制造业就业统计数据最近的一年。

③ 正如 Banister（2005）提及的那样，得出规范的中国就业统计数据是困难的。因为虽然"国家统计局承担着组织、指导和协调全国统计工作的职责"，但由于种种原因，其他部委也有特定的职责来收集某一范围的统计数据，并且似乎在这些相关部委之间很少有协调。例如，关于制造业就业统计，中国人力资源和社会保障部收集城市经济中大部分构成的数据，而将一小部分但是快速增长的统计数据留给国家工商管理总局来收集。另外，农村地区和乡镇的制造业数据的收集和统计上报由农业部负责。

续表

相关文献	样本期	样本数	数据源	产出指标	“趋势下降”界定	主要研究结论
Rodrik (1999)	1960～1989	110	WDI	人均 GDP	人均 GDP 增长率大幅下降	社会阶层割裂、外部冲击和制度薄弱容易诱发经济减速
Pritchett (2000)	1960～1992	111	PWT 5.6	GDP	GDP 增长率的趋势至少下降 2%	发展中国家高增长后出现减速的可能性和波动程度更大
Hausmann 等 (2008)	1960～2004	180	WDI IMF	劳均产出	劳均产出持续下降	战争、外部冲击、通胀和改革诱发经济减速；出口替代密度加权值影响减速持续期
Reddy 和 Miniou (2009)	1960～2001	119	WDI	3 年移动平均人均 GDP	人均 GDP 增长率大幅下降	收入增长停滞具有循环往复性，多在贫困、特定区位、冲突不断和出口依赖型国家出现
王庆等 (2010)	1901～2001	40	Maddison	3 年移动平均人均 GDP	人均 GDP 增长率大幅下降	人均 GDP 达到了 7000 美元后，拐点出现，经济增长放缓，通货膨胀加剧
Eichengreen 等 (2011)	1957～2007	41	PWT 6.3	7 年移动平均人均 GDP	减速前增长率大于 3.5%，增长率降 2%，人均 GDP 超 10000 美元	人均 GDP 达到 16740 美元；人均收入达到美国的 58%；制造业就业占比达到 23%
袁富华 (2012)	1890～2004	12	Maddison Mitchell	人均 GDP HP 滤波	人均 GDP 增长率大幅下降	产业结构由第二产业向第三产业演化引起生产率减速，进而经济增长结构性减速

注：PWT 为宾夕法尼亚大学世界表（Pennsylvania World Tables），WDI 为世界发展指数（World Development Indicators）。

上述文献，对于研究中国经济减速问题具有很好的借鉴意义。他们普遍发现：相对于发达国家而言，发展中国家在经历高速增长之后更容易陷入经济大幅减速甚至增长停滞的困境，并且发展中国家的经济减速持续期更长，经济波动程度更大；产业结构转变、社会阶层割裂、外部经济冲击、制度薄弱、战争和动乱是诱发经济减速的重要因素。当然，上述文献也存在着一些难以忽视的问题。Ben - David 和 Papell（1998）、Pritchett（2000）没有对经济减速的发生条件和减速程度展开深入探讨，Rodrik（1999）、Hausmann 等（2008）、Reddy 和 Miniou（2009）在探讨经济减速的决定因素时，并未选取诸如节能减排等一些对中国经济减速产生重要影响的自变量，因而缺乏对中国问题的解释力度。王庆等（2010）承认，中国巨大的经济和人口规模及地区差异，使得中国经济的发展与其他东亚国家相比，可能更符合长期、渐进的特征，因而中国经济减速问题更具有特殊性。尽管 Eichengreen 等（2011）的副标题是“国际证据与对中国的启示”，但笔者认为，该文研究得出经济增长显著放缓时刻的方法及其结论——“以购买力平价计算的人均 GDP 达到 16740 美元”必将引起广泛的争议。笔者对该文得出的各国经济减速时刻人均 GDP 进行了计算和整理（见表 2 - 4）。该文的经济减速样本有 41 个，可以分为三组：石油出口国样本、东亚样本和其他国家样本。其中，石油出口国样本 12 个，该组样本经济减速时刻人均 GDP 值最高的为阿联酋 71442 美元，而最低的为加蓬 10980 美元，均值为 27194 美元。东亚国家和地区样本 6 个，该组样本经济减速时刻人均 GDP 值最高的为中国香港 25669 美元，而最低的为马来西亚 12215 美元，均值为 18227 美元。其他国家样本为 23 个，该组样本经济减速时刻人均 GDP 值最高的为挪威 33989 美元，而最低的为匈牙利 10270 美元，均值为 16050 美元。该文得出的经济增长显著放缓时刻的条件为 16740 美元，实际上是那些非石油出口国样本经济减速时刻人均 GDP 的平均值。我们很难忽视这一研究结论的两个问题：一是这些样本各自减速时刻的人均 GDP 离散程度较大，根据其平均值得出的人均 GDP 为 16740 美元，未必是各国经济减速时刻的普遍规律；二是该样本并未包含中国，根据样本平均值得出的人均 GDP 值，未必符合中国的实际情况（李猛，2013）。

表 2-4 根据 Eichengreen 等（2011）计算整理得出经济减速时刻各个样本的人均 GDP

单位：美元

样本	人均 GDP	样本	人均 GDP	样本	人均 GDP	样本	人均 GDP
阿联酋	71442	伊朗	10873	比利时	17712	西班牙	14383
利比亚	52715	中国香港	25669	爱尔兰	17360	希腊	14378
科威特	42643	新加坡	21055	法国	17189	新西兰	13977
沙特阿拉伯	40423	中国台湾	18292	奥地利	16583	智利	12824
巴林	28824	日本	17182	澳大利亚	16073	阿根廷	12279
黎巴嫩	14948	韩国	14950	意大利	15629	乌拉圭	11567
阿曼	14824	马来西亚	12215	波多黎各	15274	毛里求斯	11183
委内瑞拉	13869	挪威	33989	葡萄牙	15045	匈牙利	10270
特立尼达和多巴哥	13315	英国	21497	以色列	14826	石油出口国均值	27194
伊拉克	11476	美国	19496	芬兰	14673	东亚地区均值	18227
加蓬	10980	荷兰	18404	丹麦	14539	其他国家均值	16050

资料来源：Eichengreen 等（2011）。

更进一步地看，尽管关于“亚洲是否存在经济奇迹”存在争论（World Bank，1993；Krugman，1994），但不可否认的是，包含中国在内的亚洲国家的经济发展方式具有相似性，有观点认为亚洲经济奇迹是基于高投入的增长（Young，1994），亦有观点认为亚洲经济奇迹是基于比较优势的增长（林毅夫等，1999）。一般认为，在亚洲经济奇迹的“雁行模式”中，领头雁是日本，第二梯队是“四小龙”（韩国、新加坡、中国香港和中国台湾），第三个梯队是“四小虎”（泰国、马来西亚、印度尼西亚和菲律宾），第四个梯队是中国等国家。在这样的雁行模式中，商品生产从第一梯队渐次向其他梯队转移，高速增长也渐次从第一梯队向其他梯队传递。实际上，中国各区域经济发展也存在着“雁行模式”，其领头雁是一线地区（如北京、上海、广州和深圳），第二梯队包括珠三角、长三角和环渤海地区，第三梯队是其他东部地区，第四梯队是中西部地区①。作为一个地区差异极大的大

① 近年来，中国区域经济发展已经逐渐从“东快西慢”的格局过渡到“西快东慢”的格局。中西部地区经济增速明显高于全国经济增速，而低于全国平均增速的省份主要在东部地区。与此相对应的是，制造业正从东部渐次向中西部转移。西部、中部和东部的增速排序变化便是中国经济增长“雁行模式”的一个印证。

陆经济体，中国经济减速特征可能更加接近于若干个经济体的综合，而非某一个特定的经济体。在研究中国经济减速时，参照物不应仅仅是日本、韩国或者其他某个经济体，也不应仅是若干个经济体的简单平均。

利用 Maddison 的数据，可以清楚地发现这一点。图 2－11 描绘了 20 世纪后半叶和 21 世纪前 10 年亚洲经济增长及其减速特征，它包含了四组 GDP 增长率的 5 年移动平均值，其中第四组是日本加上“四小龙”、“四小虎”、中国、印度、巴基斯坦、孟加拉、斯里兰卡、缅甸和尼泊尔的 GDP 总和增长率。图 2－11 显示，日本过去 60 年的经济增长可以分为三个阶段：第一阶段为 20 世纪 50 年代初至 70 年代初，第二阶段为 70 年代初至 90 年代初，第三阶段为 90 年代初到 21 世纪 00 年代末。可以发现，第二阶段的经济增长率整体低于第一阶段，第三阶段的经济增长率整体低于第二阶段。然而，随着其他梯队样本的不断加入，总体经济减速现象变得模糊起来。因此，在雁行模式中，单个经济体减速并不必然意味着总体经济减速，并且总体经济减速程度远不及单个经济体减速程度那般剧烈。试想，如果中国的一线地区在将来扮演过去日本的角色，珠三角、长三角和环渤海地区扮演过去“四小龙”的角色，其他地区扮演过去“四小虎”、中国和越南的角色，那么中国经济减速问题将变得复杂和未知。

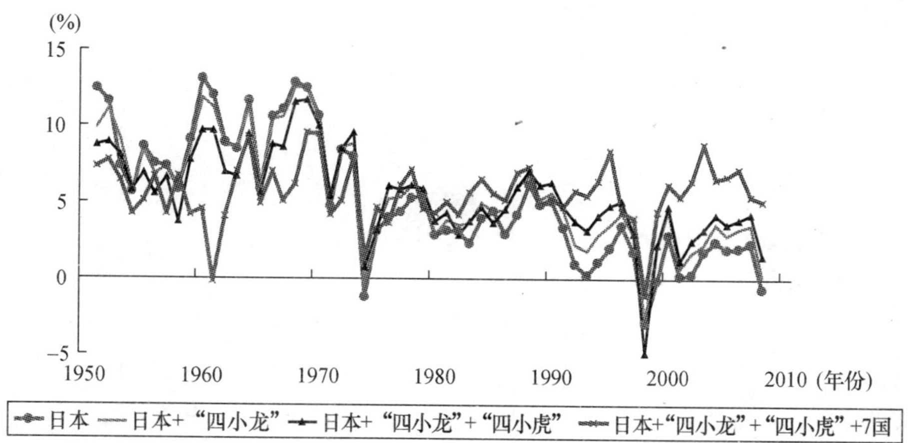

图 2－11 雁行模式的经济减速特征

资料来源：Maddison 世界经济千年史统计表。

鉴于此，要理解中国经济的“大落”，就需要在上述文献的基础上将视角直接聚焦在中国。本部分进一步分析全要素生产率所包含的各种因素对经济减速的诱发作用。Eichengreen 等（2011）在解决这一问题时设置了二元因变量，将经济减速年份因变量赋值为 1，将相反的年份赋值为 0，将所选指标及其平方项纳入回归方程，使用 Probit 模型考察增长放缓的决定因素。笔者认为：任一年份的经济增长，有减速与未减速之分；任一经济减速年份的经济增长，有大幅减速与小幅减速之分。因此，可以设置三元的因变量对经济减速进行更细致的考察。具体而言，界定经济大幅减速的条件是经济增长率降幅超过 2%，小幅减速的条件是经济增长率降幅介于 0 ~ 2%，其他情形则属于经济未减速。相应地，将三种情形的因变量分别赋值为 2，1 和 0。下面使用 Ordered Logistic 方法考察增长放缓的决定因素，模型如下：

$$js^* = \alpha + \sum_{i=1}^{n} \beta_i Z_i + \varepsilon \tag{2-3}$$

式中，js^* 表示经济减速的趋势，α 表示常数项，β 表示系数项，ε 表示误差项。如果 js^* 大于 2%，则 $js = 2$；如果 js^* 小于 2% 但大于 0，则 $js = 1$；如果 js^* 小于 0，则 $js = 0$。假定 λ 为 js 所处的分界点值 0 或 2%，则经济减速概率累积函数可以表述为：

$$P_{js} = P(js^* \leqslant js) = \frac{\exp\left[\lambda - \left(\alpha + \sum_{i=1}^{n} \beta_i Z_i\right)\right]}{1 + \exp\left[\lambda - \left(\alpha + \sum_{i=1}^{n} \beta_i Z_i\right)\right]} \tag{2-4}$$

在自变量的选取上，王小鲁等（2009）发现，市场化、消费率、外贸依存度和行政管理成本等因素影响了中国的全要素生产率。本书参考了王小鲁等（2009）的研究，将上述变量纳入了回归方程，此外，还将单位 GDP 能耗、产值结构、就业结构和人口出生率纳入回归方程。由于某些变量值过高和过低都可能影响全要素生产率变化以及经济增速变化——比如消费率的过高或过低、外贸依存度的过大或过小、政府作用的过强或过弱、国有经济比重的过高或过低、工业在产业结构中的过大或过小，因此也可以将这些变量的平方项纳入回归方程。在对中国经济减速因素进行 Ordered Logistic 回归时，笔者运用 SAS9.3 软件，将各个自变量与因变量进行两两间的相关性分析，以甄别所选自变量的有效性，甄别的标准是自变量的

P－Value值，如果 P－Value 值超过 0.1 的水平，则该自变量将被剔除。在进行参数估计之后，对各方程进行模型检验和平行性检验，有效的回归方程如表 2－5 所示。

表 2－5　Ordered Logistic 计量结果

自变量	(1)	(2)	(3)	(4)	(5)	(6)	(7)
单位 GDP 能耗对数值	－11.5** (5.1)	－20.7** (8.6)	－9.5* (5.0)	－19.8** (9.2)	－13.8*** (5.3)	－25.4** (10.4)	－23.5* (12.8)
工业产值所占比重	201.1** (92.5)	339.4** (148.7)	196.9* (107.22)	384.9** (182.4)	229.1** (98.3)	406.5** (170.4)	618.1** (281.9)
工业产值所占比重平方项	－230.5** (116.1)	－398.5** (176.6)	－229.3* (137.9)	－462.7** (225.3)	－257.6** (123.3)	－492.1** (204.6)	－770.9** (354.6)
工业产值中非国有经济所占比重	16.98** (8.54)	42.9** (19.1)	10.9 (13.6)	45.7* (26.1)	11.4 (9.1)	48.3** (21.3)	－16.8 (48.8)
工业产值中非国有经济所占比重平方项	－13.1 (8.8)	－46.2** (21.3)	－0.6 (14.4)	－41.7 (27.3)	0.1 (10.1)	－54.2** (23.9)	82.5 (78.4)
最终消费支出占 GDP 比重		－180.4* (108.4)		－199.9* (115.9)		－220.7* (120.4)	－274.2* (170.7)
最终消费支出占 GDP 比重平方项		122.5* (68.5)		136.7* (82.1)		150.1* (86.4)	201.9* (120.2)
出口总额占 GDP 比重			－2.1 (15.81)	－9.6 (17.9)			5.2 (29.5)
出口总额占 GDP 比重平方项			－8.9 (19.8)	－1.2 (21.8)			－18.2 (34.3)
行政管理费支出占 GDP 比重					272.5 (384.9)		－175.7 (628.7)
行政管理费支出占 GDP 比重平方项					－9156.8 (8073.1)		－1027.8 (13607)
人口出生率						－12.8* (6.8)	－31.3 (19.6)
第三产业就业所占比重							19.9 (89.9)

续表

自变量	(1)	(2)	(3)	(4)	(5)	(6)	(7)
第三产业就业所占比重平方项							-184.8 (271.4)
城镇人口所占比重							18.1 (98.7)
城镇人口所占比重平方项							-102.4 (133.8)
-2 Log L	110.7	105.9	108.2	102.9	105.2	104.1	93.6
LR Statistic	11.7	12.4	10.1	15.4	13.1	14.2	24.7
Pr > ChiSq	0.0002	0.0000	0.0000	0.0000	0.0000	0.0000	0.0000

注：括号内为标准差。*** 、** 和 * 分别表示在 1% 、5% 和 10% 的水平下显著。

表 2-5 的计量结果显示，单位 GDP 能耗、产值结构和最终消费率始终是影响经济减速的重要变量。值得注意的是，单位 GDP 能耗对数值与中国经济减速概率负相关。换言之，随着单位 GDP 能耗值的提高，节能减排力度的放松，中国经济减速的可能性显著降低，反之，则经济减速发生的可能性增大。事实上，迄今为止关于节能减排与经济较快增长之间对立性关系的研究，主要有两种典型观点：一种观点认为，节能减排与经济较快增长两者可以兼顾。因为技术是不断变化的，创新和改进空间是无限的，只要厂商加强管理并改进技术，就会获得更大收益。因而，环境规制的重点并不在过程而要看最后形成的结果，环境质量提高与厂商生产率和竞争力增强的双赢发展局面是可能存在的（Porter 等，1995；Mohr，2002；Murty 等，2003）。另一种观点认为，节能减排与经济较快增长两者类似于“鱼和熊掌”般不可得兼。因为在有效市场假说的新古典主义理论体系中，如果真的存在双赢机会，厂商自己完全可以识别并抓住这种双赢机会。而厂商之所以未能抓住所谓的双赢机会，正是因为环境规制不可避免会增加厂商成本并侵蚀其国际竞争力（Palmer 等，1995；Jaffe 等，1995）。本书的计量结果支持后一种观点，即节能减排与经济快速增长之间短期内并不具有兼容性，节能减排给中国带来的负面后果往往就是经济下滑。在过去的工业化道路上，高能耗、高污染和资源性行业在很多地区快速扩张。如此“两高一资”行业的快速扩张支撑了一些国企和银行的高速成长，甚至成为一

些地区提高经济增长速度的秘密武器。如图2－12所示，作为“两高一资”产品的典型，中国钢材和水泥产量的增长率与GDP增长率于1952年以来，保持了高度的同步性，“两高一资”产品产量增长率高的年份其GDP增长率也高。单位GDP能耗与中国经济减速概率之间的反向变动关系，也在某种程度上佐证了一种“中国经济增长减速源于主动调控”① 的观点。通过主动调控，实现经济结构的调整、发展方式的转变以及产业升级的加快，不断赋予经济增长新的活力和动力。当然，联系表2－1和表2－2的核算结果，根据表2－5得出的“单位GDP能耗与中国经济减速概率的反向变动关系”的结论似乎令人费解——为什么节能减排反而使得全要素生产率下降了？笔者认为，其原因就在于，基准的增长核算框架只核算“好”产出，而没有核算“坏”产出（如二氧化碳的排放），从而得到“全要素生产率随着环境规制而下降”的结论（Hailu等，2000）。

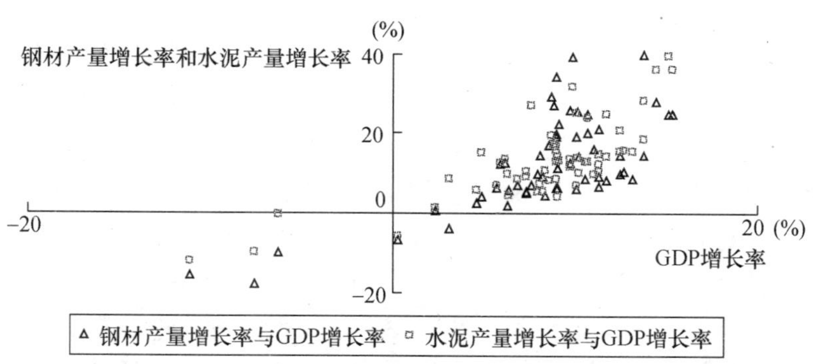

图2－12　“两高一资”产量增长率与GDP增长率

资料来源：《新中国六十年统计资料汇编》、《中国统计年鉴》。

上述计量结果显示，工业产值所占比重与中国经济减速概率之间呈现倒U型关系。换言之，随着工业产值所占比重的不断提高，中国经济出现减速的可能性先减小后增大。事实上，关于产业结构对经济稳定性的影响，也存在两种典型的观点：一种观点认为，产业结构影响了经济增长的稳定性。例如，Burns（1960）认为与制造、建筑和运输等传统行业相比，现代白领行业受经济波动的冲击较小，这有助于增强经济运行的稳定性。Eggers

① http：//www.people.com.cn/h/2011/0713/c25408－469402149.html.

等（2006）在研究20世纪末期美国经济“大稳定”时，发现美国波动性较大的制造业比重显著下降，而相对稳定的金融业和服务业比重有所上升，他们按照SIC1－dight标准将经济分为10个产业，通过运用方差分解方法发现，产业结构调整解释了50%以上的美国经济“大稳定”原因。孙广生（2006）发现第二产业与宏观经济波动的相关性最强，第三产业次之，而第一产业则与宏观经济波动不相关，并且无论是景气上升期还是下降期，冶金工业、非金属矿工业和建筑业等重工业景气波动是推动宏观经济景气波动的主要原因。另一种观点认为，产业结构与经济增长稳定性无关。Stock等（2002）发现，20世纪末美国产业结构调整——制造业份额减少、服务业份额增加——的过程是平稳的，这种平稳的结构变动并不能解释20世纪80年代初期美国经济波动幅度突然下降的现象，他们将经济波动幅度下降的主要原因归结于外生冲击的减弱。除了Stock等（2002），否认产业结构变动与经济增长稳定化趋势之间关联的还有Blanchard等（2001）。上述计量结果部分地支持第一种观点，即产业结构影响了经济运行的稳定性，但并没有像他们那样得出“提高服务业比重就可以增强经济增长稳定性”的结论。笔者推测，其中关键原因就在于中美两国的服务业结构存在着较大的差异，相比之下，中国的服务业较多是低端的，而涉及金融、房地产、商业服务、科技服务、卫生和社会福利等高端服务业的部分较少（见图2－13）。在Burns（1960）研究发现的基础上，笔者猜测，低端的服务业波动程度远高于高端服务业波动程度。关于这一点，也可以从第三产业就业所占比重与中国经济减速概率之间关系看出一些端倪。上述计量结果还显示，第三产业就业所占比重与中国经济减速概率之间没有显著的关系。究其原因，正如Kraay等（2001）发现的那样，发达国家的劳动力市场中多是技术程度较高的熟练劳动力，这种熟练劳动力的供给弹性比较小，而发展中国家的劳动力市场多是非熟练劳动力，这种非熟练劳动力的供给弹性比较大，当需求发生大幅波动时，那些非熟练劳动力的就业形势也会跟着大幅波动。根据计量结果推算，当工业产值所占比重处于40%～44%时，中国经济减速发生的可能性最大。根据《中国统计年鉴》，现阶段中国工业产值占总产值的比重，恰好在此区间。当前，人力成本快速上涨、产能大面积过剩和品牌缺乏影响力等问题正使得中国制造业陷入困境。因此，通过做实制造业来跳出倒U型曲线拐点区间，对于中国抑制经济减速和加快经济转型而言是非常必要的。

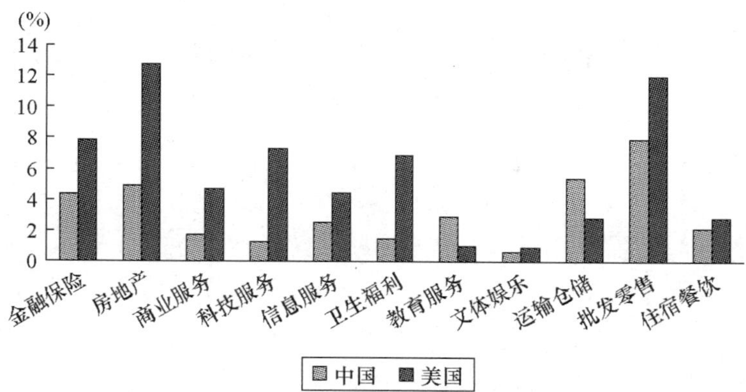

图2－13　中美两国服务行业增加值占GDP比重

资料来源：《中国统计年鉴》和美国经济分析局。

实际上，随着全球产业结构调整步伐的加快，世界经济重心已经逐渐由“工业型经济”转向“服务型经济”，服务业日益成为世界经济发展的关键动力和重要引擎，并且服务业发展状况业已成为衡量一个国家经济社会发展水平和现代化水平的重要参考依据。根据世界银行的数据，目前“高收入国家”和“经济合作与发展组织国家”服务业增加值占GDP的比重已经达到74%，其中北美国家甚至高达79%。与此相对应，大部分发展中国家的产业结构也呈现出了相同的趋势，那些“低收入国家”服务业增加值占GDP的比重已经达到50%。尽管如此，中国服务业发展现状在跨国比较中显得非常“意外”，服务业增加值占GDP的比重仅为48%（2014年），远远落后于发达国家，甚至落后于“低收入国家”。为什么中国服务业比重如此之低？一种常见的解释是，中国与其他国家对服务业具体类别的统计口径、统计标准和统计方法有所差异①。中国服务业的统计范围小于其他国

① 根据《北美产业分类体系》，美国将包含“电力生产、传输和配送，天然气配送，水供应和灌溉、污水处理系统，蒸汽和制冷供应”的公用事业和“废物管理和治理”划入服务业，日本将“水、电和煤气业”划入第三产业，而中国将“电力、燃气及水的生产和供应业”和“废弃资源和废旧材料回收加工制造业”划入第二产业。日本的产业分类为：第一产业（农林水产业），第二产业（采矿业、制造业、建筑业），第三产业（水、电和煤气业，批发、零售贸易和餐饮业，金融和保险业，不动产业，运输和通信业，服务业，公共服务业）。中国的产业分类：第一产业（农林牧渔业），第二产业（采矿业，制造业，水、电和煤气业，建筑业），第三产业（交通运输、仓储和邮政业，信息传输、计算机服务和软件业，批发和零售业，住宿和餐饮业，金融业，房地产业，租赁和商务服务业，科学研究、技术服务和地质勘查业，水利、环境和其他服务业，教育业，卫生、社会保障和社会福利业，文化、体育和娱乐业，公共管理和社会组织）。

家，因而其比重较低也就成了“顺理成章”的事情。鉴于此，戴建军(2012)按照美国服务业统计口径调整后发现，近几年中国服务业增加值占GDP的实际比重应提高3~4个百分点，就业人员占全国就业人员的实际比重应大约提高0.5个百分点。我们的问题是，为什么在统计口径调整之后，抑或在世界银行利用“统一”的口径核算之后，中国服务业比重仍然大大低于“高收入国家”？对此，“配第—克拉克定理”可以进行一定程度的解释。“配第—克拉克定理”认为，随着经济发展程度的提高，第一产业的产值和就业相对比重逐渐下降，第二产业的产值和就业相对比重逐渐上升，此后，随着经济发展程度进入新的阶段，第三产业的产值和就业相对比重开始上升。那么，新的问题又来了，按照世界银行分类标准，中国已然步入“中高等收入国家”行列，为什么中国服务业比重反而大大低于“中低收入国家”，甚至显著低于“低收入国家”？笔者认为，将“配第—克拉克定理”与雁行模式理论结合起来，可以较好地解释中国服务业比重过低的问题。雁行模式理论认为，东亚国家的经济发展方式具有相似性，率先实现工业化的日本把成熟的产业渐次转移到“亚洲四小龙”，后者又将其成熟的产业渐次地转移到“亚洲四小虎”和中国等后发国家，高速增长也因此伴随着产业的渐次转移而在相互间接力。在“中等收入国家”这个大样本里，由于各国的经济发展模式差别太大，服务业占比与经济发展水平之间并没有清晰的关联。然而，在东亚国家的样本里，经济发展形成了独特的“小圈子”，在这个独特的“小圈子”里，服务业占比与人均GDP之间呈现出正相关，服务业比重随着经济发展水平的提高而增加。

上述计量结果显示，最终消费率对中国经济减速的影响是一条U型曲线：当最终消费率处在较高水平时，其下降对抑制经济减速具有积极意义；当最终消费率越过临界点而进入较低水平后，其继续下降就会增加经济减速的可能性。Gordon（2005）在研究国内生产总值支出结构对美国经济“大稳健”的影响时发现，“大稳健”的一个关键原因是支出结构发生了变化，亦即，支出结构从存货投资、政府支出等高波动性成分向消费等低波动性成分转移。国内也有文献认为，在各时期中国国内生产总值的支出结构中，消费的波动性都最小，通过提高最终消费率的政策可以促进经济平稳较快增长（例如，殷剑峰，2010）。上述计量结果也部分地支持此类观点。然而，这一U型曲线也意味着，最终消费率的过高也会给宏观经济带来麻烦，美国次贷危机和欧债危机就是很典型的例证。王小鲁等（2009）

的发现佐证了我们的这一判断。他们在考察最终消费率对中国生产率的影响时，发现两者之间的关系是一条倒 U 型曲线，当最终消费率处在较高水平时，其下降对效率提高有积极意义，当其越过临界点而进入较低水平后，继续下降就会对效率产生负影响。值得注意的是，中国居民消费情况具有独特性，与欧美国家差异较大：中国居民总体上消费不足，节俭消费和谨慎消费的传统使居民消费水平长期在低位徘徊，而欧美国家总体上消费过度，健全的社会保障体系和发达的金融市场便于居民将未来收入提前到现期消费。是何因素决定了居民消费行为的差异？现有文献从收入水平、抚养比水平和社会保障制度等方面进行了有益的探索。凯恩斯主义理论认为，消费率是收入水平的减函数：收入水平越高则消费率越低，反之则消费率越高。世界银行的数据显示，当前高收入国家的总储蓄率为 17.9%，高收入经合组织国家的总储蓄率为 17.5%，而低收入国家的总储蓄率为 26.5%。显然，从世界总体情况看，收入水平差异较好地解释了消费率的国别差异。生命周期理论认为，消费者不是根据凯恩斯消费函数中的现期收入水平来决定现期消费水平，而是根据一生预期总收入水平来决定各期的消费水平，因此会选择在生命周期的某一阶段进行净储蓄，而在其他生命阶段进行净消费，从这种意义上看，抚养比水平越高则消费率越低，就业人口比例越高则消费率越高。预防性储蓄理论认为，消费者由于担心未来会发生不确定的支出项目而进行储蓄，因而完善的社会保障有助于刺激消费。20 世纪末期，中国逐步取消了福利分房和全额公费医疗，在高中和大学阶段实行了收费制度，再加上社会保障制度建设滞后于经济发展的缘故，居民的预防动机加强，并且对未来的预期悲观，有钱不敢花，而通过增加储蓄来应对未来子女上学、自付医疗费用、购买住房和失业后维持生活的需要，导致居民消费支出增长缓慢（方福前，2009）。这些理论具有一定的启示意义，但对居民消费的国别差异仍缺乏足够的解释力：凯恩斯消费函数很难解释为什么“中国的收入水平远低于美国，但消费率也同样远低于美国”（袁志刚和朱国林，2002）。根据世界银行数据，欧洲和北美国家 15 岁以上总就业人口比率普遍低于中国，但其储蓄率并非如同生命周期理论揭示的那样整体上高于中国。预防性储蓄理论能够解释社会保障健全和金融市场发达的欧美国家过度消费和中国消费不足的问题，却难以解释为何社会保障和金融市场同样健全发达的新加坡等东亚国家和地区消费不足的问题。总之，凯恩斯主义理论、生命周期理论和预防性储蓄理论无法从根本上解释居民消费的国别差异。笔者认为，文化信念影响了消费者对收入的安排，固化了人们的消费模式和行为，在很大程度上解释了消费行为的国别差异。

中国文化总体上崇尚节俭，厌恶负债消费，在消费观念上谨慎、保守，这样的消费行为特点源自于文化信念。儒家思想在对待消费与储蓄问题上非常内敛，传承着“崇俭黜奢”的禁欲倾向。孔子提出，执政者要节省财用、爱养人民、以时使民、不妨夺农务（《论语·学而》）。孔子虽尊礼，但也反对无节制地屠杀牲口的丧祭礼仪活动，在《论语·八佾》中他提出“大哉问！礼，与其奢也，宁俭。丧，与其易也，宁戚”，在《论语·述而》中他提出“奢则不孙，俭则固。与其不孙也，宁固”。孔子认为，奢侈是越礼的，节俭看起来是简陋的，与其越礼，宁可简陋。奢侈不仅是经济上支出多少的问题，更严重的是，它会刺激人的消费欲望，使人对自身的消费行为失去道德的约束力。而节俭则不然，它虽然显得有点寒碜，却体现了消费行为上的道德约束，所以孔子说“以约失之者鲜矣”（《论语·里仁》），也就是认为因节约而犯过错的人是很少的。孔子还呼吁，执政者要给民众好处而自己应节用，并将“君子惠而不费”（《论语·尧曰》）推崇为五种美德之首。中国居民在儒家思想的长期熏陶下，在消费生活必需品时心安理得，而在消费非必需品时则容易产生负罪感，并且将改善消费的行动寄希望于未来，这逐渐形成对消费的抑制。儒家消费文化的核心可以概括为以下几个方面：一是以“礼”的等级名分判定社会成员消费行为及其方式是否合乎伦理。与欧洲的“禁奢侈品法”相似，中国封建社会也有一套针对吃、穿、住、行等的等级标准，统治阶级与平民百姓在消费问题上是有差别的，奢侈消费只是统治阶级的特权。例如，按“礼”的等级名分规定，八佾系天子的娱乐消费规格，季氏为大夫，只能享用四佾，然而季氏以大夫的身份僭用八佾，违反了“礼”的等级消费规范，对此僭越行为孔子强烈批评“是可忍也，孰不可忍也”（《论语·八佾》）。二是以“仁义”对消费行为进行伦理约束。儒家并不赞同那种“摩顶放踵”苦行僧式的消费方式，主张“使足”，即以各自等级名分下的物质条件为度，并且认为仁义道德比过富裕的物质生活更为重要，应鄙弃精神空虚、一味追求物质享乐和消费的行为。儒家以“仁义”对消费行为进行伦理约束，表达了物质享受与精神享受之间的辩证关系，即物质享受是精神享受的基础，而精神享受又高于物质享受并给物质享受以正确指导。三是以“宁俭、知足”作为一般消费行为的道德准则。儒家认为，奢侈容易动摇道德人格的根基，进而破坏“礼”的等级消费规范，由此带来人心涣散、世风日下等诸多问题，家、国、天下的纽带将被破坏（龙静云，2006）。儒家文化强调德行修炼，基于传统文化和规范评判个人素质和伦理道德水平依然是重要的衡量标准，即使在受到外来观念严重冲击的今天，这种衡量标准在当今社会依然深刻地影响着居民消费的诸多方面（赵宝春，2009）。

上述计量结果显示，经济结构对经济减速风险产生重要的影响。从国际经验来看，在经济大幅减速之后，发达国家经济结构均发生了较大的转变（见表2－6）。从生产结构来看，G7国家的工业增加值份额均出现了一定程度的下降，例如，德国由38%下降到32%，法国由35%下降到33%，英国由38%下降到33%。G7国家的服务业增加值份额均出现了一定程度的上升。例如，德国由61%上升到67%，法国由57%上升到62%，英国由60%上升到66%。虽然生产结构发生了较为一致的变化，但支出结构变化不明显。例如，英国和意大利投资份额有所增加而其他国家投资份额有所下降，英国出口份额有所下降而其他国家出口份额有所增加，日本、德国和英国进口份额有所下降而其他国家进口份额有所增加，德国和加拿大消费份额有所下降而其他国家消费份额有所增加。

表2－6　经济大幅减速后结构转型的国际经验

单位:%

指标	美国		日本		德国		法国		英国		意大利		加拿大	
	前	后	前	后	前	后	前	后	前	后	前	后	前	后
GDP增长率	5.8	3.4	9.5	6.5	3.9	1.1	5.8	2.8	3.7	0.8	5.8	3.2	4.6	2.1
农业份额	—	4	—	5	2	1	8	6	2	2	—	8	5	4
工业份额	—	35	—	43	38	32	35	33	38	33	—	39	36	36
服务业份额	—	62	—	52	61	67	57	62	60	66	—	54	59	60
投资份额	20	19	—	37	23	22	25	23	18	18	24	25	24	23
出口份额	5	6	10	11	24	24	15	20	27	23	14	17	23	26
进口份额	4	5	9	9	24	23	15	20	26	26	13	18	22	25
消费份额	79	81	—	62	78	77	74	77	81	83	75	76	76	76

注：表中“前”列数据为经济大幅减速（不含拐点年份）前5年的平均值，“后”列数据为经济大幅减速（不含拐点年份）后5年的平均值。当t－5至t年的平均GDP增长率减去t至t＋5年的平均GDP增长率超过2%时，本书将t年份定义为经济大幅减速的拐点年份，据此计算得出的美国、日本、德国、法国、英国、意大利和加拿大的拐点年份分别为1967年、1968年、1992年、1974年、1988年、1970年和1977年。各指标单位均为百分比，“—”代表相应的年份数据缺失，消费份额包含了居民消费和政府消费。

上述计量结果还显示，工业产值中非国有经济所占比重与中国经济减速概率之间没有显著的关系。换句话说，提高工业产值中的非国有经济比重，或者降低工业产值中的非国有经济比重，不会直接影响中国经济减速的发生与否。这一发现，看上去与 Comin 等（2005）的研究结论是不一致的。他们发现，OECD 国家放松行业管制后行业竞争程度显著地增加，进而企业销售额、雇员和股本回报率等指标的波动性显著地加大，大企业在行业中保持领先地位的时间显著地缩短，企业间的竞争更加激烈，由此带来的不是宏观经济波动加剧，反而是经济增长平稳化趋势。那么，为什么我们未能得出如此的结论呢？为什么工业产值中非国有经济所占比重与中国经济减速概率之间没有显著关系呢？值得注意的是，李猛和沈坤荣（2010）在研究中国经济波动源时发现，在中国经济“忽冷忽热”的过程中，国有企业和民营企业所扮演的角色并无本质差异，中国的经济波动与企业的性质没有直接的因果关系。究其原因，实际上是地方政府形成了一种“不求所有，但求所在”的精神，这种精神使得地方政府在对辖区企业进行扶持时并不特别看重企业性质是国有、集体或者民营，不同性质的企业均能够享受到地方政府给它们提供的贷款、税收、环境保护、土地使用和劳动用工方面的政策优惠，在软预算约束下各类型的企业均具有投资冲动与“做大”和“做强”的强烈愿望（刘树成，2005）。因此，在地方政府给予辖区企业软预算约束的背景下，期望通过单纯地放松行业管制、提高非国有经济比重以提振经济增长能力，未必能够如愿。换言之，在放松行业管制、提振经济增长能力的过程中，必须调整地方政府与辖区企业之间的依存关系。

在“新常态”下，地方政府行为是中国经济是否出现“大落”的关键一环。长期以来的投资拉动使得中国经济发展存在十分严重的结构性问题。一方面，投资效率持续下降，无效投资不断累积。另一方面，部分领域投资欠账依然很多，在环境保护、医疗教育、农田水利等公共领域，无论是私人资本还是财政资金的投入依然不足。地方政府虽然普遍面临转变思路、寻求创新的压力，但大家都是在“摸着石头过河”，都没有好的办法：基础设施建设受制于融资渠道改革和地方债务压力而难以有所作为，房地产沦为需要“救市”的包袱而不是地方政府的“钱袋子”，此前招商引资来的产能刚刚投产便陷入过剩困境。在此情形下，即便地方主官有“通天”的本领，旧有的那一套做法已经少有施展空间。当然，地方官员的困惑和迷茫，还在于其角色错位。之所以投资存在结构性偏向和大量欠账，主要是因为那些项目基本上都“不来钱”，又不能使政治“进步”。诸如环境保护等一些公共项目，对于地方政府来说是在“增负”而不是“增收”，在缺乏统一监管的情况下，地方政府很自然地会采取机会主义行为，放松环保标准，以吸引更多企业入驻，换取土地出让和税收的“真金白银”。也就是说，地方政府存在着角色的错位。面向未来，要避免经济的“大落”，就需要中央通过深化改革将地方政府角色和地方官员激励机制扳正过来，让地区之间的竞争变成全要素生产率的比拼，变成国际化营商环境和政府廉洁程度的竞赛，而不再是税收优惠政策与廉价土地等“让利竞赛”的“价格战”。

第三章　中国地方政府行为的短期化倾向

在深化改革、扩大开放、促进中华民族伟大复兴的进程中，中国地方政府发挥了巨大的推动作用。以城市建设为例：在发达国家，城市面貌或“几十年如一日”，或越发“老态龙钟”；在中国，无论是大城市还是中小城市，地方政府为了本地发展，你追我赶、各出奇招，市容市貌因此日新月异，“一年一变样”，“三年大变样”。而在硬币的另一面，中国地方政府行为的负面效应也日益凸显：产业结构雷同、市场分割严重、招商引资竞争混乱、基础设施建设重复，等等。随着改革开放和经济转型的不断深入，中国地方政府面临的环境因素更趋复杂，其短期化行为亦更趋明显。要推动中国经济改革发展持续前进，就需要厘清地方政府的利益诉求、约束条件以及行动指南。

第一节　中国地方政府的利益诉求

根据《中华人民共和国宪法》（简称《宪法》），地方政府由地方人民代表大会选举产生，并对其负责、受其监督，而地方人大又是代表地方公众利益的权力机关，因此地方政府理所应当是本地公众的代言人，其利益与本地公众利益一致。然而，现实中地方政府虽由地方人大产生，却有着相对独立的主体人格，与本地公众利益无法完全耦合。为了追求经济增长，地方政府有时甚至会置本地公众切身利益于不顾。由地方政府与本地公众利益冲突所引发的群体性事件数量，在近年来呈现出快速上升的态势（见图3－1）。

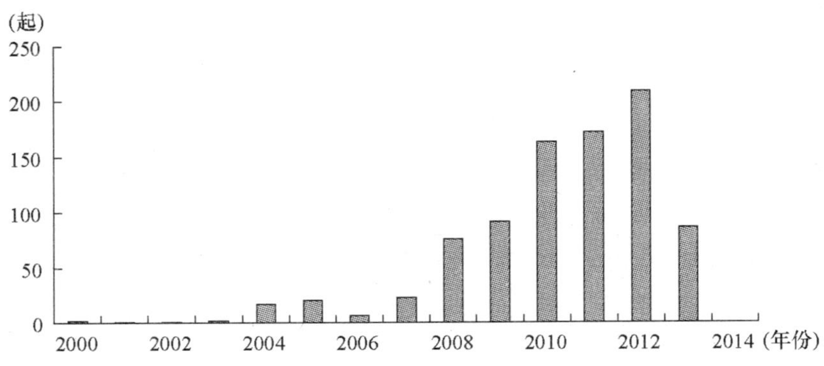

图 3－1　中国近年来规模在百人以上的群体性事件数量

资料来源：中国社会科学院法学研究所《中国法治发展报告（2014)》。

根据中国社会科学院法学研究所《中国法治发展报告（2014)》，2000年1月1日至2013年9月30日期间发生在中国境内、规模在百人以上的群体性事件多达871起。其中，从群体性事件矛盾双方看，公民与社会组织（如企业、学校、村镇等基层自治组织）之间的有387起，公民与政府或官员之间的有383起，公民与公民之间的有57起，社会组织之间的有32起。从群体性事件爆发原因看，劳资纠纷的有267起，执法不当的有174起，拆迁征地的有97起，交通肇事导致群众义愤的有25起，信访维权的有53起，泄愤、官民矛盾激化的有37起，环境污染的有37起，经营冲突的有35起，消费纠纷的有33起，资源分配纠纷的有21起，医患纠纷的有16起，学校乱收费、食堂问题的有15起，村镇矛盾的有15起，暴力抗法的有11起，群众打架斗殴的有11起。可以看出，地方公共权力运行是激化矛盾、诱发群体性事件的一个不容忽视的导火索。从厦门、大连、宁波、昆明、彭州、茂名等地拟上马的对二甲苯（PX）项目上便可看出端倪：这些项目一边受到地方政府的极力推崇，另一边又不断遭遇民意狙击，神州大地此起彼伏涌现出的PX事件为地方政府与地方公众之间的利益冲突做了生动的注脚。

官民冲突究竟因何而生？在PX事件上，一种颇为流行的观点认为，公众之所以不同意在当地上马PX项目，是因为公众不了解，是因为地方政府公共权力运行的不规范。如果地方政府的群众工作做得更深入、信息更透明，那么这一事件就完全可以避免[①]。事实真的如此吗？实际上，“前车之鉴”使得地方政府在推动PX项目上的动作越来越小心、越来越细致。比如在“茂名事件”爆发前，茂名市政府主要领导带队到曾成功上马PX项目的九江去“取经”，举行多种形式的科普座谈会和专题讲座，在教育和石化系统要求签署“不发表反对茂名芳烃项目言论”的承诺书，《茂名日报》重磅推出解读PX项目的一系列科普文章，茂名电视台连续播出中国工程院、清华大学的相关专家解疑释惑的专题视频，在网上大量出现反对声音后，有关部门要求“对发表过激言论的网民进行身份核查，进行教育训诫和稳控”，在事件爆发前5天，还组织网民参加PX项目推广会[②]。笔者倒是认为，PX项目对于这些反对者，环境保护在一定程度上可能更像是一个借口，关键的是藏在背后的利益问题[③]。例如，根据茂名市委宣传部向媒体发放的《茂名芳烃项目基本情况介绍》和《芳烃项目宣传手册》，茂名石化将布点建设两套60万吨/年芳烃装置，这将产生每年约300亿元的销售收入，带来6.74亿元的税收和2.04亿元的财政收入。对于地方政府而言，PX以及类似项目可以算得上是一个“金元宝”。但问题在于，这样的“金元宝”究竟能让当地群众得到多少“真金白银”的利益？

随着权益意识日渐觉醒，公众的直接利益诉求越来越具体，共享发展成果的愿望越来越强烈。在地方经济社会发展的重要问题上，作为“利益攸关方”的公众表现出越来越强烈的参与利益博弈的行动。结果是，地方

---

① 《人民日报》2014年4月2日一篇题为《以更细致工作化解PX焦虑》的文章提到：究竟怎样着力才能化解PX信任困局，不妨看看国内外的一些做法。在国外，新加坡裕廊岛PX工厂、日本横滨PX生产基地，他们的成功经验，是邀请群众参观生产车间、设置“公众参观日”和群众代表监督会；在国内，福建漳州的PX项目得到95%的居民支持，源于“过细的群众工作”，不仅充分公开信息，而且选派代表远赴日本、新加坡实地参观。这都说明，知识普及、信息披露只是迈出了第一步，参与和互动才更能赋予项目合法性，细致耐心并富于创新的工作才能涵养信任资源。如果从初始阶段就能多一些听证会，邀请群众代表实地考察，环境评估能够让群众参与进来，在参与和互动上多下功夫，认真细致地进行交流沟通，是不是更能起到春风化雨的效果？在涉及群众利益的问题上，再细的群众工作也不为过。拿出谋发展的热情来认真做群众工作，就不难穿越隔阂、消除误解、赢得信任。“一定会落实群众的知情权、参与权”，茂名市政府的承诺让我们期待，地方政府会以更细更到位的工作，探索早日走出PX困境的现实路径。

② 参见《茂名PX事件前31天还原》，《新京报》2014年4月5日。

③ 当然，茂名市政府的工作并非没有瑕疵。例如，在进行科普时，要求相关群体签署承诺书；在进行正面引导时，对发表反对意见者进行教育训诫和稳控；在开展PX推广会时，通过内定而非公开的方式邀约网民代表。这些做法给人一种“依靠群众，却又不相信群众”，“内外有别、出尔反尔”的印象。

政府与本地公众利益冲突就表现得越来越突出。总而言之，谋求地方公共利益最大化本是地方政府的使命，但仅仅用地方公共利益来概括地方政府的目标函数还远远不够，很难解释现实中地方政府做出的一些有损于地方公共利益的行为。地方政府虽然不像竞争性企业那般以盈利为根本目的，但有难以忽视的利益取向，呈现出“经济人”的一些特征。在官民冲突的背后，隐藏了多元化的地方利益诉求：地方公共利益、地方部门利益以及地方官员利益等。本部分从利益攸关方角度，分析地方政府短期化行为的利益基础。

一、公共利益

何谓地方公共利益？令人印象深刻的是，在由拆迁征地引发的官民冲突中，近乎流传着一个“模板”：地方政府用“公共利益”作为“挡箭牌”，起初以城市建设为由头征地，但在各种“暗度陈仓”之手法下，最终变成了房地产开发。众所周知，在《宪法》、《土地管理法》、《物权法》和《城市房地产管理法》中，均出现了公共利益的概念。其中，《宪法》规定：“国家为了公共利益的需要，可以依照法律规定对土地实行征收或者征用并给予补偿。国家为了公共利益的需要，可以依照法律规定对公民的私有财产实行征收或者征用并给予补偿。”《土地管理法》规定：“国家为了公共利益的需要，可以依法对土地实行征收或者征用并给予补偿。”《物权法》规定：“为了公共利益的需要，依照法律规定的权限和程序可以征收集体所有的土地和单位、个人的房屋及其他不动产。”《城市房地产管理法》规定：“为了公共利益的需要，国家可以征收国有土地上单位和个人的房屋，并依法给予拆迁补偿，维护被征收人的合法权益。国家对土地使用者依法取得的土地使用权，在出让合同约定的使用年限届满前不收回；在特殊情况下，根据社会公共利益的需要，可以依照法律程序提前收回，并根据土地使用者使用土地的实际年限和开发土地的实际情况给予相应的补偿。”可见，中国土地征收征用的前提条件是公共利益需要。然而令人遗憾的是，这些法律并没有对公共利益的范围做出精准的界定，这就造成有的地方政府在拆迁征地过程中的“自说自话”现象，即按照自身意愿对公共利益进行解释。现实中，由借公共利益之名、行商业利益之实而引起的群体性事件，屡见不鲜。甚至还出现了原本获批的学校安置地被抢建成了别墅的怪象①。

实务界的混乱，往往源自于理论界的困惑。关于公共利益的内涵，现有文献莫衷一是。正如罗斯科·庞德（2007）所言："公共利益是一匹非常难驾驭的马，你一旦骑上它就不知道将会被带到哪儿。"在公共利益的界定上，存在着几种典型观点。第一种观点提出，公共利益是个人利益的集合。杰里米·边沁（2000）认为："共同体是个虚构体，由那些被认为可以说构成其成员的个体组成。那么，共同体的利益是什么呢？是组成共同体的若干成员的利益总和。不理解什么是个人利益，谈论共同体的利益便毫无意义。公共利益绝不是什么独立于个体利益的特殊利益。一个社会的公共利益，就是这个社会所有人的个体利益之总和。"托马斯·潘恩认为："公共利益不是一个与个体利益相对立的术语。相反，公共利益是单个个体利益的加总。它是所有人的利益，因为它是每个人的利益。正如社会是每个人的加总，公共利益也是这些个人利益的加总。"第二种观点提出，公共利益是公民全体利益的集合。公共利益是公民中的整体利益而非局部利益，是普遍利益而非特殊利益。公共利益不是个人利益的简单集合，也不是多数人利益在数量上的直接体现，它是社会共同的、整体的、综合性的以及理性的利益。凡是被纳入到公共利益范畴体系内部的利益是个体利益高度概括化的体现（韩大元，2005）。从字面看，公共利益是一个与私人利益相对应的范畴，私人利益指的是单个社会主体的利益，公共利益则着眼于所有社会主体共同的整体利益（范进学，2005）。第三种观点提出，公共利益是大多数人的利益。克鲁斯克和杰克逊（1992）认为："公共利益是指社会或国家占绝对地位的集体利益而不是某个狭隘或专门行业的利益，公共利益表示构成一个整体的大多数人的共同利益，它基于这样一种思想，即公共政策应该最终提高大家的福利而不只是几个人的福利。"查尔斯·林布隆认为："在大多数情况下，公共利益仅代表着社会多数人的利益，它是构成一个政体的绝大多数人的共同利益。"第四种观点提出，公共利益是一种抽象的目的价值，就如同公平、正义一样难以具体描述。阿尔弗莱德·弗得罗斯认为："公共利益既不是单个人所欲求的利益的加总，也不是人类整体的利益，而是一个社会通过个人的合作而生产出来的事物价值的总和。而这种合作极为必要，其目的就在于使人们通过努力和劳动来建构他们自己的

① 参见《监察部门介入调查学校用地建别墅》，《南方都市报》2013 年 10 月 16 日。

生活，进而使之与人的个性尊严相一致。”①

笔者认为，尽管公共利益很难界定，但它并不是虚幻的、纯粹观念的名词。在现实中，公共利益是一种真实的利益，与社会的个体和群体都密切相关。虽然不能诠释，但我们还是可以通过列举的方式来找寻公共利益。在科学及文化教育、公共卫生、灾害防治、环境保护、文化古迹及风景名胜区的保护、公共水源及引水排水用地、区域的保护、森林保护、公共道路交通、社会福利、市场条件、社会稳定与治安、参政议政等方面，都存在着公共利益。《小康》杂志社近年来在全国范围内开展的“中国综合小康指数”调查罗列了最受公众关注的问题，并从中遴选出十大焦点(见表3－1)。这些问题包括政府机构改革、收入分配改革、医疗改革、住房改革、教育改革、财税改革、房价、物价、食品安全、投资理财、社会治安、安全生产和重大事故、腐败、环境保护、社会保障、就业、民主法治、能源资源紧缺、经济增长方式、城镇房屋拆迁、地区发展差距、“三农”、疾病控制与公共卫生、城市化进程、社会信用、社会道德风气、政府公共服务、户籍制度改革、贫富差距等。透过这些问题，也可以观察公共利益之所在。

表3－1　全面小康进程中最受关注的十大焦点问题

排名	2010年	2011年	2012年	2013年	2014年
1	物价	房价	食品安全	食品安全	食品安全
2	房价	物价	物价	腐败问题	腐败问题
3	医疗改革	食品安全	腐败问题	医疗改革	物价
4	食品安全	医疗改革	医疗改革	贫富差距	房价
5	教育改革	腐败问题	房价	房价	医疗改革
6	住房改革	住房改革	贫富差距	社会保障	贫富差距
7	社会保障	社会道德风气	社会保障	物价	环境保护
8	就业问题	教育改革	教育改革	环境保护	就业问题
9	收入分配改革	生活成本上升	收入分配改革	收入分配改革	社会保障
10	腐败问题	就业问题	住房改革	住房改革	社会道德风气

资料来源：《小康》杂志。

① 埃德加·博登海默：《法理学：法律哲学与法律方法》，邓正来译，中国政法大学出版社1998年版，第298、316页。

一个具有争议的问题是，“发展经济”属于地方公共利益吗？可供我们借鉴的是，2005年美国曾出现了一个极具影响力的征收诉讼案件：康涅狄格州的新伦敦市政府以经济发展为理由征用私有财产并转移到另一个私有实体，Kelo等数名不服征收的当地居民向联邦最高法院起诉，要求否决政府的征收决定①。根据美国宪法：不给予公正赔偿，私有财产不得充作公用。这些居民上诉的理由之一是开发公司所陈述的经济开发目标与“公用”不符。除了发展经济是否属于公用之辩外，Kelo案的争论还在于，负责规划土地的开发公司是一家私有企业。原告认为，政府把私有土地从一个私人手里夺走，再转给另一个私人，而仅仅由于后者能使这块地产出更高的赋税收入，这是违背美国宪政精神的。但最终，最高法院以5比4的微弱多数，还是判决新伦敦市政府获胜。该判决文书提出：“新伦敦市确已非常仔细地制订了开发计划，相信能给社区带来可评估的利益，这个利益包括但不局限于提供就业机会和增加税收。”② 事实上，近年来美国一些州和市政府不断地扩大土地征用权，而且常常是出于发展经济的目的。从Kelo案可以看出，发展经济是否属于公共利益的问题，美国社会和司法界的看法存在很大分歧。当然，中国的经济发展水平和美国有着巨大的差距。在不少地区，对公众而言获得就业机会、增加收入、提高生活水平，仍然是非常迫切的现实需求。尤其是根据财政挂钩机制，地方财政的农业、教育、科技、文化、医疗卫生、社保、计划生育支出要与地方生产总值或财政收支增幅挂钩。例如，在教育方面，《教育法》规定“各级人民政府教育财政拨款的增长应当高于财政经常性收入的增长，并使按在校学生人数平均的教育费用逐步增长，保证教师工资和学生人均公用经费逐步增长”，《中国教

---

① 新伦敦市在案件发生前财政税收和城市人口持续下降，市政府推行的一些经济开发计划也一直未见奏效。1998年，制药商辉瑞公司在新伦敦市附近建了一座研发中心。新伦敦市市政府授权市政府控制下的一家私有实体——新伦敦市开发公司——对城边一块地重新进行规划，希望在辉瑞公司的牵头下，实现更多招商引资计划。整个规划包括要建一座酒店和一个会议中心、一个州立公园、80～100幢新民居和其他一些商用楼等。开发计划把这一地区划分为六块用地，除1号地（用于建酒店和会议中心）外，其他五块地并没有在计划中详细列定具体的用处。2000年，市政府批准了开发计划，把地批给了开发公司。这片地共计90英亩，115户居民和商家。开发公司打算出价把它们全买下来，但其中15户不肯卖。15户中的9户即本案原告，Kelo是他们的代表，她在这片开发用地上有所小房子。结果，新伦敦市市政府决定动用“征用权”。市政当局命令开发公司（私有实体）充任市政府合法指定代理，强行征收15家“钉子户”的地产。

② 参见《凯洛等诉新伦敦市案》，《人民法院报》2011年2月25日。

育改革和发展纲要》规定"逐步提高国家财政性教育经费支出（包括各级财政对教育的拨款，城乡教育费附加，企业用于举办中小学的经费，校办产业减免税部分）占国民生产总值的比例，21 世纪末达到百分之四"。相应地，公众在基础教育、公共医疗、社会保障等方面享有的公共服务就与经济发展水平建立了联系。换言之，地方公共利益取决于特定环境下的现实需要，在不同国家、不同地区、不同时间有所差异，很难制定一个统一的细则来加以界定。

地方公共利益的存在，是地方政府施政的基础。与西方国家相比，中国地方政府的价值取向具有一定程度的独特性。例如，上级主导的晋升"锦标赛"使一些中国地方政府出现了"只唯上、不唯下"的行动取向，而代议民主体制使得部分西方政客迫于选票压力，过度迎合民意而纷纷沦为政治掮客，进而衍生出欧债危机等福利超载问题（赵聚军，2014）。但不可否认，地方公共利益的印记也深深地烙在了地方政府身上。甚至，地方政府会为了本地利益做出割据和封锁之举，在本行政区域内布置各种各样的壁垒，为本地区企业和居民提供多种形式的政策保护和行政保护。从表现上看，中国的地方保护在两个方面尤为集中：一是经济保护。地方经济保护已经从改革开放初期的阻止本地资源的外流（如"棉花大战"、"粮食大战"、"生猪大战"等），转变为如今的保护本地市场，通过制定文件、出台规定，限制外地产品进入本地市场。例如，规定出租车或政府公务车只能购买本地企业生产的①，公务接待只能使用本地生产的烟酒，在本地执业的律师原则上要有本地户籍，外地企业在本地设立分支机构时必须设立独立

①《节能与新能源汽车产业发展规划（2012～2020）》提出的发展目标是到 2015 年实现插电式混合动力汽车和纯电动汽车累计产销量达到 50 万辆。但现实中产销量与此目标差距巨大。除配套设施、使用环境、价格、技术等瓶颈亟待突破外，如何冲破地方保护主义的"围栏"，成为中国新能源汽车产业发展必须解决的突出问题。一些城市出台示范应用新能源小客车生产企业及产品目录时，入围目录的只有少数几家企业和车型，而大量外地企业和新能源车型均被排除在招标范围以外。这种近似于"画地为牢"的地方保护措施，不但会造成中国新能源汽车产业发育迟缓，还会抑制社会消费需求，不利于节能减排。即便中央在新一轮新能源汽车刺激政策中，规定政府公务用车占当年配备更新总量的比重不低于三成，但一些地方政府还是有可能通过种种地方保护主义做法（比如购买外地的新能源汽车只能享受国家补贴，不享受当地政府补贴），将外地的新能源汽车排除在外，而选择本地产品。中国加入新能源汽车竞争国行列并不算晚，但多年来市场化推进并不顺利，以至于虽然坐拥世界最大汽车市场，却有可能出现让国外新能源汽车品牌占据主导的局面。资料引自《经济日报》2014 年 7 月 15 日的《新能源汽车需冲破地方保护"围栏"》。

法人机构，对外地企业设立歧视性收费项目、歧视性收费标准或歧视性价格。二是司法保护。在立法上，通过制定歧视性地方法规和规章，将本地利益固化。例如，根据《北京市出租汽车条例》，北京出租车司机必须是北京户籍人口，京外户籍人士不能成为北京出租车司机；北京出租车牌照只能由本地企业申请，外地企业或个人都无法获得。在执法上，通过选择性执法，保护本地利益。例如，在环境执法中对辖区企业的违法排污行为“睁一只眼、闭一只眼”，任由其形成跨流域跨区域污染，而对外地企业严格限制、严厉打击（熊文钊，2014）。在司法审判上，一些地方政府甚至公开给法院下文，要求法院保护本地利益，以至于“土政策”和作为审理依据的法律、法规时常冲突①。

二、部门利益

何谓地方部门利益？一般认为，部门利益是行政部门偏离公共利益导向，追求部门局部利益，变相实现小团体或少数领导个人的利益（江涌，2006；石亚军和施正文，2011）。相应地，地方部门利益可以理解为地方政府部门偏离了公共利益的不正当的小团体和个人利益。与地方公共利益相比，地方部门利益是相对狭隘的局部利益，分布于地方政府各个部门之中，缺乏社会共享性。实际上，作为整个行政系统的一个组成部分，地方政府

---

① 刘作翔（2003）总结了司法案件上的常见地方保护。一是在案件受理方面，对明知本地当事人会败诉的案件，编造各种理由，拖延立案。歪解关于管辖和主管的法律条文，拒不受理应该立案的案件。对明知无管辖权的案件，只要本地当事人一起诉就立即受理。乱立被告或第三人，扩大选择管辖，与外地法院争管辖权。还有的将诉讼标的额分解或故意降低，受理在级别上不该由自己管辖的案件。二是在案件审理方面，对不同地方当事人的态度判然有别，对外地当事人及其诉讼代理人在参加开庭、阅卷等方面处处设卡；对本地当事人则提供超越规定的额外方便。对外地当事人诉讼的案件，久拖不审、不判。对外地当事人错用、滥用财产保全和先予执行措施，强迫外地当事人接受不公平的调解协议。在证据的收集、运用上，有利于本地当事人的尽量收集、采用，不利于本地当事人的则视而不见。在法律的适用上，滥用自由裁量权，尽力做出倾向于本地当事人的不公平的判决和裁定。在外地当事人申诉时，轻率地予以驳回。三是在案件执行方面，对外地当事人申请执行案件，拖压不办，而对本地当事人的申请，却可能超范围执行。有的以本地被执行人无履行义务能力为由随意中止执行。强迫外地当事人与本地当事人达成并接受“执行和解协议”。在执行标的估价上也倾向于本地当事人，把质次价高、积压滞销、过期变质的商品“执行”给外地申请人，将执行标的物压低价格“执行”给本地申请人。对外地法院委托执行的不予理睬，对要求协助执行的，不予配合或横加干预，甚至为当事人出谋划策、通风报信。

应当代表地区整体利益，然而作为一个具体组织，它又有属于自己小团体的利益（李景鹏，1996）。地方政府作为一种社会组织，它的生存、运转和发展需要得到人力、财力和物力的充足支持，如同其他社会组织一样也拥有组织利益。有时，来自于地方政府的小团体利益恰恰是其行政行为的巨大动力。并且，这种动力并不是保持政府公共性的动力，而是远离、排斥、反对政府公共性的动力，或者说是一种负面的动力（徐湘林，2004）。

地方部门利益的分类标准并不唯一。从利益的来源和特点来看，地方部门利益可以划分为基本利益和角色利益。基本利益是指维系组织生命、保障组织运作、促进组织发展的资源以及与资源相关的所有权、支配权。角色利益则是指由于外部环境的差异和职能分工的差异，不同政府组织要有效地履行本组织的目标、宗旨和职责，必须拥有的与其权责相对应的资源和条件。从利益的合理性角度看，地方部门利益可以划分为正当利益和不正当利益。正当利益是指法律赋予地方政府的人力、财力、物力等资源及其相关权益。不正当利益则是地方政府为满足自身过度膨胀的利益需求，利用其公共权力和特殊地位牟取的不应得到的、额外的利益。地方政府正当利益和不正当利益之间的区分标准在于法律法规和组织纪律的制度界定。从利益的实现角度看，地方政府追求利益的方式有内在和外在两种表现形式。内在表现就是地方政府的扩张行为，表现在政府机构规模、财政预算规模、行政权力等方面。外在表现就是地方政府通过各种合法或非法的途径，建立自己对某一行业或领域的垄断以谋求高额垄断利润，如寻租和腐败等。

在内在表现上，如果用政府财政支出占 GDP 比重衡量政府规模（Persson 和 Tabellini，1999），可以发现，中国地方政府规模有三个膨胀时期：20 世纪 70 年代初期，80 年代初期，“分税制”改革后（见图 3 -2）。其中缘由，正在于中央与地方财政关系的调整对地方财政剩余索取权的强化。值得注意的是，新中国成立初期，中国财政收支管理权限高度集中于中央政府，在中央对政府间关系形式具有主导权威的前提下，这一期间财政管理体制虽多有变动，但基本上采取的都是“以支定收、一年一变”的统收统支办法。地方财政支出指标每年统一由中央政府制定，并在相应的“条条”部门管理下进行核定，收入指标每年根据支出需要由中央划定，然后由地方政府负责征收（张光，2009）。在这种高度集权的财政体制下，不管通过地方政府组织的财政收支占国家财政收支比重有多大，地方政府在相当程度上只是充当了中央政府拨付款的代理机构（王守坤，2011）。然而，从

1971 年起，省级政府开始获得了一些财政自主权：在一定范围内自主安排预算支出，保留部分预算盈余，引入多年期的固定比例分成办法（Oksenberg 和 Tong，1991），这给高度集权化的财政体制引入了一丝的分权化元素。1980 年起，中央政府拉开了对“大锅饭”式财政体制进行改革的帷幕，财政资源由“条条”分配为主转变为以“块块”分配为主。当然，彼时的央地财政关系缺乏稳定性。特别是，中央政府由于财力捉襟见肘而频繁地从地方政府抽调资金（或美其名曰“借钱”），破坏原有的约定。面对中央政府的违约之举，地方政府显然“下有对策”，即用“放水养鱼”来应对中央的抽调资金。中央与地方之间的博弈行为，暗流涌动。张闫龙（2006）呈现了这一细节，彼时国务院下发的多个文件中出现了耐人寻味的字眼。例如，“凡应当征收的税款要按时、足额收上来，不能违反税收管理权限，擅自减税免税”，“不能把预算内的收入转移到预算外，或者私设‘小金库’”，“各项开支要严格按照国家有关规定支付，不能违反财务制度、会计制度”，“所有收支都要按规定如实反映，不得打埋伏、报假账”。1993 年 11 月，中共第十四届三中全会《关于建立社会主义市场经济体制的若干问题的决定》，明确提出了要在 1994 年起建立新的政府间财政税收关系，将原来的“财政包干”制度改造成合理划分中央与地方职权基础上的“分税制”。1993 年 12 月，国务院颁布了《关于实行分税制财政管理体制的决定》，明确规定了地方财政的责任和权力，让地方政府由过去的“吃饭财政”转变为拥有一定自我发展能力的行政主体和经济实体。

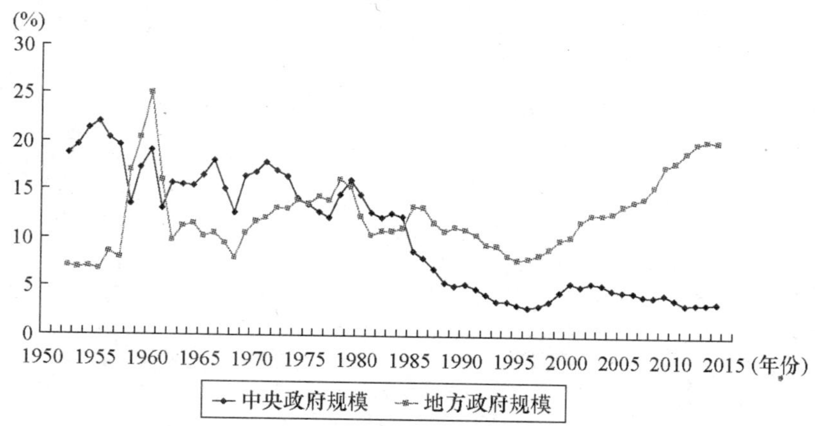

图 3－2　中国中央与地方政府规模演变情况

资料来源：《中国统计年鉴》和《新中国六十年统计资料汇编》。

在外在表现上，一些地方政府部门存在着某种程度的蜕变和异化，表现出了多种形式的公共权力部门化：一是绕过政府，将权力直接赋予部门，形成强部门、弱政府的格局；二是部门之间以邻为壑，争权夺利，让别的部门"顶雷"，让本部门获权；三是部门上下关系不断强化，形成系统利益共同体，所谓"天下某某部门是一家"之类的说法不绝于耳；四是为本部门攫取权力和利益，将公共权力绝对化而责任模糊化①；五是通过立法渠道将部门利益输入进去，固化下来。在形式多样的地方立法实践中，一些地方存在着立法为私、立法牟利的现象，在立法时"有利则争，无利则推②，他利则拖，分利则拒"，甚至借"法"扩权，以"法"争利，设置不恰当的行政许可、行政处罚，增加不必要的办事环节，上演着政府权力部门化、部门利益法制化的闹剧（杨小军，2014）。在一些部门中，公权沦为本部门牟取利益的工具，通过执法来增加单位和个人收入。他们把执法的过程变成实现某种利益和经济收入的过程，执法所得的收入少量交给国家，大量划归执法部门或者执法群体所有，甚至对执法的个人给予"提成"，将执法"产业化"③。

---

① 如规定当事人必须在多长时间内递交申请书，过期无效，但不限定自己部门审批的期限。

② 如规定自己是某项行政事务的主管机关，但自己并不直接面对当事人办理相关事务，当事人的相关事务均由其他部门和层级的行政机关办理。这样的规定把自己放置在了"院墙内行使权力"、"垂帘听政"而不直接面对当事人从而避免"麻烦"的境地。再如，某个部门的规章规定，自己一项行政审批的前提条件，是其他部门的前置性审批，如果没有其他部门的审批意见，或者其他部门的审批意见为不同意，则不能获得本部门的行政审批。这样的部门立法规定，显然是既要达到通过行政审批控制权力的目的，又想让别的部门替本部门承担责任，是典型的"趋利避害"，权责脱节。

③ 例如，在湖南省郴州市境内一段不到 25 公里的高等级公路上，交通执法部门设立的限速标志牌和雷达测速牌达 40 块之多，有的地段甚至限速 20 公里。由于限速过低，有成千上万的司机在这条路段上吃过罚单。甚至发生过同一辆车在 1 小时内受到 3 个交警大队超速罚款的情况。像这样以执法名义进行罚款、收费过多过滥的现象，近年来在全国各地不同程度存在。有些群众将其形象地称为"执法产业"。近年来，这种以执法名义"创收"的现象不胜枚举。如江西某县工商局公平交易局的工商行政管理人员公开叫价，向化肥生产和销售企业收取所谓的"市场服务费"、"市场咨询费"等，为劣质化肥进入市场大开绿灯，并承诺"免检"，成了劣质化肥的"保护伞"；陕西某县工商局多次在高速公路收费站处，以货物有质量问题为由，强行对入境的货车进行拦截罚款，数额一般都在万元以上，而且不出具任何凭证。更有甚者，吉林省公主岭市公安局曾施行绩效考评制。该局规定：把罚款的 10% 作为奖金返还给个人，20% 返还给执行罚款的基层单位；将罚款数额与绩效考评挂钩，实行末位淘汰。这种以高额奖励加末位淘汰的制度，在民警中引发了一场执法罚款比赛。2006 年，公主岭市公安局罚款收入高达 1600 多万元，仅交警罚款就有 1100 多万元。财政部门将罚没收入全额返还，局里在其中拿出 110 多万元作为罚款奖金下发，50 多名一线交警人均 2 万元，罚款最多者拿到了 5 万多元。参见《警惕"执法产业"》，《瞭望》2007 年第 23 期。

实质上，执法产业化的根源在于与执法相挂钩的预算外资金利益。预算外资金是中国的一个独特财政现象，内容主要包括各种收费、罚款、社保基金、土地出让金、国资国企利润等，它是依据法律、法规和具有法律效力的规章来收取和安排使用的未纳入国家预算管理的各种财政性资金。预算外资金制度的出发点在于中央放权让利允许一些部门通过某些行政性收费弥补行政事业经费不足。然而，由于预算外资金游离于财政预算体系之外，一些地方政府部门集裁决、罚款、收费以及罚款经费处置权于一身，而这些权力又得不到有效的控制和监督，从而使一些地方政府部门及执法人员一发不可收拾，将执法当作正常盈利的工作方式。即便在那些实行了“收支两条线”的地方，罚款数额按比例返还给执法部门，也是一些地方的财政“潜规则”。正是由于罚没收入的挂钩和返还机制，执法机关很容易把执法变成部门利益的取款机，进而扭曲地方政府行为的公共性目标。

三、官员利益

何谓地方官员利益？Dunsire 和 Hood（2004）把公共管理研究中的官僚行为模式分为两种——斯密式官僚和韦伯式官僚。前者追求私利最大化，后者抛弃自己所有意志以服从于其上级，追求的是他人或组织规定的利益。相应地，官僚利益就包含两个部分，即作为“经济人”的官僚利益和作为“公共人”的官僚利益。众所周知，地方官员具有双重身份：一方面，他们是普遍意义上的社会成员，具有社会公众所共有的个人利益；另一方面，他们又担任社会公职，是公共权力的实际执掌者，具有提供公共服务、维护社会公众利益等使命和义务，负责全国性政策和地方性政策的具体执行以及地方性政策的设计和制定。因此，地方官员的行为不但受到个人利益的内在驱使，而且还受到职业纪律和道德的外在约束，成为本地社会公众当中的特殊群体。在公共权力的运行过程中，可能出现地方官员优先关注自身或者与自身有利害关系的社会成员的个人利益而不是公众利益，进而做出公权私用、以权谋私的行为。正如布坎南（1993）所提出的，地方官员行为与经济学研究中的一般性个体的行为没有本质不同。任何特定的个体，并不会因为涉足市场经济环境就变成以追求自身利益最大化为行动指引的“经济人”，而一旦步入公共政治环境则又转变为毫不利己、专门利人的“公共人”。地方官员也都追求个人效用的最大化，通过扩张官僚机构总预算的途径来实现自身利益的最大化（Niskanen，1971）。这里的自身利益既包括物质上的利益，也包括精神上的利益；既包括狭义的个人利益，也包括个人所归属的政府组织利益；既包括对利益的追求，也包括对威胁的躲避。同时，地方官员在维护、实现和增进个人自身利益的基础上，还会受到法律、道德等外在力量的约束（周国雄，2007）。因此，现实中的地方官员行为可能表现出多元化和复杂化。但这些外在制约并不能根本改变地方官员作为“经济人”的行为理性。当然，公共选择理论坚持政治领域人性的“经济人”假定，目标并不是意图证明所有个体都是极端自私的，而是要以这种最坏情形作为理论思维的出发点，致力于不断探索和完善公共政策，从而防止和遏制个人萌发各种损人利己行为的冲动（杨宏山，2004）。

在一些地方，公共权力个人化现象较为明显，尤其是“一把手”的权力个人化。现实中，许多问题并不都是于法有依、有据可循。例如，城市定位是以发展农业、工业还是服务业为主？城市建设战略是以“拆旧建新”，还是以“保旧补新”为主？城市建设路径是以市政建设，还是以企业招商为主？这些问题需要依靠地方官员个人判断来自行决策，需要依靠某些起主导性作用的官员来“拍板”。一些地方政府虽然经常召开班子成员会议，但有时是“只会不议”，通常只宣布“一把手”的决定，而不对工作进行研究讨论。有时候，“一把手”甚至还要“脱”副职同僚的“裤子”，即向下级官员暗示“某某说的不算数”，以此加强“一把手专政”。有时官员换届、调任后，新一届“一把手”故意不认可上一届“一把手”制定的发展规划，用“反其道而行之”的举措来突出自己新权威，以至于大批项目夭折、烂尾楼频现。一些地方处于“政治地理边缘”，出现了上级监督“鞭长莫及”、百姓监督“软弱无力”、同级官僚“敢怒不敢言”的怪现象，“一把手”自我意识膨胀，甚至滋生“唯我独尊”的狂妄心态。

在一些地方，本来姓“公”的权力在相当程度上已经异化为官员的“私权”，成为官员为个人、家族牟利的工具。在以“一把手”为核心的“独立王国”和各种利益分配潜规则下，地方官员故意“照顾”家族成员：一是与家族成员共享权力。一些地方官员利用手中权力将家族成员提拔，形成权力场中的近亲繁殖，助其“入仕为官”[①]。近年来，权利家族化的方式已从一般的父子、母女间的单线“传承”转变为“一人得道，鸡犬升天”。二是与家族成员共享财富。地方官员毕竟是公职人员，在寻租腐败上有一些“不便之处”，于是他们就会利用自身特权为家族成员牟利，形成权力与财富的循环互动，甚至“全家总动员”，借其代理寻租[②]。冯军旗（2010）在其博士论文《中县干部》中呈现了官员权力的“家族化”现象：以一个家族（文中是指血缘和姻缘的集合体）产生5个以上副科级干部为“大家族”，5个以下、2个以上为“小家族”的标准，中县竟存在21家政治“大家族”，140家政治“小家族”。冯军旗归纳了政治家族的几个特点：一是不少政治家族属于行业内或者系统内繁殖，具有一定的世袭性[③]；二是副处级以上领导干部也就是俗称的“县领导”，其子女一般至少有一个副科级以上职务，不少还是正科级职务；三是政治家族子弟具有向核心部门、关键部门聚集的趋向，比如县纪委、组织部、县委办等；四是政治家族的大小，往往和家族核心人物的权力和位置成正比——核心人物权力和位置越重要，家族内出的干部也就越多，同时和后代数量也成正比，后代越多，家族内出的干部也越多。实际上，在“伯乐相马”式的官员选拔制度下，很容易出现“近亲繁殖”现象，“火箭提拔”和“萝卜招聘”便是其中缩影。冯志峰和张明龙（2015）以175例“落马”市委书记为研究样本，归纳了地方官员权力个人化和家族化的几种类型：一是财务审批一支笔，即通过不同方式对财务进行控制，绕开“市委书记不直接分管财务”的制度规定；二是干部选任家奴化，以“主子心态”提拔重用那些为自己“鞍前马后”、“无微不至”、“奴性十足”的干部；三是党委领导个人化，用“出

① 号称安徽省“第一权力家族”的“王氏权力家族”便是一个典型。49岁的王某某于1993年升任安徽省副省长。在王某某的“运作”下，其在砀山县师范学校教书的大舅子杨某一年内便出任安徽淮南市气象局局长。1998年，王某某开始担任安徽省委副书记，次年便将杨某扶到安徽省气象局副局长的位置上。此后，杨某又出任安徽宣城市市委副书记。2001年初，王某某魔术般地将身为货车司机的小舅子杨某某变为砀山县委组织部副部长，四年后提拔其为宿州市委组织部副部长。王某某将妻子安排至安徽省行政事务局接待处处长的位置上，让安徽师范大学毕业的大儿子先到阜阳市政府办公室镀金，然后杀个回马枪，让其出任共青团安徽省委联络部副部长。参见《轰然坍塌的“王氏权力家族”》，《廉政瞭望》2007年第1期。

② 受到广泛关注的“房叔”、“房婶”、“房媳”等便是权力家族化的生动体现。

③ 例如，文中的张泰康曾任白阁乡党委书记，其女婿张保彬后来也任白阁乡党委书记。张得彬曾任组织部副部长，其内弟高玉溪也任组织部副部长。不一而足。

了问题我个人负责”诸如此类为由，强行拍板，将集体研究决定变成了“一言堂”；四是权力运行一把抓，将自己看作是权力的化身，将自身意志认为是“党的指示”；五是政商勾结黑道化，将白道黑道化、黑道白道化；六是权色交易一条龙，形成“以情妇养情妇”的贪腐模式；七是以权谋私家族化，纵容亲属在矿产土地出让、工程招投标、房地产等领域进行暗箱操作。

如何才能根除权力家族化？应当注意到，权力家族化的深厚土壤是中国文化的关系本位。中国社会以宗法群体为本位，每一个中国人都生活在一个由近及远、由亲及疏的关系网络中，心理安全感建立在关系和团体中，而西方社会以个人为本位，心理安全感建立在自立和超越中。“二战”以后各国的经验表明，个人主义传统越强的文化，其民主实践越容易成功；团体主义传统越强的文化，其民主实践越容易走样。在帮派林立、小团体主义盛行、私人关系吃香的文化中，民主实践更容易造成族群的撕裂、社会的动荡。这是因为当每个人都是关系团体的一员时，竞选就不再是个人的自由选择，而成了若干势力集团间的对决。今天中国台湾、日本、韩国、新加坡、菲律宾、印度等地，裙带关系非但没有因民主而削弱，反而更加盛行，并可采取公开、合法的方式。因此民主政治也容易使权力家族化更盛行（方朝晖，2014）。

近年来，权力异化现象呈现出一条清晰的链条，包含着如下三个向度的异化：公共权力部门化、部门权力个人化、个人权力再进一步家族化。即一些政府部门从本部门的局部利益出发，利用掌握的权力谋取部门利益，巧立名目、争权夺利，公共权力异化为部门权力，这正是权力异化链条的起点；一些领导干部利用部门权力“设租”、“寻租”，部门权力进一步个人化，主要体现在“一把手”身上，权力集中、缺乏监督，大有“一夫当关，万夫莫开”之势，成为市场主体、人民群众办事时的拦路虎；与权力个人化紧密相连的是权力家族化，不少贪腐官员的配偶、子女、亲属背靠官员权力这棵大树，或收受贿赂，或经商拿项目，充当权力与金钱的掮客，这种“一人得道，鸡犬升天”的家族化利益集团使得腐败行为越来越隐蔽，并极大地干扰了市场经济的正常秩序（贾立政等，2014）。在《人民论坛》2014 年 4 月展开的一项问卷调查中，77.2% 的受访者“非常认同”或“比较认同”当前存在着权力部门化、个人化、家族化等权力异化现象，68.8% 的受访者认为权力异化程度“非常严重”或“比较严重”，56.0% 的受访者认为权力家族化的危害程度比权力部门化、个人化更严重，60.7%的受访者认为房地产领域权力异化最突出，64.7%的受访者认为基层搞“裙带关系”现象（任人唯亲、买官卖官、扶植亲信、排除异己等）①“非常普遍”或“普遍”，50.6%的受访者认为县一级权力异化比中央、省市、乡镇一级更为严重，88.9%的受访者认为“官商勾结，权钱交易”②最应整治。

第二节　中国地方政府的约束条件

地方政府在追求利益最大化的过程中并非无所顾忌。从理论上看，地方人民代表大会与地方政府之间形成了委托—代理关系。从实践上看，中央政府（上级政府）与地方政府（下级政府）之间形成了委托—代理关系。具体而言，现有体制对地方政府和地方官员施政行为的约束条件主要包括以下几个方面：

一、任职制度

改革开放之初，由于“文革”后大批恢复到领导岗位的官员队伍存在着年龄和知识结构普遍老化、文化程度偏低等问题，难以适应“党和国家工作重点转移到经济建设上来”的要求，中共中央提出了官员“四化”方针③，即“革命化”、“年轻化”、“知识化”和“专业化”。在1982年12月

① 该问卷调查结果还报告了一个值得深思的案例：某县召开县乡换届常委会，各常委都在自己的管辖领域进行提名，每一个常委都很讲“原则”、很讲“人情”，都不对其他常委的提名表示异议，所有常委提名提拔的干部都是全票100%通过，会议开得很短并且很快也就公示任职了。毫无疑问，所提拔之人都是各个常委的“心腹重臣”。

② 在公路建设、矿山开采等项目中，一些掌握实权的地方官员进行形形色色的权钱交易活动。在政府采购、财物审批、药品器材购销中，拿提成、取回扣、收礼金、领服务费和咨询费等。

③ 1980年8月，邓小平在中共中央政治局扩大会议上提出：选干部要注意德才兼备。所谓德，最主要的，就是坚持社会主义道路和党的领导。在这个前提下，干部队伍要年轻化、知识化、专业化，并且要把对于这种干部的提拔使用制度化。1980年12月，邓小平在中共中央工作会议上提出：要在坚持社会主义道路的前提下，使我们的干部队伍年轻化、知识化、专业化，并且要逐步制定完善的干部制度来加以保证。提出年轻化、知识化、专业化这三个条件，当然首先是要革命化，所以说要以坚持社会主义道路为前提。

的中共十二大上，“四化”标准被写入了大会通过的新党章。其中，“革命化”是对官员政治素质的要求，主要指坚持四项基本原则，拥护和执行党的基本路线，在政治上同中共中央保持一致等。“年轻化”是对官员年龄的要求，主要指实行离退休制度，使各级领导班子有一个合理的年龄结构，把年轻干部选拔到领导岗位上。“知识化”是对官员文化水平的要求，主要指不断提高科学文化水平，以适应“以经济建设为中心”的需要，一方面要注重学历，另一方面要注重真才实学。“专业化”是对官员专业水平和业务能力的要求，主要指专业技术、知识，使之成为精通本行的行家和能手。

时至今日，随着官员队伍年龄结构的整体优化、知识结构的整体提高，中共中央提出的官员年轻化战略基本实现。然而，不少地区的选人、用人理念未能与时俱进，依旧停留在过去，片面地追求官员年轻化，甚至将年轻化片面为“青年化”，将知识化片面为“高学历”，将官员任职年龄“逐级递减”，在选拔任用官员时出现了“唯年龄”取人的问题。一方面，“大龄干部”不受重用。一些地方规定：超过35岁的不再提拔进入乡镇党政班子，超过40岁的不再提拔进入县级党政班子，超过50岁的不再提拔进入地级党政班子，超过57岁的不再提拔进入省级党政班子。根据传统的官员任命机制，如果一个官员超过了年龄界线，即便其工作经验再丰富，工作能力再强，那他也基本丧失了升迁的机会。由于以年龄为提拔任命前提的隐性“天花板”的存在，一些基层官员口中“30当官、40靠边、50赋闲”的说法颇为流行。更有甚者，一些地方还制定了“退居二线吃空饷”的“土政策”，即官员在未达到法定年龄时（有些地方是50周岁左右）就“一刀切”从领导岗位退下来，改任非领导职务。为了缓解“退居二线”官员的情绪，通常会默许他们离开单位不用上班，休而不退，仍然属于单位在职在编人员，按在职人员每月全额领取原职务级别工资、津贴、福利、年终奖金等。另一方面，年轻干部被“火箭提拔”①。深究下去，年轻官员火箭提拔的背后，往往有出格之举。一些引发公众普遍质疑的年轻官员的简历常常含糊其词，提拔程序也鲜为人知，其背后往往有一个“能拼”、“敢拼”的爹。

① 例如，湖南某27岁副县长5年七次换岗，工作10个月被提拔为副科级，一年半从正科级升为副处级，在湖南郴州参加公选却在湘潭被录用，其间还攻读湘潭大学全日制研究生。广东某27岁副县长，四五年时间从办事员到副县长。参见《局地干部年轻化一刀切，30当官40靠边说法流行》，《人民日报》2013年8月13日。

大龄干部不受重用、年轻干部“降格以求”的或暗、或明的晋升规则，带来了许多负面问题①。片面追求官员年轻化，催生了官员的年龄造假行为②。官员档案是记载其基本信息、业务能力、工作实绩、政治思想等内容的文件材料，是历史、全面地考察官员的重要依据。然而，官员档案造假在一些地方几乎成为“公开的秘密”。形形色色的档案造假中，给年龄、工龄和党龄“整容”的做法最为常见。官员选拔任用、“退居二线”等都有明确的年龄限制，一些官员为争取提拔、延长任期，往往不择手段地将年龄改小，以至于出现根据部分官员的履历推算结果发现，其读初中时就已参加工作计算工龄等怪象③。片面追求官员年轻化，助长了跑官要官、买官卖官等恶习，败坏了用人风气。越追求官员年轻化，年轻官员的提拔速度就越快，卖官者培植私人势力的机会就越多，其从提拔年轻官员中捞到的好处越不菲。“要想富、动干部”的说法不胫而走。片面追求官员年轻化，刺激了官员短期内显示最大政绩的行动，一些干部因此产生浮躁心理，急功近利，大搞“形象工程”、“政绩工程”。纪志宏等（2014）搜集了268个地级市（自治州、盟）市长（市委书记）信息，研究了官员年龄对信贷规模的影响。他们研究发现，银行信贷规模与地方政府主要官员年龄呈倒U型关系，信贷规模峰值出现在地方官员54岁左右。这一年龄恰恰是地方官员仕途变化的敏感时期——晋升机会开始大幅下降、“退居二线”可能开始大幅上升。究其缘由，中共中央在1992年提出省级党政领导班子成员的平均年龄要保持在55岁左右，因此54岁的地方官员有非常大的晋升压力，希望以优异政绩来证明自己，否则一旦错过就很可能永远失去晋升机会。

在官员任职制度层面，助长地方官员短期化行为的不仅仅是年龄因素，

---

① 当然，追求官员年轻化的问题并非当今独有现象。在中国古代官场，不少官员在年龄上造假。究其原因：一是一旦科场及第，自有富贵人家争相说亲，选婿当然是年纪越轻越好，故考生们多在办理应试手续时先将年龄减去；二是宋代曾规定，凡应试规定次数以上而未能及第且年龄在60以内的举人，可以别作一甲奏名，从宽赐给出身，并授官职，或曰“恩科”。《儒林外史》中的那个“忠厚人”范进一减便是24岁。

② 例如，广东省某官员的实际出生日期为1957年10月9日，自1993年以来先后4次更改出生日期，最终改为1963年10月15日。山西省某官员1981年至2002年间先后11次填报不同的出生日期，4次虚假填写参加工作时间，其填报的出生日期，最大的是1960年，最小的是1969年。参见《对官员年龄履历造假须零容忍》，《新华每日电讯》2014年5月16日。

③ 参见《全国组织部门向干部人事档案造假“亮剑”》，新华网2015年2月25日，http://news.xinhuanet.com/2015-02/25/c_1114433303.htm。

还有任职的交流、回避制度。为了使官员们摆脱人际关系的羁绊，干部交流、回避制度应运而生。早在唐代，统治者就制定了较完善的《回避条例》，最初提出“三百里内不为官”，后又改为“五百里内不为官”以及“千里内不为官”，还有“南人北官，北人南官”等规定。明朝时期把全国分为三个大区，提出“定南北变调用人”。1962 年 9 月，中共中央出台《关于有计划有步骤地交流各级党政主要领导干部的决定》，提出在全国范围内对各级党政主要领导干部进行有计划的交流，并且把定期交流干部作为党的干部管理工作的一项根本制度。然而，由于种种原因，这一决定没有完全执行。1990 年 7 月，中共中央出台《关于实行党和国家机关领导干部交流制度的决定》，要求从中央党和国家机关各部委，各省、自治区、直辖市做起，实行各级党和国家机关领导干部的交流制度。2006 年 8 月，中共中央颁布《党政领导干部交流工作规定》。该规定提出：干部交流的重点是县级以上地方党委、政府正职领导成员及其他领导成员；县级以上地方党委、政府领导成员在同一职位上任职满 10 年的，必须交流；在同一地区党政领导班子中担任同一层次领导职务满 10 年的，应当交流；新提拔担任县（市、区、旗）以上地方党委、政府领导成员的，应当有计划地异地交流任职。

官员交流制度，对于避开亲朋故旧的干扰和避免任人唯亲，一定程度上保持廉洁从政，放开手脚施政，具有一定的积极作用①，但也带来了新的问题——官员行为的短期化。姚洋和张牧扬（2013）利用 1994～2008 年中国 18 个省 241 个城市书记和市长的数据来分析官员的绩效与晋升情况，结果发现地方官员在一个城市的平均任期为 3.8 年，大大低于法定的 5 年任期。由于地方决策大权主要掌握在那些外地来的“一把手”身上，本地官员发出的不同声音极其微弱，基层群众则到了近乎无足轻重的地步。一些“异地任职”的官员，并不像在原籍那样，有一种“干不好就对不起家乡父老”的责任感和压力，从报到之日起，就寻思着何时升职或调离本地，根

① 例如，广东省中山市原市长李某某因严重经济违纪而锒铛入狱。该案件牵涉十多人，其中 5 人来自家族，包括李某某夫妇，李某某的弟弟、弟媳和妹妹。李某某生于中山，长于中山，从基层工作人员最终成为一市之长。尽管李某某在东窗事发前多次说，对家人开办的公司不插手、不帮忙、不指示、不发话。然而实际情况是，其家族中有多人从事房地产业并雄踞一方，家族生意也随着她攀上权力的高峰而兴盛无比。参见《中山女市长李某某的前世今生》，《人民文摘》2010 年第 8 期。

本无暇去做那些“前人栽树，后人乘凉”等费力不讨好的“潜绩”，而是热衷于搞那些花里胡哨的“显绩”。一些异地交流官员每到一地都有“新思路”，每个任期都有“新举措”。当然，官员交流制度也没有从根本上解决官员贪腐问题。即便在古代，也有“一任清知府，十万雪花银”的感叹。更何况，相对于古代的信息闭塞和交通不便，现代信息科技和交通运输体系已经使得“海内存知己、天涯若比邻”成为现实，“人已走但茶不凉”的现象丛生。官员交流制度对于避开亲朋故旧和避免任人唯亲等的作用大打折扣，甚至，还有可能滋生出新的权力寻租和权色腐败。

二、考核制度

长期以来，委任制是中国地方官员的主要任用机制。在这一体制下，地方官员要想获得职务，就需要在绩效考核中获得握有组织人事权的上级政府（主要领导）的较高评价。相应地，中国的政府体制是一种自上而下的“压力型体制”（荣敬本，1998），由上级政府给下级政府布置经济社会发展指标和任务。改革开放之后，这种压力型体制下的官员考核制度进行了不断的变迁。1979 年 11 月，中共中央组织部印发了《关于实现干部考核制度的意见》（简称《意见》）。《意见》提出考绩考核的概念，要求对干部的工作成绩从德、能、勤、绩四个方面进行考核。“考核干部要实行领导和群众相结合的方法，把平时考察和定期考核结合起来。对达到考核标准、工作成绩显著的干部，要给予精神鼓励或物质鼓励。对大公无私、精通业务、有组织才能和办事效率高的优秀分子，要选拔到领导岗位上来。对未能达到考核标准的干部，要给他们创造学习的条件，或在实践中加强锻炼，鼓励他们上进，限期达到考核标准。经过两次考核达不到标准的，要调离现职，分配其他工作，有的要降职使用。”

1988 年 6 月，中共中央组织部印发了《县（市、区）党政领导干部年度工作考核方案（试行）》和《地方政府工作部门领导干部年度工作考核方案（试行）》。这两个方案明确规定了考核工作程序，设置了相关评价指标。考核内容包括以下三部分：工作实绩评价、德能素质评价、自我工作评价和努力方向。“工作实绩评价”要求被考核者根据岗位职责规范、上级首长指令和年度工作目标，逐项申报所做工作，并对自己在工作中的努力程度进行自我评价和首长评价。“德能素质评价”是被考核者对自己在工作中表现出来的政策理论水平、本职业务能力、组织协调能力、调研综合能力、用人能力、口头表达能力、文字表达能力、工作态度、法纪观念、改革创新观念十项素质进行自我评价和首长评价。“自我工作评价和努力方向”要求被考核者对自己一段时期的工作进行综合评价，并说明自己工作的主要不足和今后努力方向。

1998 年 5 月，中共中央组织部印发了《党政领导干部考核工作暂行规定》（简称《规定》）。《规定》提出，领导班子考核内容为三方面：“一是思想政治建设。包括理论学习、政治表现、贯彻执行党的路线方针政策、全心全意为人民服务、执行民主集中制、维护中央权威、团结协作、选人用人、廉政建设等。二是领导现代化建设的能力。包括总揽全局、科学决策、求实创新、开拓进取和处理复杂问题等能力。三是工作实绩。在经济建设、社会发展和精神文明建设、党的建设等方面所取得的成绩和效益，在推进改革、维护稳定方面取得的成绩和效益。地方县以上党委、政府领导班子的工作实绩主要包括：各项经济工作指标的完成情况，经济发展的速度、效益与后劲，以及财政收入增长幅度和人民生活水平提高的程度；教育、科技、文化、卫生、体育事业的发展，环境与生态保护、人口与计划生育、社会治安综合治理等状况；党的思想、组织、作风、制度建设的成效等。”

2006 年 7 月，中共中央组织部印发了《体现科学发展观要求的地方党政领导班子和领导干部综合考核评价试行办法》（简称《办法》）。《办法》提出：“主要通过有关方面提供的经济社会发展的整体情况和群众评价意见，了解当地在一定时期的发展状况，重点分析地方党政领导班子和领导干部在任期内的工作思路、工作投入和工作成效，以充分体现从实绩看德才、凭德才用干部。”对地方党政实绩考核内容主要包括三方面：“一是上级统计部门综合提供的本地人均生产总值及增长、人均财政收入及增长、城乡居民收入及增长、资源消耗与安全生产、基础教育、城镇就业、社会保障、城乡文化生活、人口与计划生育、耕地等资源保护、环境保护、科技投入与创新等方面统计数据和评价意见，具体指标由各地根据实际情况设置；二是上级审计部门提供的有关经济责任审计结论和评价意见；三是民意调查反映的有关情况。”

2009 年 1 月，中共中央办公厅印发了《关于建立促进科学发展的党政领导班子和领导干部考核评价机制的意见》（简称《意见》）。《意见》提出："要完善考核内容，增强考核内容的科学性，充分体现科学发展观和正确政绩观的要求，充分体现把政治标准放在首位，充分体现不同区域、不同层次、不同类型的特点，充分体现考核内容的激励性和约束性。既注重考核发展速度，又注重考核发展方式、发展质量；既注重考核经济建设情况，又注重考核经济社会协调发展、人与自然和谐发展，特别是履行维护稳定第一责任、保障和改善民生的实际成效；既注重考核已经取得的显绩，又注重考核打基础、利长远的潜绩。突出对人口资源、社会保障、节能减排、环境保护、安全生产、社会稳定、党风廉政、群众满意度等约束性指标的考核，强化对违反科学发展观行为的刚性约束，把握舆论导向，促使领导班子和领导干部把科学发展观的要求落实到经济社会发展各个方面。"

由是观之，改革开放以来中国官员考核制度变迁的一个基本趋势，就是实绩考核的指标越来越具体、越来越多。照理说，官员考核体制的改革，将帮助官员树立正确的政绩观，助力地方经济社会的科学发展。然而，值得玩味的是，地方政府 GDP 情节始终挥之不去。关于这一点，可以在中央与地方设定的 GDP 增长目标中得到印证：从横向上看，中央政府"十二五"规划设定的 GDP 年均增长预期指标为 7%，但全国 31 个省（市、自治区）政府"十二五"规划设定的 GDP 年均增长预期目标平均值接近 10.5%；从纵向上看，"十二五"规划与"十一五"规划相比，地方与中央 GDP 预期增长目标的差距进一步扩大。这也就意味着，中央所倡导的科学发展观，并未从根本上改变地方政府的政绩偏向（李扬等，2013）。对于那些能够促进本地经济发展的行为如招商引资等，各地政府通常趋之若鹜，并且常常不满足于"裁判员"角色，跨界充当"运动员"，表现出政府职能上的"越位"和"错位"。而对于那些公共服务和社会管理职能，尤其是与本地经济发展联系弱相关的，各地政府却兴致不高，表现出政府职能上的"缺位"。

表 3-2　中国各省、市、自治区"十一五"规划和"十二五"规划的经济增长目标

地　区	"十一五"规划年均增长率	"十二五"规划年均增长率
北　京	9%	8%
天　津	12%	12%
河　北	11%左右	8.5%
上　海	9%	8%

续表

地　区	“十一五”规划年均增长率	“十二五”规划年均增长率
江　苏	10%以上	10%左右
浙　江	9%左右	8%左右
福　建	9%以上	10%以上，力争翻番
山　东	10%左右	9%左右
广　东	9%以上	8%以上
海　南	9%以上	10%以上
辽　宁	11%左右	11%
吉　林	12%以上	12%以上
黑龙江	10%以上	12%以上，5年翻番
山　西	10%	13%，5年翻番
安　徽	10%以上	10%以上，力争翻番
江　西	11%	11%以上，力争翻番
河　南	10%左右	9%以上
湖　北	10%以上	10%以上
湖　南	10%以上	10%以上
内蒙古	13%以上	12%以上
广　西	10%以上	10%，力争翻番
重　庆	10%	12.5%，5年翻番
四　川	9%左右	12%左右
贵　州	10%以上	12%以上，5年翻番
云　南	8.5%以上	10%以上，力争翻番
西　藏	12%	12%以上
陕　西	11%左右	12%以上
甘　肃	10%	12%以上
青　海	10%以上	12%，5年翻番
宁　夏	10%以上	12%，5年翻番
新　疆	9%	10%以上

资料来源：李扬、张晓晶、常欣：《中国国家资产负债表2013——理论、方法与风险评估》，中国社会科学出版社2013年版。

地方政府的政绩偏向有着深层次的原因：首先，公共物品和公共服务的提供效率难以比较。每个地方政府所提供的物品和服务，都具有一定程度的异质性。与私人商品的相互交易不同，这些物品和服务没有价格机制，成本和收益难以衡量。其次，信息不对称使得自上而下的考核成本极高。如果中央（上级）政府对地方（下级）政府进行全面、细致的考核，必将耗费大量的时间成本和物质成本。并且，由于两者之间的信息链条过长，地方（下级）政府和官员有足够的条件和机会通过制造假信息或隐瞒真信息来扩大自身利益。最后，现代科层制与可持续发展在中国尚未融合。要科学地评判地方官员的实绩，就需要让其在某个职位有足够长的表现时间，而在科层制下，地方官员任职一段时间后必须离职。因此，对于地方官员而言，在诸多政绩考核指标中，与其选择那些隐性的、难以量化的绿水青山、立党为公、执政为民、廉洁奉公等指标，倒不如选择显性的、容易量化的 GDP、经济增长、财政收入等指标；与其直面并破解发展中的矛盾、难题和问题来抓"潜绩"，倒不如抓住看得见、摸得着、见效快的"显绩"；与其抓住全部矛盾，倒不如抓住主要矛盾、主要指标（比如实现经济快速增长、不发生群体性事件、生态环境不出现明显恶化等）。从而，"以经济建设为中心"被异化成了"以 GDP 为中心"，"发展是硬道理"被异化成了"增长是硬道理"，以 GDP 论英雄、排名次，把提高 GDP 增长率作为政策规划、制度设计、工作安排的出发点和落脚点，形成了单纯以经济增长评定政绩的偏向。当然，正所谓"上有所好，下必其焉"，毕竟中央政府每年也会制定 GDP 增长目标。

三、监督制度

在中国政治监督体系中，地方人民代表大会具有重要的职能①，有权对本级政府和官员施政行为进行监督。根据《中华人民共和国宪法》，全国人民代表大会是国家最高权力机关，地方各级人民代表大会则是地方权力机

① 监察局、审计局等也具有一定程度的监督职能。这些政府内设机构不但受到上级监督机关的领导，还受到同级地方党委和地方政府的领导。由于这些内设机构的人事、财政等大权被地方党委和政府掌控，上级监督机关的指导作用被严重弱化，这种体制依附性就产生了内部监督不力问题。

关。地方各级人民代表大会在本行政区域内，保证宪法、法律、行政法规的遵守和执行；依照法律规定的权限，通过和发布决议，审查和决定地方的经济建设、文化建设和公共事业建设的计划。县级以上的地方各级人民代表大会审查和批准本行政区域内的国民经济和社会发展计划、预算以及它们的执行情况的报告。地方各级人民代表大会分别选举并且有权罢免本级人民政府的省长和副省长、市长和副市长、县长和副县长、区长和副区长、乡长和副乡长、镇长和副镇长。地方各级人民政府是地方各级国家权力机关的执行机关，是地方各级国家行政机关，实行省长、市长、县长、区长、乡长、镇长负责制。

但实际情况是，地方人民代表大会的权威性有限，难以对地方政府形成强有力的监督，其代议性质也大打折扣。《新华每日电讯》2009 年 7 月 28 日的《“6 亿奖民企”冲动背后的三重疑问》一文曾报道，2008 年财政收入 7.05 亿元的安徽省霍邱县（国家级贫困县）决定给予一家“预计”建成后年产值可达 66.7 亿元的民营企业 6 亿元的奖励，这一决定已于 2009 年 7 月 10 日获得该县人大常委会全票通过。此事经媒体报道后迅速引发广泛关注，并遭受民众强烈质疑。短短 12 天后，该县人大常委会又撤销了“6 亿奖民企”决定，且全票通过。县政府也连夜召开新闻发布会，宣布取消巨奖，承认之前的决定是错误的。问题在于，霍邱县“6 亿奖民企”决定的通过和撤销，都得到县人大常委会的全票通过。既然第一次通过决议时全体毫无异议，那么后一次撤销决议又怎会也全体无异议？同一个决议，12 天内先通过后否决，如此轻松，令人瞠目。其中诡异之处，折射了地方人大在监督本级政府上的困局：他们已经不是实质上的权力机关，而是地方政府“程序合法”的背书机关，能做的就是在需要表态时鼓鼓掌、盖盖章，让政府拿着“程序合法”的文件满意而去。一言以蔽之，一些地方人大在宪法层面具有“集体负责”的地位，但在现实中却扮演着“集体不负责”的角色。

地方人大对本级政府监督的弱化，有着深刻的体制根源。一是权力来源。地方党委既领导地方人民政府，也领导地方人民代表大会、地方检察院和地方法院，事实上形成了地区内部的权力一元化（曹正汉等，2014）。

地方人大必须在地方党委的领导之下行使监督权力①。另外，官员之所以能够异地任职，其原因恰恰在于权力来自于上面而非下面。“上级任命”强化了对上负责，弱化了对下负责、对群众服务的意识。人大监督因此而空洞化，人大选举成为“形式”，人大代表则沦为“点赞”机器。二是法律缺陷。根据《中华人民共和国地方各级人民代表大会和地方各级人民政府组织法》（以下简称《地方组织法》），县级以上地方人民代表大会“讨论、决定本行政区域内的政治、经济、教育、科学、文化、卫生、环境和资源保护、民政、民族等工作的重大事项”、“向本级人民代表大会及其常务委员会提出的各方面的建议、批评和意见，由本级人民代表大会常务委员会的办事机构交有关机关和组织研究处理并负责答复”。然而，对于什么是“地方重大事项”，不办理和答复或者不按期办理和答复的，应该承担什么法律责任却没有明确规定，以至于难以落实。现行宪法和法律不够细化，对不监督或不服从监督的行为没有规定追究责任，这导致一些地方政府对人大代表建议敷衍塞责、应付了事，也导致监督主体不愿或不敢大胆行使监督。三是行政司法管理体制缺陷。地方政府不仅接受同级地方党委的领导，还要接受上级政府的领导、执行上级政府的决定。工商、税务、技术监督等与基层群众生活紧密相关的政府职能部门，在实行垂直领导之后，从行政关系上脱离了本级地方政府。纵向领导和监督体制，影响了地方人大的监督效能。四是利益同盟。地方人大容易在利益诱惑下（比如地方政府出资改善住宅、办公条件等）与地方政府结成利益同盟，无法发挥监督作用。因此，一些地方公共利益真正的代表长期处于缺位状态。

值得注意的是，与传统监督机构相比，舆论监督在近年来渐成气候，在监督地方政府和官员方面发挥越来越积极的作用。例如，江苏省某官员，就是因为不当言论，被众多网友从他抽的“九五至尊”香烟查起，致其锒

① 这一原则被明确地写进了地方党委和地方人大常委会党组的文件中。例如，2006 年 8 月，中共郑州市委下发《关于进一步发挥市人大代表作用加强市人大常委会制度建设的意见》。其中“坚持正确的政治方向，从制度上保证和加强党对人大工作的领导”一条指出：市人大常委会党组要在市委领导下，带头贯彻党的路线方针政策，贯彻市委的重大决策和工作部署，自觉把人大工作置于党的领导之下。要健全向市委请示、报告工作制度，市人民代表大会的召开、常委会工作要点、立法计划、监督、决定重大事项和人事任免等工作中的重大问题，由市人大常委会党组报请市委决定或同意后再进入法定程序。市人大常委会党组就人大工作中的重大问题，通过党内组织生活，统一党员的认识，保证实现党的意图和主张。

铛入狱①；陕西省某官员，也是因为不合时宜的一个微笑，被网友们从鉴定其所戴手表开始，终令其领罪服法②。这些案件，历经了网络曝光线索——纪检监察部门跟进调查——司法机关追责三大环节，俨然成为舆论监督的一个“标准化”流程。当然，舆论监督也存在不少困境。例如，官员不出事，通常只是个新闻“贫矿”，新闻舆论上有的只是他们考察、讲话之类的例行公事；官员一旦出事，顷刻间成为一众媒体竞逐的新闻“富矿”，其受贿统计、官场人脉、风流韵事等便成了“地球人都知道”的谈资。对于舆论监督的“打死老虎、不打活老虎”、“痛打落水狗”的通常做法，李东晓（2010）在其博士论文中进行的研究证实了这一点：在中国贪腐丑闻报道角色构成上，“已双规”、“已落马”、“已查办”、“已结案”的官员占了绝大多数。李东晓还发现，丑闻报道数量与官员级别明显相关：官员级别越高，丑闻数量越少；县处级及以下，占到丑闻总量的八成。舆论监督要在监督地方政府和官员方面发挥更大的作用，就需要解决地方保护、行政干预以及法律保障等一系列问题。

总而言之，地方（下级）政府面临着来自同级人大和中央（上级）政府的约束，但其短期化行为并未得到根本矫正。那么，如何才能根治地方

---

① 2008 年 12 月 10 日，南京市江宁区房产局局长周某某接受 9 家媒体的联合采访时抛出“对于开发商低于成本价销售楼盘，下一步将和物价部门一起进行查处”的言论。次日，一网友发出《八问江宁房产局周局长》的帖子，对其言论进行质疑。随后，一篇《遍撒英雄帖，追查南京市江宁区房产局局长周某某》的帖子出现，网友对周某某的“人肉搜索”由此展开。这成为周某某事件的第一个转折点。12 月 14 日，一网友发表的帖子里有这样一段文字：“在网上无意搜到周局长开会的照片，仔细一看，果然看到了这位公仆的本色，一条烟就可以抵下岗工人 3 个月的低保了。”在配发的照片中还注明：“这是南京卷烟厂生产的顶级‘九五至尊’烟，一条就要 1500 元!”这成为周某某事件的第二个转折点。12 月 15 日，又一网友在《周某某局长抽名烟、戴名表》的帖子里指认周某某所戴手表是“江诗丹顿”，价值约 10 万元。12 月 29 日，周某某被免职。最终，周某某被南京市中级人民法院一审以受贿罪判处有期徒刑 11 年。参见《周某某案的前前后后是是非非》，《检察日报》2009 年 10 月 20 日。

② 2012 年 8 月 26 日，陕西延安境内发生重大车祸致 36 人死，2 人重伤。陕西省安监局局长杨某某视察事故现场微笑的照片引发网友对他进行了“人肉搜索”，网友从这位官员身上“搜”出了各种名表，被网友们称为“表哥”。8 月 29 日，杨某某在新浪微访谈中就“微笑门”和“名表门”与网友交流。微访谈中，杨某某称，在十年间，他共买了 5 块手表，这些表是自己在不同时期购买的，是用合法收入购买的。但访谈结束后，有网友整理出杨某某佩戴不同款式手表的照片共计 11 张。随后数日内，杨某某又被网友陆续挖出戴估价 13 万元的眼镜、腰系名牌皮带，被网友戏称“全身都是宝”。9 月 21 日，杨某某被撤职。2013 年 9 月 5 日，杨某某被西安市中级人民法院判处有期徒刑 14 年。参见《舆论监督与纪检应成反腐合力》，《光明日报》2012 年 9 月 26 日。

政府行为的短期化缺陷？从逻辑上看，地方公众、地方政府和地方官员的各自利益是因为中央放权让利才不断凸显。改革开放以来，随着中央政府放权让利过程的推进，地方政府、企业和居民等相关主体参与经济活动的积极性和能力逐渐增强，其利益诉求逐渐强化。那么，要矫正中国地方政府行为的短期化倾向，就必然地要把中央政府此前所放的权和让的利重新收回去吗？对此问题，我们需要回顾中国中央与地方关系的演进逻辑。1949年，中国共产党之所以选择了中央集权的单一制，有其深刻的根源：一是中国各地经济文化发展不平衡，市场不统一，工商业集中在东部沿海的大中城市，农业经济自给自足，缺少了经济联系作为纽带，地区之间的联系就相当松散，容易发生割据或分裂；二是中国地域广阔、民族众多，国民缺少民族的认同，尤其是文化的认同；三是近代中国受到多个西方列强间接控制，一些国家希望新中国在政治上继续分裂以及经济上继续残缺。因此，建立单一制的国家结构形式几乎是一个理所当然的选择。当时摆在中央政府面前的首要问题并不是分权，而是如何集权。换言之，在一个内部联系松散、政治上四分五裂、地方割据的社会中，根本谈不上分权，只有在中央和地方之间建立起一种比较紧密的政治关系之后，分权才可能作为一个政制的问题被提出来（薄贵利，1991）。除了政治因素，新中国所建立的计划经济体制也促进了国家治理的集权化趋势。

需要指出的是，中央对于这种高度集权的国家治理模式，也进行了诸多的改革尝试。1956年，毛泽东发表了著名的《论十大关系》，从政制结构的层面提出了分权的重要性和必要性，透露出改革中央集权体制的信号，“当前要注意的是，应当在巩固中央统一领导的前提下，扩大一点地方的权力，给地方更多的独立性，让地方办更多的事情。这对我们建设强大的社会主义国家比较有利。我们的国家这样大，人口这样多，情况这样复杂，有中央和地方两个积极性，比只有一个积极性好得多。我们不能像苏联那样，把什么都集中到中央，把地方卡得死死的，一点机动权也没有”；“要发展社会主义建设，就必须发挥地方的积极性。中央要巩固，就要注意地方的利益”；“如今几十只手插到地方，使地方的事情不好办。立了一个部就要革命，要革命就要下命令。各部不好向省委、省人民委员会下命令，就同省、市的厅局联成一线，天天给厅局下命令。这些命令虽然党中央不知道，国务院不知道，但都说是中央来的，给地方压力很大。表报之多，闹得泛滥成灾。这种情况，必须纠正”；“我们要提倡同地方商量办事的作风。党中央办事，总是同地方商量，不同地方商量从来不冒下命令。在这方面，希望中央各部好好注意，凡是同地方有关的事情，都要先同地方商量，商量好了再下命令"；"在不违背中央方针的条件下，按照情况和工作需要，地方可以搞章程、条例、办法，《宪法》并没有约束"；"必须有中央的强有力的统一领导，必须有全国的统一计划和统一纪律，破坏这种必要的统一，是不允许的。同时，又必须充分发挥地方的积极性，各地都要有适合当地情况的特殊"；"正当的独立性，正当的权利，省、市、地、县、区、乡都应当有，都应当争。这种从全国整体利益出发的争权，不是从本位利益出发的争权，不能叫做地方主义，不能叫做闹独立性"。《论十大关系》还强调："在解决中央和地方、地方和地方的关系问题上，我们的经验还不多，还不成熟，每过一个时期就要总结经验，发扬成绩，克服缺点。"

在毛泽东的指引下，中国从1958年开始推行权力下放的改革，将部分的计划管理权、物资分配权、企业管理权、劳动管理权、基本建设项目审批权、投资和信贷管理权、财政权和税收权下放给地方。然而，令人遗憾的是，这场权力下放的改革与随后发生的"大跃进"运动产生了历史交汇，加剧了国家经济秩序的混乱。因此，后来中央不得不将下放的权力重新收回，重新走向集权。此后，随着日趋严重的外部安全形势，中国在以备战为中心的大战略下，再一次启动了向地方下放权力的改革，将"条条专政"引向"块块专政"，把以行业为中心的经济管理体制转向以地域为中心。与改革开放之前相比，中央在改革开放之后更加强调分权，尽管在这过程中不时地有收权之举。对于高度集权的国家治理模式进行分权化的改造，似乎成为了中国领导人的政治"共识"。分权不但可以分担治理的责任，而且还有收益。由于各地方制度的差异会带来不同的制度收益和成本，从而形成一个制度市场，进而使人们有更多的制度选择，还可能导致各地方制度的相互吸收和相互影响，甚至有效率的制度取代无效或低效的制度。从此意义上看，允许地方自治或在治理上享有一定的自主权，实际上具有一种激励制度创新的功能和制度竞争的功能（苏力，2004）。

面向未来，要将全面深化改革从顶层贯彻到基层，还必须发挥地方政府的积极性和主动性。实际上，中央的"顶层设计"虽然按下了全面深化改革的按钮，为地方政府和各类市场主体等打响了"发令枪"，但是中央的顶层设计仅仅是一个总体性部署，深化改革各项具体措施需要交由地方政府创造性地执行，制定并推进适宜本地发展之需的政策。现实中，地方政府围绕提高社会管理水平、提高行政效率等目标，进行了大量的自发性改革。从第七届“中国地方政府创新奖”的评选结果上看，中国省级以下政府涌现了江西省司法厅的“创新安置帮教模式”、共青团贵州省委春晖行动发展中心的“春晖行动”、江苏省昆山市张浦镇党委镇政府的“经济发达镇行政改革与流程再造”、四川省残疾人联合会的“‘量体裁衣’式残疾人服务模式”、广东省中山市社会工作委员会的“流动人员积分制管理”、四川省成都市政府的“农村产权制度改革”、吉林省安图县委县政府的“群众诉求服务平台创新”、河南省焦作市财政局的“‘四权分离’的财政管理新机制”、陕西省岚皋县政府的“镇办卫生院新农合报销制度改革”、浙江省杭州市上城区委区政府的“政府管理与公共服务标准化”等大量创新之举。实际上，在改革的成功收益明显高于失败代价的前提下，地方政府愿意尝试创新。总而言之，继续完善分权制，赋予地方活力和创造力，允许地方性秩序的生发、形成和竞争，是中央与地方关系的题中之义。

第三节　中国地方政府的行动指南

任何试图解释地方政府行为的努力，都不应该忽视它的历史性和复杂性。当然，从理论研究上看，我们还是需要进行必要的抽象和聚焦。面对来自于任职制度、考核制度和监督制度等层面的弱约束，地方政府在中央政府分权化改革过程中，逐渐将自身的利益诉求转化为行动指南：对财税收入的渴求、对晋升政绩的偏执、对不当得利的贪婪，等等。

一、财政分权

财税收入影响着地方政府行为。早期相关研究可见诸于 Tiebout（1956）、Musgrave（1959）和 Oates（1972）等文献。他们认为，在公共品的供给问题上，中央政府存在信息不对称问题，通过向地方政府分权的做法可以缓解这一问题。尤其是，在居民可以自由迁徙的条件下，居民的真实偏好可以通过“用脚投票”的机制表现出来。由于地方政府的财税收入与“逃离本地”的居民数量呈反向变动关系，所以中央政府对地方政府进行分权的后果便是地方政府之间产生竞争行为。地方政府间的竞争机制进而影响了地区公共品的供给模式。然而，正如 Bardhan（2002）等研究所指出的那样，Tiebout 等的理论假设太过苛刻，居民的完全自由迁徙和政府对选民负责这两个最重要的假设在现实中往往不太容易得到满足。

为什么地方政府如此积极地推动区域经济发展？一些文献借鉴企业理论的研究思路，提出地方政府就像一个多部门的集团公司总部一样管理着辖区企业，并为地方政府行为贴上了“地方法团主义”（Local State Corporatism）的标签。Oi（1992）认为，在经济发展的过程中，地方政府具有了公司的许多特征，官员们像一个董事会成员那样行动，与企业密切合作，协调辖区内各个经济事业单位。地方政府似乎是一个从事多种经营的实业公司。Oi 认为激励地方政府扮演“企业家”角色的体制性因素是财政体制改革和农业非集体化改革：“分灶吃饭”的财政体制改革极大地激励了地方政府发展当地经济的积极性，而农业非集体化改革使发展工业成为地方政府推动经济发展的首选。从实践上看，“苏南模式”可谓“地方法团主义”的典型①。进一步看，渐进式改革的本质在于给定一个基本的改革路线和框架，由地方自主决定具体改革的形式以及改革的速度，而层级政府内部的分权使得地方政府获得了一定程度上的自由裁量权，使其可以像一个企业一样进行决策和运营。无论是早期采取的各种“财政包干”制度，还是1994 年开始实施的“分税制”，都在激励地方追求自身利益的最大化，促进了地方政府对当地经济介入的深度。这种介入不再是仅仅局限于调控者的角色，而是直接参与其中，类似于企业行事，譬如组织当地的资产整合和重组、兴办企业、直接投资或招商引资来拉动当地经济（周业安，2014）。

① 夏永祥（2012）认为，早在乡镇企业创办初期，地方政府就通过贷款担保等形式，深度介入到乡镇企业的资本积累过程中去，并且获得了不菲的好处。而当乡镇企业负债过高、发展陷入困境时，地方政府又把乡镇企业当作包袱甩出去。在全国实施沿海经济发展新战略的背景下，地方政府更以乡镇企业为筹码，招商引资，实行产业的国际扩张。苏南地区真正的跨越式发展，是在最近十多年的国际化和外向型经济发展阶段，也正是在这一阶段，“地方法团主义”表现得淋漓尽致。一方面，地方政府广泛而深入地介入到招商引资活动中，制定招商引资政策，担当招商引资主体，政府官员亲自出马，带队出国，推介项目，同时兴办工业园区，筑巢引凤。另一方面，地方政府动用财政资金，投资兴建大批国有企业，直接从事经济活动。在中央提出对国有经济布局进行战略性调整的大背景下，苏南地区对于经济效益差的国有企业，从甩包袱的目的出发，大批退出，任其破产倒闭或被兼并，同时又斥巨资，在所谓的高新技术产业及第三产业领域，兴建了大批企业。令人难以想象的是，即使在一些闻名全国的本来应该以外资为主的工业园区，也有许多大型国有企业的身影，控制着园区的发展命脉。

随着实践的发展，特别是中国和俄罗斯等经济转型国家转型实践的发展，另一类文献从中国软预算约束视角出发，认为财政分权制度向地方政府提供了市场化的激励，保持和促进市场化进程（Weingast，1995；McKinnon，1997；Qian 和 Weingast，1997），即所谓市场维护型联邦主义（Maxket Preserving Federalism），这也就是第二代财政联邦理论或“中国特色联邦主义”的分析框架。市场维护型联邦主义理论认为，中国地方政府的强激励有两个重要方面：一方面是行政分权，中央政府从 20 世纪 80 年代初开始就把很多经济管理的权限下放给地方政府，因此地方政府拥有相对独立的经济管理决策权；另一方面是“财政包干”等形式的财政分权，即中央政府把很多财权下放给地方政府，因此地方政府可以与中央政府分享财税收入，地区的财税收入越高，地方政府的留存就越多，而且地方政府的预算外收入更是属于百分之百的留存。财政分权改革使得地方政府成为“剩余索取者”，赋予其追求地方税收最大化的积极性（Qian 和 Xu，1993）。

行政与财政分权使得中国地方政府有很大的积极性去维护市场，推动本地经济增长。Olson（1993）曾用“流寇”和“坐寇”来比喻政府的所作所为。在该文中，“流寇”以掠夺为生，只顾眼前的短期利益，而不关心受害人的未来，他们不断寻找新的目标，频频伸出“攫取之手”。当“流寇”定居下来，转变成为割据一方的“坐寇”时，其领地越富裕，他们的收益也就越高。因此，“坐寇”与“流寇”的目标显著不同，他们采取有节制的掠夺，甚至还会为了自身的长远利益伸出“援助之手”，积极维持社会秩序安定，打击其他强盗、土匪、黑帮、军阀。此外，“坐寇”还愿意通过提供公共品、兴修水利、铺路架桥等途径创造生产条件，以期获得自身更大的长远利益。学术界一般认为，在转型初期，前苏东国家地方政府呈现出典型“流寇”之象，攫取频频，而中国地方政府则伸出了“援助之手”，它促进了私人投资，调动了创新的积极性。究其缘由：在前苏东国家，扩大税基所带来的税收增加必须统统上缴至中央政府，地方政府无法通过“援助之手”来获益，因而失去了推动本地经济发展的积极性，勒索和乱收费现象十分普遍；在中国，“财政包干”制等一系列放权让利措施赋予了地方政府“剩余索取者”的地位，地方经济发展的势头越好，地方政府和地方官员的收益就越大。然而，“好景不长”，“分税制”改革使得中国预算内的财政收入迅速地向中央政府集中，制约了地方政府动用财政资金来投资的能力，以及直接投资企业来带动经济增长的动机；而银政分离制度改变了银行从属于地方政府的实际隶属状态，提高了中央政府对信贷资金的支配能力，也使得地方政府的“第二财政”的做法更难以为继①。陈抗等（2002）的经验研究也部分印证了这一点：20 世纪 90 年代中期，随着“分税制”改革的推行，财政资源迅速地由预算内向预算外甚至体制外转移，贪污、腐败现象屡见不鲜，地方政府的“援助之手”有向“攫取之手”变更的大趋势。现实中，那些“老少边穷”地区近年来正成为高污染企业迁徙的目的地与污染事件的频发地。一些被发达地区撵走的污染企业，正沿着从南方到北方、从东部向西部、从沿海地区到内陆地区的路径迁移，向老少边穷地区不断挺进。一些地方政府在招商引资时，甚至喊出了“宁可毒死，不能饿死”的口号②，以牺牲环境来改变经济欠发达状况，上演现实版的“饮鸩止渴”。

二、政治晋升

处于行政金字塔之中的政府官员，十分关心其在官场中的升迁机遇，并且这种政治晋升激励在现实中可能是其他激励所无法取代的。Bo（1996）建立了一个包含中国省级官员仕途升迁的数据库，发现辖区的经济、人口规模以及对中央的财政贡献是影响省级领导晋升的最直接因素，而经济增长率对此无显著影响。Maskin 等（2000）利用中共十一大和十三大中央委员和党代会召开前一年全国经济增长率排名等数据，发现经济增长率排名的上升显著地提高了省部级官员晋升的概率（文中的“省部级官员晋升”用“每百万人口中的中央委员数量”衡量）。由此，他们认为中国地方官员之间可能存在着围绕经济增长绩效的晋升标尺赛。周黎安（2004）等提出

① 1994 年以前，地方政府对国有银行在当地分支机构的控制力较强，往往借此强制或半强制地迫使商业银行为其投资项目融资，把财政分配、调节社会资金的职能变相地转嫁给银行，并在不同层次、不同程度上视其为“第二财政”，把本应由财政资金负担的项目交由信贷资金行使，甚至把有偿的信贷资金变成无偿使用或长期占用，把信贷资金本质属性的有偿性、流动性异化为无偿性、固定性。1994 年以后，中央政府逐步推行了四大国有银行改革，首先进行银政分离制改革，改变银行分支机构实际从属于地方政府的格局，强化银行总行对分行的垂直管理。其次是强化国有银行的商业银行属性，构建对它们的经济考核指标。随着银行体系的独立和市场化改革的加快，银行机构的逐利性质得到很大程度的释放。同时由于中央政府手握四大国有商业银行决策层的人事任命权，四大国有商业银行的逐利性和中央政府追求政府投资来获得经济增长的诉求逐渐耦合起来。

② 参见《“宁可毒死、不肯饿死”当戒》，《无锡日报》2007 年 8 月 7 日。

了一个更大胆的假说，即中国地方官员之间存在基于经济增长业绩的晋升锦标赛①。他认为，中国地方官员具有双重特征：一方面是“经济参与人”，即像任何经济主体一样关注经济利益，改革开放以后的行政性分权和“财政包干”强化了地方政府的经济动机；另一方面又是“政治参与人”，关注政治晋升和政治收益，各地的官员不仅在经济上为财税和利润而竞争，同时也在“官场”上为晋升而竞争。他强调，不应只看重中国地方官员的第一种特征，而忽略了第二种特征及其影响。中国地方官员从最低的行政职位一步一步被提拔，进入下一轮的选手必须是上一轮的优胜者，每一轮被淘汰出局的选手就自然失去下一轮参赛的资格。这是一个典型的逐级淘汰的锦标赛结构，给地方官员施加了极大的压力，形成一种非常残酷的政治晋升搏杀。随后，Li 和 Zhou（2005）、Chen 等（2005）从省级层面进行经验分析，发现“当年经济增长率”、“任内平均经济增长率”、“与前任省领导的经济增长率差额”等经济增长绩效指标，对省级官员的晋升有显著的影响。一些研究还将样本拓展至市县级官员。例如，Guo（2007）以中国县长为考察对象，发现财政收入增长率对县长的晋升有显著正影响。此外，一些研究还考察了其他测度经济增长绩效的指标，比如王贤彬等（2011）

① 周黎安（2010）认为，晋升锦标赛不是放之四海而皆准，但中国天然具备晋升锦标赛的各种政治与经济条件。第一，中国是中央集权的国家，中央或上级政府有权力决定下级政府官员的任命，即具有集中的人事权。第二，无论是省与省之间，还是市、地区、县、乡之间都有非常相似的地方。这些地方政府所做的事情很相似，所以他们的绩效比较容易进行相互的比较。第三，在中国目前的行政体制下，地方官员对地方经济的发展具有巨大的影响力和控制力，一些最重要的资源，如行政审批、土地征用、贷款担保、各项政策优惠等均掌握在地方政府的手中，这就使得地方政府官员能够在相当程度上控制和影响最终考核的绩效。第四，跨地区的地方政府官员之间高度竞争是中国晋升体制下的常态。原因在于，晋升与不晋升存在巨大的利益差异，这不仅表现为行政权力和地位的巨大差异，而且在政治前景上也不可同日而语：不晋升可能意味着永远没有机会或出局，而晋升意味着未来进一步的晋升机会。第五，锦标赛的激励效果是逐层放大的。中国行政体制由中央、省、市（地区）、县和乡镇五级政府构成，晋升锦标赛可以发生在中央以下的任何一级地方政府之间，而中国“块块”行政管理体制在不同层次上的同构性使得晋升锦标赛得以普遍推行。比如说，在省一级干部之间采取以 GDP 为基础的锦标赛竞争的话，那么省级官员就必须提供较高的 GDP 增长水平。为此，他们可能会在辖区内的市一级推行 GDP 锦标赛竞争，而市又会在县一级推行锦标赛竞争，如此一层一层地往下推进。各级地方政府官员都在不断放大的锦标赛激励下，为了出人头地而努力。第六，在相当长的时期内，中国政府官员处于一个非常封闭的“内部劳动力市场”，即一旦被上级领导罢免、开除，就很难在组织外部找到其他工作。官员个人也不能随意选择退出已有的职位，仕途内外存在巨大的落差，产生一种很强的“锁住”效应，造成一旦进入官场就必须努力保住职位并争取一切可能的晋升机会。

的“现任官员任内平均增长率与1978年以来历任官员平均增长率差额”，杜兴强等（2012）的“经济增长加速度”。

政治晋升锦标赛理论在解释地方政府激励上具有重要价值。然而，它也引发了大量质疑。在经验层面，Landry（2003）发现，中国地级市和副省级城市的市长晋升与经济增长并无显著关联。Opper和Brehm（2007）通过实证研究发现，中国省级地方官员的晋升主要受到“关系”（该文中被定义为与中央政治局常委之间是否有老乡、校友和同事关系）的影响而不是经济绩效的影响。Wu和Ma(2009）发现，中共十六大前后两年省级官员的任内平均经济增长率、平均财政收入等与晋升并不显著相关。Shih等（2012）认为，中央委员和候补委员的党内排位主要取决于他们与国家领导人的关系，而与经济增长业绩并无显著关联。姚洋和张牧扬（2013）在对市委书记和市长的考察中发现，官员顺位才对晋升有显著影响，而任内经济增长对晋升无显著影响。杨其静和郑楠（2013）在市委书记这一层级中亦未发现支持晋升标尺赛假说或锦标赛假说的证据。在理论层面，陶然等（2010）对政治晋升锦标赛理论提出了逻辑上的挑战：一是从上级对人事的自由裁量权上看，如果下级官员的政治升迁与可衡量的、客观的竞赛指标挂钩，那么上级领导将在很大程度上丧失其在官员任命上的最终控制权。二是从数据可靠性上看，近年来根据各省份的GDP增长加权平均推算出的全国经济增长率往往显著高于国家统计局公布的全国经济增长率。晋升锦标赛的成立就需要假设上级政府官员不知道数据扭曲的存在，现实显然并非如此。三是从政府层级上看，市、县政府在地方经济发展中的功能大大强化，大规模招商引资竞争的主体也主要是市、县政府，很难相信一个省份的经济增长速度主要取决于省级主要官员的作为。四是从政治网络上看，那些与上级有着较好的网络关系的地方官员非常有可能会被任命到经济增长率更高、经济发展基础更好的地区去任职。杨其静和郑楠（2013）提出一个修正性的假说，即中国地方官员之间可能存在某种比较宽松的基于经济增长率排序的晋升资格赛制度。即便某个官员被安排任职于经济发展基础较好的城市，即便他享有了某种晋升优势，但他在事前也不能确保任职之后的经济增长业绩排名不会太靠后以至于丧失晋升资格，因此他也同样会竭尽全力发展地方经济。

本书认为，一味强调或否定政治晋升锦标赛的观点，都具有片面性。将官员的晋升归结为一两种因素的结果，显然是过于理想化，忽视了现实政治的复杂性。实际上，中国党政干部晋升有多种模式：一是政绩模式，这也是古今中外基本的官员晋升模式，在现阶段的中国，政绩模式具有鲜明的时代特征；二是关系模式，这虽没有合法性根据，却是普遍存在并发挥很大影响的潜在晋升模式；三是学历模式，这是选拔人才的重要标准，党政干部晋升强调教育文凭的重要性；四是路径依赖模式，机构和职位等因素在很大程度上影响着干部晋升；五是个人特征模式，年龄、性别等个人特征也影响着部分党政干部的仕途发展（余绪鹏，2014）。不同级别的官员，其晋升模式有所不同。冯芸和吴冲锋（2013）研究了不同级别官员晋升过程中的经济因素、非经济因素以及个人特征因素，发现官员任内的经济增长业绩对较低级别官员的晋升影响较强，而对较高级别官员的影响较弱。较高级别官员的升迁更多的是受非经济因素的影响，比如是具有特定系统工作经历（如共青团）、与在任或卸任国家级领导人具有姻亲关系，这些因素对他们的晋升概率则具有更为重要的影响。值得注意的是，政府官员群体呈现典型的金字塔式结构，所占比例最高的是较低级别的官员，他们具有较为相似的背景，于是经济因素成为一个最直观也最容易量化的考核指标，成为决定这部分官员升迁的关键因素。因此，较低层级官员的晋升，特别是缺乏有力的非经济因素支持的官员，在很大程度上只能依靠最大化经济增长业绩来争取晋升资本或者取得晋升资格。对这部分地方官员而言，其以经济建设为导向的决策倾向、为经济增长而竞争的动力、想方设法提高各项经济指标的决心是不言而喻的。也就是说，地方官员取得出色的施政业绩，是其政治晋升的必要条件，而非充分条件。陈潭和刘兴云（2011）提出，地方官员的晋升往往是政治剧场的前台与后台因素合力作用的结果。在地方政治剧场中，后台的政治背景、社会关系、地方主义以及政治忠诚等因素对地方官员晋升更具有决定性作用，而前台的绩效排名、个人特征、选举投票等直面大众的因素往往对地方官员的擢升不具有决定性作用，常常屈从于后台的力量。只有当地方官员与其竞争对手的台后因素——社会资本与社会网络都很弱的时候，施政绩效与个人特征的作用才会凸显，对官员升迁起到决定作用。当然，官员的个人特征，也影响了其经济增长业绩目标的设置。马亮（2013）发现，官员任期与政府绩效目标设置水平呈 U 型曲线关系，即地方政府倾向于在其任职初期大刀阔斧地提出较高水平的经济增长目标，寄希望于通过漂亮的“成绩单”而向决定其职业前途的上级留下美好的“第一印象”，而在任期结束前，政府官员也倾向于通过设置较高的经济增长目标吸引上级的关注，以完成其职业生涯的“最后一搏”。相对于其他来源的政府官员（如中央调任、外省平调、外省升迁），本地升迁的政府官员更倾向于设置较高的经济增长目标。

三、权力寻租

升迁是地方官员行为的基本动力，相互之间的晋升搏杀在所难免。然而，并非所有官员都热衷于职位晋升。较为普遍的情况是，一些年轻官员处于“迈台阶”阶段，为了升迁，有时会不顾一切地竞争。但是对于一些年龄不占优势、升迁机会较少的官员，职位竞争的动力则会大大减弱，而更可能绞尽脑汁地考虑如何实现个人非政治利益的最大化。地方官员在最大化个人利益的过程中，一旦突破了利益限制，就容易产生腐败行为，或者说“权力寻租”①。前文述及的地方保护主义，也是权力寻租的一种表现。由于受保护的地方利益还会产生归属问题，倘若该利益完全归受保护的企业，则不存在腐败问题。但现实中，在地方保护案例中，往往有部分利益流入政府部门或者官员腰包。外地企业要与本土企业竞争，有时需要通过向地方政府提供更大的好处才可能中标。在地方保护过程中，若是租金回馈给政府部门，则是集体腐败；若是流向政府官员，则是个人腐败。

地方政府和地方官员权力寻租行为具有两大要素：权力和制衡。改革开放以后，地方政府对本地区经济的管制有所扩大。虽然中央强调落实企业自主权，但是一些权力被地方政府截留，越到基层，截留越多。如“分税制”后，地方具有预算内和预算外的双份财权、国家限额以下的各类建设审批权、对地方所属企业包括中央委托地方代管企业的管理权（如人事、财务）等、对地方国有资源的分配权（如土地、矿产、水资源等资源利用）。从现实来看，我国公共资源的管理依然延续了计划经济模式：国家所有、分级管理。尽管市场发挥作用的深度和广度在不断扩大，但要素资源的配置仍有很强的行政色彩，自然资源要素的配置尤其突出。自然资源的分级管理，实际已经演变为分级所有、部门所有，占用权替代了所有权，

① 通常意义上的腐败是指“国家工作人员利用公共权力牟取私利”（Shleifer 和 Vishny，1993）、“公共权力被用来以违反规则的方式牟取个人利益的行为”（Jain，2001）、“以谋求个人经济利益为目的，以牺牲公众的经济利益为代价而滥用公共权力的行为”（樊纲，2005）。

行业主管部门、地方政府代表国家占用资源，实际掌握资源的支配权。公共资源全民所有制异化为地方所有制、部门所有制，造成国家所有权虚置（刘尚希和吉富星，2014）。扩大了的地方政府权力很容易带来种种不规范的政府管制行为。例如，地方政府以各种关卡、路障分割市场，阻碍流通，多头收费（如过桥费、洗车费、卫生费、场地费、出港费、占道费、治安费、检验费，等等），各种罚款更是随意加码或者罚外不罚内。这些地方政府行为，名义上说是保护地方利益，是打着日常行政管理需要和增加财政收入的旗帜而实施的地方保护主义，本质上是一种腐败，是地方政府为了创收而任意设置的租金（周作翰，2002）。随着各种行政管理、经济管理和审批权限的下放，人事任免上的下管两级变为下管一级，土地管理权和出让权归地方政府所有，矿山、煤炭、森林等资源归地方所有，税收体制和财政支出体制的改革，各种经济特区、经济开发区和实验区的设立，地方政府及官员手上就掌控了大量的“剩余控制权”，并且由于这些剩余控制权的监督和制衡非常少，它们就容易变成官员手上的自由裁量权和资源支配权，进而给予了各级地方政府官员以权谋私的机会。地方政府官员就有可能利用这种巨大的自由裁量权和资源支配权来进行设租和寻租，进行权钱交易和利益输送（唐志军和谌莹，2012）。另外，在转轨时期，权力制衡机制没有及时建立起来，一些官员就可以利用这种特殊条件，运用不受约束的权力来谋取个人私利：一是利用行政干预市场活动的权力，进行权钱交易；二是利用转轨时期财产关系调整和变化的时机，将公共财产掠为己有；三是利用市场体制的不完善、不规范来牟取暴利（吴敬琏，2003）。迄今为止，对地方政府及官员的监督和制衡力量主要是来自于体制内：一是上级党政部门；二是同级人大、政法、公安、检察等机构；三是同一地区、部门政府官员。然而，人、财、物力有限的情况下，现有的监督和制衡力量无法对数量众多、自由裁量权和资源控制权极大的地方政府官员进行有效监督和制衡。甚至，少数监督和制衡机构官员还与地方政府官员之间结成利益集团，通过合谋来攫取私利。

第四章　政府间纵向关系与中国经济波动

中国地方政府施政行为的短期化倾向，是中央（上级）政府与地方（下级）政府之间关系不畅的一个典型表现。以行政话语为例：长期以来，在中央（上级）政府下发的文件中，“令行禁不止”问题非常突出，以至于“三令五申”成为一个在官员讲话和媒体报道中使用频率颇高的词汇①。从政治实践来看，“令行禁不止”问题的根本原因仍在于政府间关系缺乏明确的法定分权与合理的利益配置，于是中央（上级）政府不得不用软弱无力的禁令来规范各种非法的分权和利益分割（张锡恩，2012）。当然，面对中国经济“新常态”，我们需要用辩证的眼光去看待地方政府行为及政府间博弈。通过分析政府间纵向的互动，既能够理解经济增长等一系列成就，也能够解释经济波动等若干难题。

第一节　中国政府间的纵向互动

政府间的纵向互动并非中国特有现象。即便在联邦制国家，政府间互动亦十分频繁②。当然，中国地方政府与中央政府之间互动博弈的范围之

① 例如，中央（上级）有关部门三令五申地禁止“跑官要官”、“买官卖官”、“拉票贿选”、“任人唯亲”、“滥用职权”、“玩忽职守”、“公车私用”、“公款吃喝”、“形象工程”、“乱收费”和“乱摊派”等。

② 例如，美国的烟草税、汽油税上就存在着政府间的纵向互动：1983 年初，美国联邦政府的烟草税从原先的每包 8 美分增加到每包 16 美分，汽油税从每加仑 4 美分增加到每加仑 9 美分。随后，那些被挤占了税收额度的州政府纷纷出台政策、提高税。其中，康涅狄格州将烟草税率提高到了每包 36.5 美分，佛罗里达州将汽油税提高到了每加仑 20.8 美分。

广、形式之多、程度之深，足以令世人称奇。在政策执行过程中，中国地方政府的“创造性”展现得淋漓尽致：一是政策敷衍，将贯彻执行停留在一般性的宣传号召层面上[①]；二是政策选择，把对自己不利的政策规定束之高阁、不予执行，而把政策中对自己有利的部分大肆执行、用足用活；三是政策附加，在“规定动作”以外“自说自话”地附加一些不合理、不恰当的“自选动作”和“小动作”；四是政策替代，用“土政策”替代原政策；五是政策截留，故意隐瞒利益相关方，令其不了解、不知道该项政策。

一、典型案例：央地间债务博弈

国际金融危机爆发以来，中国经济不但没有翻船，反而实现了其他主要经济体即便在繁荣时期也难以企及的高速增长，这堪称世界经济危机史上的重大奇迹。然而，我们之所以能创造出如此奇迹，并非源于技术进步和生产率增长速度领先于别人，而是因为我们在那时推出了别人所推不出的强刺激，从而以史上程度空前的基础设施建设换得了危机中的高增长奇迹。当然，天上不会掉馅饼，我们为此付出的代价也是无与伦比的，那就是债台高筑、产能过剩和通货膨胀的三重叠加。因此，信贷去杠杆、结构性改革和货币政策平稳将成为未来一段时期中国宏观经济政策的“新常态”。

1. 债务博弈行为的表现

实际上，早在2010年6月，国务院就下发了《国务院关于加强地方政府融资平台公司管理有关问题的通知》，要求地方政府对融资平台[②]进行清理规范。受此影响，地方政府性债务[③]的资金来源和借债主体都发生了显著的变化。一方面，由于地方政府在银行获得正规信贷的管道被收紧，地方政府性债务不得不“去银行化”。银行贷款占地方政府负有偿还责任债务的比重从第一次债务审计结果（中华人民共和国审计署审计结果公告2011年

---

① 比如“以红头文件落实红头文件”、“以会议落实会议”。

② 尽管根据《预算法》，地方政府不得在财政运行中开列赤字、提供担保，但在实际操作过程中，很多地方政府通过成立各种名目的投资公司或建设公司来搭建融资平台，从而绕开法律限制举借了大量债务。

③ 值得注意的是，“地方政府性债务”与“地方政府债务”的概念常常被混淆。准确地说，前者包含但不限于后者，地方政府的或有负债和其他相关债务也属于“地方政府性债务”。

第35号）的79.01%下降至第二次债务审计结果（中华人民共和国审计署审计结果公告2013年第32号）的50.76%，占三类债务合计余额①的比重从91.77%下降至56.56%（见图4－1）。另一方面，由于作为地方债举债主体的融资平台公司受到严格监管，地方政府性债务不得不“去平台化”。从举债主体上看，融资平台公司贷款占地方政府负有偿还责任债务的比重从第一次债务审计结果中的46.75%下降至第二次债务审计结果中的37.44%，占三类债务合计余额的比重从46.38%下降至38.96%。不难看出，地方政府性债务的资金来源和举债主体均发生了较大的变化。这其中，负有直接偿还责任的地方政府债务变化最大。然而，正所谓“上有政策、下有对策”，地方政府行为的变化具有表面性。严格地说，无论是“去银行化”或“去平台化”，都还主要停留在表面文章上。

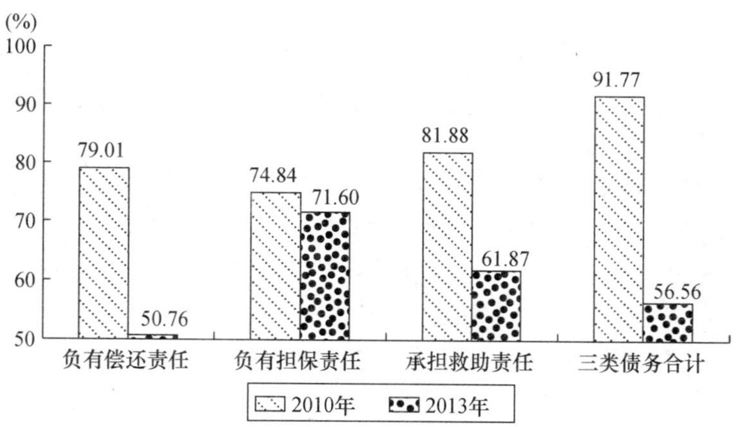

图4－1　银行贷款占地方政府性债务资金来源的比重

资料来源：国家审计署2011年《全国地方政府性债务审计结果》和2013年《全国政府性债务审计结果》。

究其原因，地方政府通过“两手抓”的办法解构了中央的治理整顿，

① 国家审计署在计算“负债率”时，认为三类债务不能简单相加，因而根据往年财政资金实际偿还或有负债的比率（2013年的审计结果中确定负有担保责任的债务比率为19.13%，可能承担一定救助责任的债务比率为14.64%）加权汇总。笔者认为，这样的计算方法可能过于乐观，更加审慎的做法应该是将三类债务直接加总。

继续举债，并不断扩大规模。地方政府的一手是抓资金来源，即通过影子银行[①]来筹资。对于地方政府的举债诉求，商业银行用信托融资、BT（建设—移交）等办法极力配合：从可行性上看，目前纳入中央监管范围的主要是商业银行的常规信贷，或者说表内资金借贷，而商业银行可以通过理财产品、信托投资等方式向地方政府提供表外资金借贷；从收益上看，相较于银行贷款而言，表外融资回报率更高，向地方政府提供信托类产品的做法显然是有利可图的；从风险上看，商业银行倾向于认为，在单一制而非联邦制的政治框架下，中央政府在关键时刻对消除区域性、局部性偿债危机不会坐视不管、置之不理、见死不救[②]。最终体现在资金来源上的就是，影子银行为地方政府提供的贷款余额突飞猛进：其在第二次债务审计结果中占负有偿还责任债务的比重达到35.48%[③]，占三类债务合计余额的比重已达29.55%，而值得注意的是，这两个指标在第一次债务审计结果中还不足13.77%[④]和9.75%（见图4-2）。不难发现，地方政府通过影子银行筹资，实质是披了一件信托投资的外衣，将表内融资改为表外融资而已。从根本上说，地方政府依然通过银行进行筹资，仅仅实现了表面上的“去银行化”。

地方政府的另一手是抓举债主体，即通过下属的地方国有企业“曲线救国”。具体而言：在举债时，地方政府授意下属的国有企业向商业银行申请贷款并提供资产负债表，而融资平台公司则提供相应的质押或抵押物，国有企业获得贷款后，通过相关公司之间走账的形式，将资金打给融资平台公司；在还债时，融资平台公司再按照资金进账时的相关路数，将资金辗转打回给贷款企业。当然，除此之外，地方政府还有更加“野路子”的

---

① 影子银行主要涉及借贷关系和银行的表外业务。包括委托贷款公司、小额贷款公司、财务公司、担保公司、租赁公司、典当行以及一些提供变相举债融资的单位。在地方债务的语境下，BT、垫付工资和违规集资等变相举债融资也被包含在内。

② 地方政府性债务问题的形成、演变规律通常是：地方政府开发土地招商引资，债务积累到一定程度就变为银行的不良资产，于是中央治理整顿、出资剥离银行不良资产，宏观经济应声趋冷，尔后为了“放开、搞活”，中央再推出新一轮的经济刺激方案，从而地方政府进入新一轮的扩张和债务循环。

③ 此处的计算口径是国家审计署2013年《全国政府性债务审计结果》中的“BT”、“应付未付款项”、“信托融资”、“其他单位和个人借款”、“垫资施工，延期付款”、“融资租赁”和“集资”。

④ 此处的计算口径是国家审计署2011年《全国地方政府性债务审计结果》中的“其他单位和个人借款”。

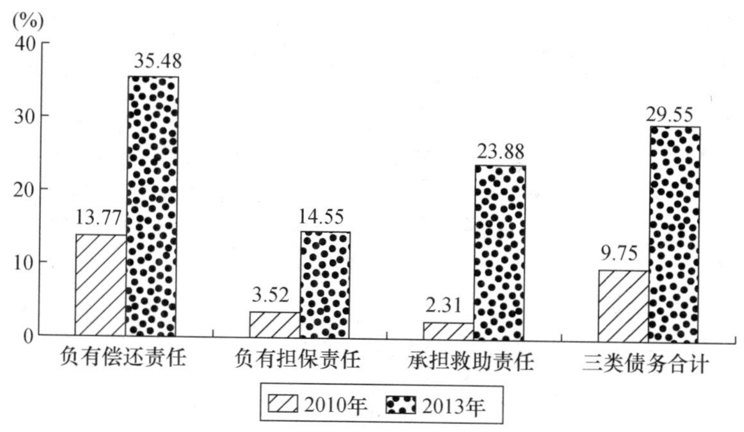

图4－2　影子银行占地方政府性债务资金来源的比重

资料来源：国家审计署2011年《全国地方政府性债务审计结果》和2013年《全国政府性债务审计结果》。

做法：那些获得银行贷款的国有企业不通过划账等形式将资金辗转打给融资平台公司，而是单独开设一个账户，交由融资平台公司直接使用。这最终体现在举债主体上的就是，国有企业如今已然成为仅次于融资平台公司、政府机构的大户：在第二次债务审计结果中，国有独资或控股企业举债余额占地方政府负有偿还责任债务的比重上升10.62%，占三类债务合计余额的比重上升17.53%。与此同时，融资平台公司所占份额在两次债务审计结果中分别下降8.94%和22.08%（见图4－3）。不难发现，地方政府从融资平台转向国有企业，初看起来似乎更加的市场化，但背后的实质没有改变。从根本上说，地方政府依然通过平台进行筹资，仅仅实现了表面上的“去平台化”。

总体来说，在债务膨胀过程中的政府博弈行为主要有以下几类：一是地方政府与中央政府的债务博弈。单一制国家的现状①、上一轮财税体制改革的部分扭曲、应对国际金融危机的宏观调控政策等因素，使得地方政府敢于“上有政策、下有对策”，通过影子银行“一手抓银行、另一手抓融资

①《地方组织法》明文规定：全国地方各级人民政府都是国务院统一领导下的国家行政机关，都服从国务院。换句话说，既然父亲有权插手成年儿子的家事（即中央政府有权对地方政府的经济社会等管理权限发号施令），那么父亲也就必然地对儿子负有兜底义务（即中央政府有义务对地方政府债务埋单），哪怕几个儿子终日花天酒地。

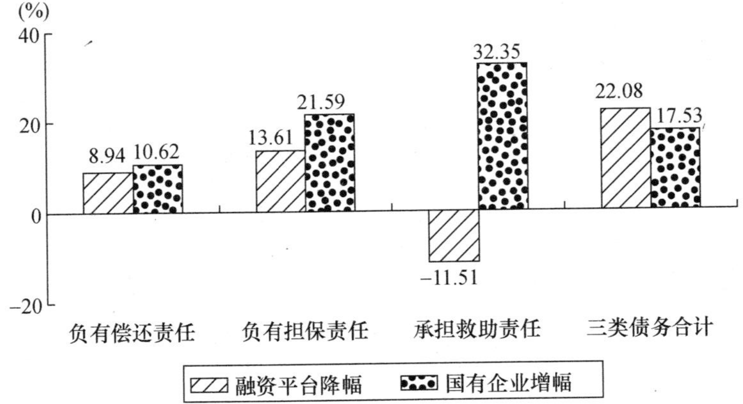

图4-3　融资平台与国有企业在地方政府性债务资金中所占份额的变化

资料来源：国家审计署2011年《全国地方政府性债务审计结果》和2013年《全国政府性债务审计结果》。

平台”等办法解构中央治理债务整顿措施，并不断扩大债务规模。二是地方政府与周边政府的债务博弈。由于经济发展仍是地方主官的考核指标之一，在财力有限的情况下，具备超强的融资能力，成了检验地方官员施政能力的一个重要标尺，成了政绩考核的隐形风向标。如果周边政府举债大发展，自己不跟上，无异于在仕途上“掉队”。三是地方政府与融资平台的债务博弈。前两轮地方债统计之时，多报债务，可能会影响自己的仕途，因此地方主官倾向于少报数字。第三轮地方债统计，却可能面临地方债的解包，一些地方主官选择了多报数字，趁机将本应自己承担的债务推给走向市场化的城投公司，才能为地方日后发展卸下包袱。当然；也有一些地方主官由于担心媒体曝光和责任追究而在第三轮地方债统计过程中选择少报数字，毕竟地方债务不是个正面的成绩。

具体而言，在央地债务博弈时，中央政府的“牌”包括以下几类（见图4-4）：一是债务解包。如国务院下发《国务院关于加强地方政府性债务管理的意见》，试图对政府与投融资平台之间一些模糊不清的债务问题做彻底了断。二是行政命令。如国务院出台《国务院关于加强地方政府融资平台公司管理有关问题的通知》，要求地方政府对融资平台进行清理规范。三是顶层设计。如中共十八届三中全会《中共中央关于全面深化改革若干重大问题的决定》提出，建立事权和支出责任相适应的制度，适度加强中央事权和支出责任。四是人事控制。如撤换、惩治地方主官，以儆效尤。相应地，地方政府的“牌”主要有以下几类：一是信息不对称。如在债务解包过程中，地方政府趁机将本应自己承担的债务推给城投公司，但城投公司有意将部分债务推给政府，以防由于自身背负的债务过重而影响债券利率，甚至登上债券市场黑名单。二是产权属地化。如利用产权虚置等问题，融通资金。三是地方试点。即地方政府在某些未成型的领域“抢先出牌”，以创新名义进行变革，突破各种约束，随之而来的各种创新金融工具继续源源不断地为地方融资提供便利，并给其他地方“借鉴学习”，形成星火燎原之势。四是政绩评定偏向。即地方官员在中央最为关注和看重的任务上下功夫，而对债务问题一笔带过。

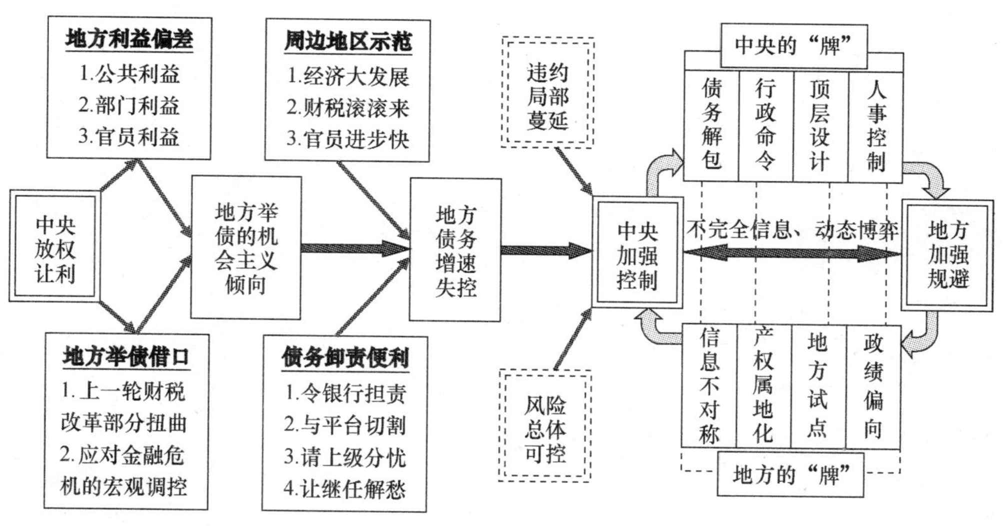

图4-4 央地间债务博弈的逻辑链条

地方债务的膨胀离不开“政企合作”，即以地方政府为主导，以国有企业为主体。地方政府之所以能够成为主导者，关键在于其掌控了一些重要资源的配置权力。例如，手握了地方性金融机构人事任命权后，地方政府可以轻松地将这些金融机构收编为自己的“第二财政”或“准财政”。通过发展地方性金融控股集团的做法，还可以进一步整合区域金融资源，强化地方政府的影响力和话语权。在行政化特征尤其明显的融资模式下，地方政府对金融类国有企业的控制权是不言自明的。当然，除了通过“威逼”

的办法占据主导地位，地方政府还能通过“利诱”的办法实现目标。在主导资金要素配置的过程中，地方政府可以为其所贷款项提供多种形式的担保或变相担保。例如，掌握了辖区土地配置权后，地方政府便可以用其作为抵押物向银行申请土地抵押贷款，进而获得大量的廉价资金。

国有企业在地方债务形成过程中的主体地位，既表现在贷方，又表现在借方。地方债务资金的贷方主要涉及金融类国有企业。根据《全国地方政府性债务审计结果》，第一次债务审计结果中银行贷款在地方政府负有偿还责任、负有担保责任和可能承担一定救助责任债务资金来源中所占份额分别为74.84%、81.88%和91.77%，到了第二次债务审计结果则降为50.76%、71.60%和61.87%。比较而言，地方债务资金的贷方结构在近年来发生了显著的变化。尽管如此，国有银行在地方债务资金供给中的主体地位尚未被撼动。究其原因，过度管制的金融体系造成了国有银行的放贷冲动和粗放型经营方式。在《财富》期刊世界500强企业中，工行、建行、农行、中行的净利润分列第4、第7、第10、第11位，成为2014年中国最赚钱的企业。在这些利润中，主体部分乃是利息差收益。根据IMF（2011）的研究，2005~2010年中国主要商业银行利息差收入在营业收入中的占比分别为87.4%、90.2%、87.7%、87.1%、84.8%、84.2%。换言之，在主要依靠利差就可以获得滚滚财源的格局下，即便是引入战略投资者、整体上市等措施，也难以改变商业银行信贷扩张的冲动，以及想方设法增加信贷规模的努力。

当然，仅有银行的放贷冲动还不足以推动地方债务膨胀。正是非金融类国有企业借贷冲动与金融类国有企业放贷冲动相互配合，地方债务规模才会被如此放大。从地方债务资金所投入的优质资产（基础设施）来看，民营资本的进入程度依旧有限。根据《中国统计年鉴》所报告的数据，政府对于一些能够盈利且非公资本有能力投资的基础设施项目依然“大包大揽”。例如，在“电力、热力、燃气及水生产和供应业”固定资产投资结构中，国有控股占68.05%，集体控股占3.95%，私人控股占21.41%；在“交通运输、仓储和邮政业”固定资产投资结构中，国有控股占76.93%，集体控股占2.76%，私人控股占15.61%；在“信息传输、软件和信息技术服务业”固定资产投资结构中，国有控股占55.89%，集体控股占2.23%，私人控股占24.07%（见图4-5）。这些本可以通过自负盈亏实现市场化运作的项目，由于投融资体制障碍，地方政府以及国有企业“挺身而出”，由此形成的越位行为加剧了地方债务风险。

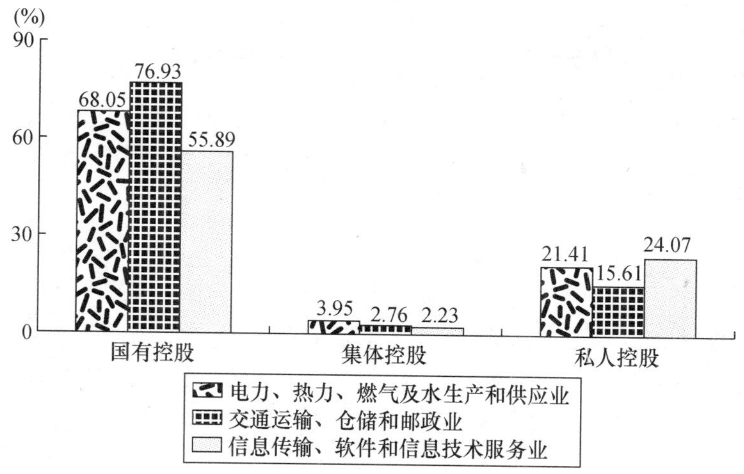

图4-5　非公资本有能力进入的基础设施投资结构

资料来源：《中国统计年鉴》(2014)。

2. 地方债务风险的再评估

地方政府性债务的风险究竟是否可控？从表面上看，答案在于国际通用的警戒线。有一种流行看法认为，中国政府性债务若干指标均处于国际常用控制标准范围之内，因而风险可控：政府外债占GDP比值为0.91%，低于20%的外债率的国际参考标准；各级政府负有偿还责任的债务余额占GDP的比率为36.74%，三类债务合计余额占GDP的比率比53.22%，低于60%的负债率的国际参考标准；各级政府负有偿还责任的债务与当年政府综合财力的比值为105.66%，三类债务合计余额与当年政府综合财力的比值为154.54%，基本处于90%~150%的国际参考标准。笔者认为，债务指标低于国际警戒线固然是好事，但绝不可掉以轻心。毕竟，国际警戒线并非“放之四海而皆准”的铁律：美国负债率当前已超过70%，日本已超过240%，但主权信用状况依然良好，尚没有发生政府债务危机的迹象；而在欧债危机爆发过程中，有些国家的指标也不高①，但危机并未放过它们。准确地说，根据现有理论和经验并不能推导出债务率与债务危机两者之间具有线性、平滑的关系。换言之，随着债务率提高，债务危机的爆发可能存

① 比如在欧债危机爆发前的2008年，“欧猪五国”中的西班牙和爱尔兰的负债率分别为34.20%和48.93%。数据引自世界银行。

在突变现象。这就如同烧开水一般，在一些地方要烧到100度，而在有些地方80度就可能烧开了。因此，不能简单地依靠所谓的国际警戒线来判断中国债务风险是否可控。实际上，判断债务风险是否总体可控，关键在于货币政策。以2014年为例，中国的GDP达到63.6万亿元，M2达到122.8万亿元，而CPI仅为2.0%。M2如此之高，而CPI如此之低，奥秘就在于有相当一部分的流动性进入了房地产市场①。中国规模庞大的货币供应量未能满足实体经济之需，而是进入了房地产市场（以至于房价连年大涨），以及政府包括各种城建项目的基础设施（由于这些项目产生的现金流回报很少，大部分流动性都变成债务沉淀下来），以至于中国市场在总体流动性如此之多的情况下还屡闹“钱荒”怪象。当前中国经济正处在经济增长速度换挡期、结构调整阵痛期和前期刺激政策消化期。毫无疑问，前期刺激政策的消化，并非一蹴而就的，广义货币量将在较长时期内处于相对的高位，从而给地方政府性债务的总体可控创造基础。

然而，地方债务的总体可控，并不意味着局部不会发生违约等偿债危机。未来一段时间，以下四大因素可能诱发地方债务的局部违约：第一，经济减速加剧还本付息压力。相对于发达国家，中国是典型的间接税体制，因而中国经济具有明显的“速度效益型”特征，即经济减速会拉低财政收入的增幅，由此带来的问题是中央财政的可持续性和地方的财政风险。不仅如此，经济减速之后，基础设施项目建设的投资回收周期被拉长，还本付息压力加大。第二，地方债锦标赛的趋势逐渐形成。允许地方政府公开发债，显然要比地方政府过去那种表面上的“去银行化”和“去平台化”好，因为凡事一旦公开，就会自动形成倒逼机制，倒逼地方政府接受大众的监督与制衡。当然，允许地方发债的可靠前提就是改变地方官员的“自上而下”选拔任命机制，让举债当事人对自己的行为负责。否则，GDP锦标赛②必然带来地方债锦标赛。第三，利率市场化改革将降低地方政府还债能力。“余额宝”们的风生水起，激发出了“碎片化理财”的庞大需求，也

① 根据国家统计局数据，2013年12月，在70个大中城市中有65个房价环比上涨，69个同比上涨，北京、上海、广州、深圳的房价同比涨幅超过了20%。

② 尽管中共中央组织部已经宣布改革中国地方政府和官员的政绩考核办法，纠正单纯以经济增长速度评价政绩的偏向，但GDP主义及其锦标赛尚难根除。例如，每年各级政府都提出经济增长速度的目标。实际上，在“以经济建设为中心”的基本方针不变的前提下，GDP必然是经济建设的重要标志之一。

冲击了普通人的理财观念，这势必推动利率上升，提高银行揽储成本，倒逼利率市场化的改革。随着利率市场化改革的推进，在“既不放松，也不收紧银根”① 的政策导向下，以目前的资金供求关系，利率总体趋于上升，地方政府付息能力直线下降，更不必说还本。换言之，利率市场化将使得地方政府的融资成本迅速飙升，地方政府通过举新债还旧债的模式将难以为继。第四，地方政府或有债务被严重低估了。以 2014 年为例，中国全社会融资规模为 16.5 万亿元②，而新增人民币贷款 9.8 万亿元③。这就意味着，中国如今有超过四成的新增融资，是由影子银行以各种信托理财产品的名义提供的。信托理财产品由于受众较广，一旦发生违约，就会演变为社会问题和政治问题。当违约风险演变为现实时，将引起信托理财市场及整个金融市场的连锁反应，产生“多米诺骨牌”效应，造成难以估量的后果。例如，一旦某些信托理财产品发生违约、不能及时还款，建立在信托理财产品基础上的“余额宝”们均会受到致命的冲击。随着恐慌情绪在互联网金融客户之间蔓延，撤资现象旋即发生，其撤资速度远比在实体银行挤兑来得更快。在“维稳”语境下，地方政府、监管部门以及相关单位不得不向“大到不能倒”的信托理财产品“刚性兑付”，这当属政府的或有债务。当然，这也给投资者造成了可怕的错觉，使其误以为政府可以兜底、摆平一切。之所以是错觉，一是因为政府兜底有违市场规律，二是因为政府并不具备为所有理财产品兜底的能力，成千上万的信托理财产品，早已成为政府不可承受之重。

值得注意的是，当前对中国地方债务乐观者的理由之一，是建立在债务性质基础上的，即中国地方债务更多地表现出建设性特征。然而笔者认为，对此问题，我们应有辩证的眼光。实际上，当前中国地方债务既呈现出建设性特征，又表现出消费性倾向。建设性债务主要涉及国内与国外的横向比较：与欧美国家相比，我们通过举债所获得的资金，更多地被用于基础设施等投资，这些资金进一步形成了实物资产。消费性债务主要涉及当前与过去的纵向比较：与过去的中国相比，我们如今通过举债所获得的资金，更多地被用于提高社会福利或增加其他公共服务开支，这些资金被

① 引自李克强在2013 年夏季达沃斯论坛开幕式上的致辞。

② 数据来源于中国人民银行《2013 年社会融资规模统计数据报告》。

③ 数据来源于中国人民银行《2013 年金融统计数据报告》。

消耗掉了。建设性债务与消费性债务的形成基础不同，故而偿还逻辑迥异：前者可以依靠实物资产的运作收入予以清偿，不直接涉及财政的盈亏问题；后者只能通过持续不断的“借新还旧”予以暂时性缓解，结果往往是债务雪球越滚越大。

国际金融危机的爆发，给了中国地方政府更加深度介入经济建设的理由。根据《中国统计年鉴》，地方项目在2007年全社会固定资产投资总额中所占的份额达到88.79%，到了如今则进一步提升至94.34%。当然，即便在危机爆发之前，地方政府的建设冲动也是令人印象深刻的。关于这一点，可以从国际货币基金组织《政府财政统计年鉴》中得到证实。根据该年鉴，美国、日本、德国、法国、意大利、新加坡、韩国、泰国、印度尼西亚（以下简称印尼）①、白俄罗斯、乌克兰、波兰、罗马尼亚、保加利亚和立陶宛等三类典型国家在2007年财政支出中用于“经济事务”（Economic Affairs）的比重分别为9.98%、10.55%、7.23%、5.36%、10.23%、9.81%、17.63%、24.19%、6.23%、23.22%、13.54%、10.15%、19.36%、12.50%和11.65%（见图4-6）。让这些国家“相形见绌”的是，中国财政经济事务支出占比高达45.17%，远远超过该年鉴中所有可获得数据的发达国家、转轨国家以及具有政府主导传统的东亚国家。更进一步看，中国中央财政的经济事务支出比重为43.00%，低于全国财政比重，由此可以推断出地方政府的建设冲动比中央政府更甚。在财政“收不抵支”的总体格局下，地方政府通过大量的制度外融资方案来支撑其雄心勃勃的经济建设计划，由此形成的债务也就自然而然地具备了建设性内核。关于地方债务的建设性特征，可从《全国政府性债务审计结果》上窥得一斑：在第二次债务审计结果中地方政府负有偿还责任、负有担保责任和可能承担一定责任的债务余额中，城市基础设施建设支出（含市政建设、土地收储和交通运输建设）占比分别达到67.96%、76.19%、72.38%（具体类别所占比重见图4-7）。由此来看，地方政府性债务中的主体部分转化成了实物资产，这些实物资产当属优良资产的范畴。

① 考虑到数据的可获得性，此处的韩国、泰国、印尼数据为中央财政经济事务支出比重，而非全国财政支出比重。

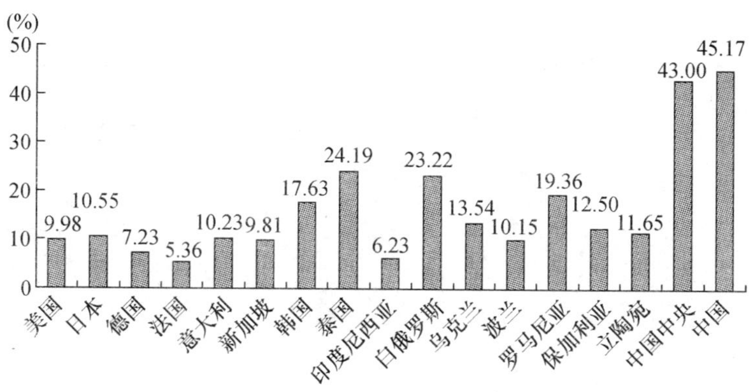

图 4－6 财政支出用于经济事务的比重

资料来源：国际货币基金组织《政府财政统计年鉴》（2008）。图中“中国中央”是指中国中央财政支出用于经济事务的比重，“中国”是指中国全国财政支出用于经济事务的比重。

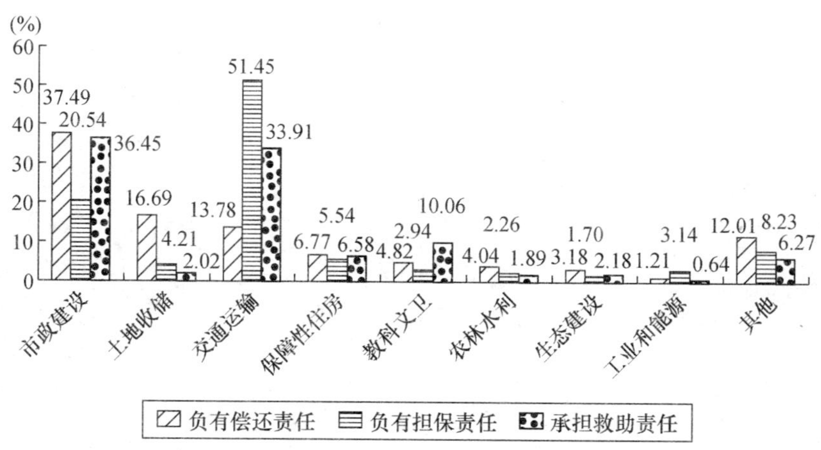

图 4－7 地方政府负有偿还责任债务资金的投向结构

资料来源：国家审计署 2013 年《全国地方政府性债务审计结果》。

通过横向比较，可以拨去中国地方债务悲观论的“雾霾”。然而，那些仅仅基于横向比较就产生的债务优越感也是断然不可取的，因为今天的中国已经开始重复欧美昨天的故事。必须认识到，中国地方财政支出结构正在发生缓慢而深刻的转变，即从过分注重经济转向适当兼顾民生，从“大

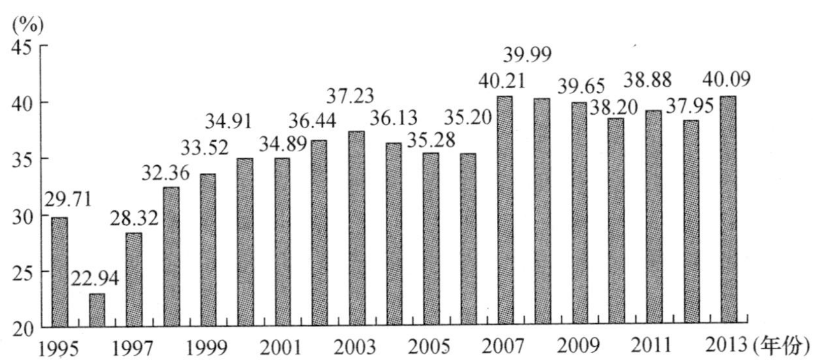

图4－8　地方财政用于科教文卫和社会保障支出的比重

资料来源：历年《中国统计年鉴》。

包大揽”向“有限责任”收缩①，在民生和社会领域发挥了越来越积极、显著的作用。根据《中国统计年鉴》，地方财政用于科教文卫和社会保障支出②的比重在1997年仅为28.32%，到了2007年则增长到40.21%。国际金融危机爆发后，该比重有所下降。而现如今，地方财政用于科教文卫和社会保障支出的比重又恢复至40.09%（见图4－8）。财政支出结构转变的因，也带来了债务性质变化的果。根据第二次债务审计结果，中国地方政府性债务余额用于科教文卫和社会保障支出的份额比上一次审计结果增加了2.80%。地方政府负有偿还责任的份额增加4.16%，负有担保责任的份额增加了2.44%。可见，地方政府债务在纵向上越来越呈现消费性倾向。地方财政支出结构的转变，正是这种积极变化的根本。当然，尽管地方财政支出结构正发生积极的变化，但距离一个以支持社会与公共服务为主的公共财政还有明显的差距。换言之，中国地方政府债务的消费性成分与欧美国家不可同日而语，还有着广阔的增长空间。

在研究地方债务时，只管建设性债务而不顾消费性债务，就容易滋生盲目乐观情绪；只看消费性债务而无视建设性债务，便容易出现过度悲观

① 在计划经济条件下，政府的经济角色和政治角色是合二为一的，由此形成了政经不分、政企不分的现象，政府既是行政当局，又是所有者和经营者。

② 此处的社会保障支出口径包括抚恤和社会福利救济费、社会保障补助支出以及行政事业单位离退休支出。

论调。值得注意的是，地方建设性债务与消费性债务之间还出现了此消彼长之势。建设性债务源自建设型财政，而建设型财政又形成于特定的资源配置方式、政府职能和宏观调控方式。过去，我们曾将“建设性”看成社会主义优越于资本主义的重要属性，因而长期实行了“投资优先于消费”、“生产优先于生活”的发展战略，财政甚至代替了企业成为社会投资主体，首要任务便是直接发展经济。建设型财政的一个突出症结就是政府公共筹资责任虚化，而其根源则在于市场化进程。改革开放伊始，中央就提出了“一要吃饭，二要建设”。这意味着财政从原有的建设型财政，变成了首先是吃饭财政，即优先保证国家政权机器正常运转、社会基础设施建设、科教文卫事业发展、生态环境保护、必要的社会保障等方面的公共支出，有余力了才用于建设。中共十四大以来，随着市场经济发展方向的树立，吃饭财政逐步向公共财政转变，消费型财政的成分不断增加。其中，中共十四大报告提出建立社会主义市场经济体制的改革目标使得国内关于公共财政改革的讨论逐渐兴起，中共十五届五中全会《中共中央关于制定国民经济和社会发展第十个五年计划的建议》明确将建立公共财政初步框架作为“十五”时期财政改革的重要目标，中共十六届三中全会《关于完善社会主义市场经济体制若干问题的决定》进一步提出健全公共财政体制的改革目标，中共十八届二中全会公报提出要不断在实现全体人民学有所教、劳有所得、病有所医、老有所养、住有所居目标上取得实实在在的进展。总之，在分析地方政府性债务的属性和构成时，切忌刻舟求剑，务必与时俱进。

二、改善政府间纵向关系的探索

是何因素使得地方政府敢于冒天下之大不韪，让政令出不了中南海？实际上，在中央与地方政府的债务博弈中，地方政府对中央治理整顿的解构，既有被动的因，也有主动的源。从发展历程上看，地方政府性债务的膨胀过程分为两个阶段：一是“十五”以前，地方政府的举债特点是以被动为主，即为了弥补财政赤字、缓解财政困境而举债，这一阶段在各个国家具有一定程度的共性；二是“十一五”以来，地方政府的举债特点是以主动为主，即为了加强城市建设和基础设施投资、加快城市化发展而举债，这一阶段带有明显的中国特色。对于地方政府的被动举债，当前的财政体制难辞其咎。一方面，从中央与地方之间财政关系看，中央政府拿了较多的本级收入，而仅支出了较少的本级项目。另一方面，从地方与地方之间财政关系看，不彻底的“分税制”改革使得财政压力层层下压。因此，要矫正地方政府的短期化行为，就离不开对政府间关系的调整。贾康（2007）提出的解决方案是通过政府“扁平化”，压缩政府层级，推广“省直管县”和“乡财县管”模式，将五级政府缩减成为三级政府（中央政府—省级政府—县级政府），建立三级财政预算制度，三级政府各自有合理的税基和举债权。

实际上，关于政府层级改革的探索，早已有之。为了打破县域之间行政壁垒和城乡分割的格局，1983 年以来，“市管县”体制逐渐形成、固化。“市管县”体制对局部的经济社会发展确实起到了一定程度的推动作用。然而，在“市管县”体制下，市级机构往往只能起到上传下达的作用，县里要解决实际问题，还是要直接找到省里的厅局，而省级政府的一些决定和措施，也要经过市级政府，才能贯彻到县级政府。现行的多层级政府体制下，行政人员编制膨胀，行政成本和人均行政负担增加，行政效率降低（孙学玉和伍开昌，2004），地级市过多地将各种资源集中于主城区建设，而县域经济发展则受到遏制，县级财政困难和“三农”问题日益突出（甘行琼，2004）。“市管县”体制的消极因素不断地积累、加剧，以至于县域经济社会发展受到了越来越多的束缚，这主要表现为“市管县”体制阻碍了城乡资源的合理流动和优化配置，以及地级市常常通过截留指标与资金、争项目、财政提取和各种行政审批侵占县的利益。

针对“市管县”体制的许多弊端，关于推进政府层级改革的呼声越来越高。一些理论研究提出，应该适时地减少经济管理和财政体制方面的层级体制，因地制宜地减少行政管理层级（孙学玉和伍开昌，2004；袁建军和金太军，2010）。从政策层面看，经济管理方面的“强县扩权”和财政体制方面的“省直管县”，在越来越大的范围内被试点和推进（参见《中华人民共和国国民经济和社会发展第十一个五年规划纲要》和《中华人民共和国国民经济和社会发展第十二个五年规划纲要》）。目前，绝大多数省份陆续进行了财政体制“省直管县”和扩大县级政府经济社会管理权限的试点工作，其中涉及的县超过 1000 个。由于经济社会发展条件不同，“省直管县”试点改革在不同地区也有所不同：有些省份全部选择贫困县作为试点样本，而有些省份的试点样本既包括贫困县也包括富裕县；有些省份的试点方案相对简单纯粹，在转移支付和专项补助环节减少行政层级，加强转移支付的准确度和力度，缓解县级财政困难，而有些省份的试点方案相对复杂，进一步扩大了县的经济管理权限。总的来看，“省直管县”改革试点做法主要有以下几种：一是通过“强县扩权”，把地级市的经济管理权限直接下放给某些重点县，在经济管理方面形成近似于省管县的格局；二是从财政管理入手，实行由省直接对县的管理体制，加强由省级财政对县级财政的统筹；三是县里的主要领导由省里直管，提升县级主要领导的职级和组织人事管理规格，并将其培训纳入中共中央党校、国家行政学院等国家级干部培训机构（张占斌，2011）。

作为理顺政府间关系的一种尝试，“省直管县”是否应该从财政过渡到行政上？如果要将“省直管县”从财政过渡到行政上，体制改革的关键点是什么？要科学地理顺政府间关系，根本途径是什么？在总结过去转变经济发展方式经验教训的基础上，研究政府间关系对经济增长和经济波动的全面影响，这既是重大的理论问题，也是重大的现实问题。我们注意到，中国早在“九五”计划就正式提出了经济增长方式要从粗放型转向集约型，“十二五”规划更是提出了系统化的理论和方案。然而，尽管转变经济发展方式已成共识，经济转型方案在现实中一直难以有效地推进。经济转型方案的目标是调整生产关系、解放生产力。从长期看，经济转型方案将促进经济的长期增长；从短期看，体制调整的张力将可能导致经济的短期波动。经济转型方案一直难以有效推进的关键原因在于，尽管经济转型方案将促进长期的经济增长，但不恰当的转型方案将可能导致中国经济运行的短期剧烈波动，当经济转型与经济稳定在短期内出现“鱼和熊掌不可得兼”的情形时，现阶段的特殊国情迫使宏观经济政策往往将宏观经济稳定作为更加优先的选择。当前中国经济转型方案一直难以有效推进的关键原因，正是经济转型方案与经济稳定在短期不具有兼容性。也就是说，当经济转型方案触动宏观经济稳定时，这些经济转型方案往往只能是“进一步、退两步”，并且由其导致的宏观经济下行趋势也不得不再依靠以投资扩张为主的积极财政政策来解决，宏观经济政策在抑制经济下滑的同时却更增加了产出低效率和高耗能等粗放式特征。如上所述，转变经济增长模式对应着许多“药方”，但唯有那些在短期和长期均能与宏观经济稳定兼容的转型方案才是真正的“良方”，才能使得中国经济发展方式跳出“短期波动冲击转型战略”的陷阱。因而，判断“省直管县”改革能否以及如何从财政过渡到行政上，标准不仅取决于其是否能改善公共品供给，还取决于体制改革方案对宏观经济稳定产生何种影响，取决于体制改革方案能否促进经济稳定和持续繁荣。

关于“省直管县”体制对中国经济增长的影响，现有文献主要有两种不同的看法。通过运用中国县级的面板数据，才国伟和黄亮雄（2010）发现，一个地区是否进行政府层级改革以及采取何种改革措施，要受到人口规模、经济发展水平、信息化水平、财政赤字、教育负担和金融发展水平等因素的影响。政府层级改革显著地提高了地方财政支出和经济增长速度，但是两种改革措施的影响程度是不同的。“省直管县”对财政支出的促进作用要强于“强县扩权”，而“强县扩权”对于经济增长的促进作用要强于“省直管县”，并且，两种改革措施共同实施时对于财政支出和经济增长的促进作用更大。才国伟等（2011）在比较“强县扩权”和“省直管县”时发现：“强县扩权”提高了城市财政收入，抑制了城市财政支出增长，促进了城市经济增长，但不利于城市第三产业的发展。然而，在上述方面，“省直管县”的作用则恰好相反。此外，“强县扩权”和“省直管县”这两项改革措施都抑制了城市规模的扩大，但有利于改善城市的环境质量。郑新业等（2011）基于河南省数据并利用双重差分法估计了“省直管县”改革对经济增长的影响。他们研究发现，在分离了其他因素对经济增长的影响之后，“省直管县”政策提高了被直管县的经济增长率 1.3 个百分点，并且，是经济分权而非财政分权构成了增长的源泉。从政策效果评估的角度看，他们的研究结论不支持“省直管县能促进县域经济发展”的结论。相对而言，上述文献虽具有一定的借鉴意义，却无法很好地在总结过去经济转型经验教训的基础上阐述当前政府间关系调整的关键点和切入点，未能给以促进持续繁荣为导向的宏观经济政策提供有效的启示。

关于“省直管县”体制对中国经济稳定的影响，根据现有文献也可以得出或推导出两种不同的结论。第一类文献认为，在中国各地区为增长而竞争的局面下，地方政府往往存在着滥用决策和管理权限的行为，相互间的恶性竞争行为导致了中国宏观经济的忽冷忽热（沈坤荣和孙文杰，2004；刘树成，2005；郭庆旺和贾俊雪，2007）。在“省直管县”改革中，原有的地级市对县的管辖权限将会一分为二，其中一大部分权限将下放至县，剩余部分的权限将被收回至省级政府。因而从这种意义上看，政府层级改革将会扩大地方政府的决策和管理权限，提高地方政府影响宏观经济运行的能力。按照这一类文献的逻辑，“省直管县”改革很可能会加剧地区间的恶性竞争和违规行为，并引发宏观经济波动。换句话说，通过收回地方政府的一些管理权限，反而可以减轻地方政府对宏观经济稳定的冲击。

在第二类文献中，Sah 的“决策易错性”（Human Fallibility）理论具有较大的影响。Sah（1991）认为，由于个体的决策行为具有易错性，从而个体决策的效果具有随机性，亦即决策效果分布于最优与最劣之间。不同的决策效果具有不同的经济效应，随机变化的个体决策行为对宏观经济而言是一种冲击，是影响宏观经济稳定的重要因素。从另一个角度看，政府是由社会成员组成的，因而政府决策行为也具有易错性，并且政府决策的效果也具有随机性。通过两个途径可以影响政府决策的效果：一是改变政府中具有不同决策水平个体的成员数目；二是改变政府体制，调整政府组织结构。如果政府决策的效果不同，那么政府决策的经济效应也就不同，从而宏观经济的稳定程度也相应地会有所差别。对于政府体制与宏观经济稳定之间的关系，Sah（1991）认为集权程度高的体制下政府决策效果的波动性更强，因而高集权体制下政府决策的经济波动性更大，从此意义上看，政府内分工方式深刻地影响了宏观经济稳定程度。Sah 和 Stiglitz（1991）在 Sah（1991）研究的基础上构建了总产出与个体决策水平、组织结构类型（亦即集权型组织和分权型组织）三者之间关系的函数，他们发现：如果总产出是高水平决策者数量的凹函数（从数学上可以表述为总产出对高水平决策者的二阶导数为正数），那么集权程度高的体制下宏观经济波动程度高于集权程度低的体制；如果总产出是高水平决策者数量的凸函数（即总产出对高水平决策者的二阶导数为负数），那么集权程度低的体制下宏观经济波动程度较高。这一结论意味着，如果总产出是高水平决策者数量的凸函数，那么分权型政府体制对宏观经济更为有利。

Almeida 和 Ferreira（2002）在整合 Sah（1991）与 Sah 和 Stiglitz（1991）研究的基础上，运用截面数据和时间序列数据实证分析了政府体制与宏观经济波动程度两者之间的关系，他们发现集权程度高的政府体制下经济增长率的波动性也更强。Almeida 和 Ferreira（2002）还研究了政府体制与宏观政策波动程度两者之间的关系，他们发现集权程度高的体制下宏观经济政策更具有“朝令夕改”的特点，政策更迭更为频繁。Almeida 和 Ferreira（2002）还发现，与政府体制相似，政治民主化程度与宏观经济稳定程度也紧密相关，政治民主化程度低的国家，其宏观经济的稳定程度相对而言较差。Nishimura（2006）从决策易错性和公共品互补性两个方面展开研究，他发现如果公共品互补性超过某一拐点值，那么相对于集权型政府体制而言，分权型政府体制经济增长率的期望值较高，并且方差较小。在政府提供同样数量公共产品和服务的情况下，财政分权程度高的体制与财政分权程度低的体制相比，前者的宏观经济波动程度更小。Akai 等（2009）在 Nishimura（2006）的理论分析基础上实证分析财政分权与宏观经济波动之间的关系，通过运用包含美国五十个州的面板数据，他们经验证实了财政分权程度与经济增长率方差之间呈现出稳健的负相关关系。

Sah（1991）是从集权和分权角度解释为什么有些国家宏观经济运行比较稳定，而有些国家宏观经济总是处于剧烈波动之中。然而 Sah 的决策易错性理论又是不完整的，因为社会成员可以分为两部分，一部分处于某个决策系统之中，其余的全部成员处于该特定决策系统之外，对处于某决策系统中的社会成员，改变该系统的组织结构或者说分权程度将对宏观经济的稳定性产生影响，而对那些处于该决策系统之外的社会成员，Sah（1991）则没有涉及。事实上，这些社会成员也深刻地影响了宏观经济波动程度。对此，本部分总结了现有的相关文献，并将这些相关文献用“参与型体制”这一概念进行归纳。参与型体制是影响决策系统之外的社会成员参与政治和经济活动程度方面的制度安排[①]，进而影响宏观经济的稳定性。Rodrik（2000）构建了一个包含外部冲击的理论模型，运用该模型可以解释参与型政治体制与宏观经济波动之间的逻辑关联。他运用跨国截面数据研究发现，社会成员参与政治决策程度高的社会中，经济波动幅度处于相对较低的水平。在解释这种现象时他强调了局部知识的重要性，认为一个理想的制度安排能够调动公众参与的热情并最大化局部知识，实现高质量的经济增长，而社会成员参与政治决策程度高的政治体制能够激发公众的合作意愿，减少社会冲突，并促进宏观经济相对稳定地运行。那些缺乏民主制度的经济体与具有民主制度的经济体相比，更容易产生经济动荡。在政治民主化程度低的体制下，政府决策者不会充分考虑本国的实际情况和民众意愿，而是照搬外国的制度框架和教条，这既破坏了经济的自主性，也容易引发宏观经济波动。此外，Rodrik（2000）还研究了弱制度与宏观经济波动之间的关系：外部冲击加剧了国内冲突，存在弱制度的社会在面对社会冲突时缺

① 参与型体制在政治活动上的制度安排，表现为政治民主。参与型体制在经济活动上的制度安排，表现为市场竞争。

乏有效的应对策略，宏观经济面临着崩溃的风险。对于制度与宏观经济稳定之间的关系，Acemoglu 等（2003）做了更为详细的讨论，他们在对不同国家的经济波动进行分析时发现，制度与经济波动之间存在着稳健的关联，“弱制度”是宏观经济波动的根源。在控制住制度因素的影响后，除了汇率政策，华盛顿共识所强调的所有宏观经济政策对促进经济稳定的效果十分有限。弱制度影响宏观经济稳定性的机制包括：弱制度社会缺乏对统治者的有效约束，统治者在权力更迭的过程中强行实现资产和收入的再分配的行为将导致经济波动；弱制度社会中的政治斗争具有“赢者通吃”的特点，不同利益集团之间的政治恶斗加剧经济不稳定；“经济人”之间所依赖的信任将随着外部冲击因素而瓦解，并影响总产出；合约在弱制度社会中显得无效，“经济人”面临更多的不确定性；为了不断迎合不同的选民，以及保住政治权力，政治精英往往出台多变的宏观经济政策；弱制度社会中的企业家，倾向于选择那些可以快速撤回资本的行业或部门进行投资，“短、平、快”的投资行为导致宏观经济不稳定。Philippon（2003）的研究发现，与美国宏观经济出现“大稳健”相伴随的是其企业层面的竞争在加剧，市场竞争程度放大了异质的生产率冲击，市场竞争因素部分地解释了经济波动幅度下降。此外，竞争的压力迫使企业即时地调整产品价格，从而宏观经济面对总需求冲击时更富有弹性。通过模型校准，该文发现，市场竞争因素降低了两成的需求冲击影响。Philippon（2003）研究结论表明，通过放松行业管制、促进行业竞争的措施，可以实现促进宏观经济平稳运行的目标。

从上述第二类文献可以看出，改善决策的分散化程度，可以降低宏观经济波动程度。对于如何改善决策的分散化程度，上述文献启示了两条有益的途径：一是改善政府间的集权与分权关系，促进政府组织结构的扁平化。中国省级以下政府的分权体制存在着许多不合理之处，突出表现在财权和事权不匹配。基层地方政府缺乏与事权相对应的财权，这不仅影响了公共品的提供，也是乱收费的直接原因。二是放松行业管制，促进市场竞争。为了应对全球经济危机，中央政府出台了一系列有力的扩大内需的举措，中央政府的这一系列举措在快速抑制经济下滑的同时，也使得部分大型国有企业迅速膨胀，一些领域甚至出现了“国进民退”的现象。对于如何从根本上促进中国经济平稳运行，社会各界在“国进民退”还是“国退民进”问题上进行了激烈的争论。从上述文献的研究结果看，促进中国经济平稳运行的关键点，不在于应该“国进民退”或者“国退民进”，而在于应该促进市场竞争。通过降低行业的准入门槛，提高国有资本和民营资本的竞争程度，促进企业改善工艺和及时调整价格以应对总需求冲击，最终实现宏观经济平稳运行的目标。综合上述两类文献可以发现，“省直管县”改革对中国宏观经济稳定的影响是模糊的：一方面“省直管县”改革将扩大地方政府的管理权限，加剧地方政府间的竞争，进而增强宏观经济波动因素；另一方面“省直管县”改革将提高政府决策分散化程度，使得政府行为对经济增长的影响趋于稳健，进而增强宏观经济稳定性。

第二节　机理分析

政府层级体制毫无疑问将影响政府的行为方式，进而影响宏观经济运行。政府行为对经济运行可能产生两种影响：一种是“好”影响，即促进经济发展的影响；另一种是“坏”影响，即不利于经济发展的影响。Olson（1993）用“流寇”和“坐寇”的比喻来解释政府行为对经济运行的影响：“流寇”以掠夺为生，重视短期利益，其行为具有短期化倾向，“流寇”具有强烈的激励通过“攫取之手”来提高自身短期利益；“坐寇”掠夺有度，重视长远利益，“坐寇”具有强烈的激励通过“援助之手”来提高自身长期利益。陈抗、Hillman和顾清扬（2002）发现，政府之间分配财政资源的不同方式会引起政府的利益机制和行为的重大变化，伴随中国“分税制”改革而来的财政集权加剧了地方政府从“援助之手”到“攫取之手”的行为转变。笔者认为，“攫取之手”和“援助之手”涉及政府的财权与事权的关系：当政府的事权超出财权时，政府伸出“攫取之手”的可能性较大；而当政府的财权超出事权时，政府伸出“援助之手”的可能性较大。从另一方面看，根据Sah（1991）的“决策易错性”理论，政府伸出的“援助之手”对经济运行不必然产生好的影响，“援助之手”也有“好心办坏事”的可能；而政府伸出的“攫取之手”对经济运行也不必然产生坏的影响，“攫取之手”也有“误打正着”的可能。下面建立一个理论模型，据此描述地方财政缺口和政府层级体制对宏观经济稳定的影响。

一、基本模型

假定地方财政缺口为地方政府事权超出财权的部分，用 g 表示。当地方政府伸出“援助之手”时，地方政府行为产生好影响的概率为 $P_1(g)$，产生坏影响的概率为 $1-P_1(g)$。随着财政缺口增加，地方政府“援助之手”产生好影响的可能性下降，也即 $P_1'(g)<0$。当地方政府伸出“攫取之手”时，地方政府行为产生好影响的概率为 $P_2(g)$，产生坏影响的概率为 $1-P_2(g)$。随着财政缺口 g 的增加，地方政府“攫取之手”产生坏影响的可能性增加，也即 $P_2'(g)<0$。假定地方财政缺口为零时，政府伸出“援助之手”和“攫取之手”的可能性是无差异的，即 $g=0$ 时，$P_1(g)=P_2(g)$。①

地方政府干预经济运行的方式包括给辖区企业提供贷款、环保、土地、用工和税收等方面政策优惠，进行政策规制，建设基础设施，等等。假定地方政府干预经济种类的加权数为 M_t，总共产生 b_{1t}次好影响，产生 b_{2t}次坏影响。好影响和坏影响的次数可以表示为式（4－1）的形式：

$$b_{1t}=\frac{M_tP_2(g)}{[1-P_1(g)+P_2(g)]};\quad b_{2t}=\frac{M_t[1-P_2(g)]}{[1-P_2(g)+P_1(g)]} \tag{4-1}$$

假定政府系数为地方政府“干预之手”所产生好影响的次数和坏影响的次数比值，用 δ_t 表示。如果政府系数越大，则从总体上看地方政府对经济增长的拉动作用就越大；如果政府系数越小，则从总体上看地方政府对经济增长的拉动作用就越小。根据式（4－1），政府系数 δ_t 可以表示为式（4－2）的形式：

$$\delta_t=\frac{b_{1t}}{b_{2t}}=\frac{P_2(g)[1-P_2(g)+P_1(g)]}{[1-P_2(g)][1-P_1(g)+P_2(g)]} \tag{4-2}$$

政府行为对企业生产函数的影响是全面的：通过干预要素价格形成可以影响资本形成，通过户籍制度等方式可以影响劳动供给，通过财政投入和产权保护等方式可以影响技术创新。包含政府系数的企业生产函数如下所示：

$$Y_t=\delta_t\cdot F(K_t,\ A_t,\ L_t) \tag{4-3}$$

式中，Y_t、δ_t、K_t、A_t 和 L_t 分别为时期 t 的产出、政府系数、资本、技术和劳动。

---

① 笔者在此处的假定参照了 Sah 和 Stiglitz（1991）。

二、地方财政缺口的影响

假定存在两种可供选择的政府层级体制：一种是多层级政府体制，另一种是扁平化政府体制。中国现行的政府管理体制属于多层级政府管理体制，政府层级共有中央政府、省（市、自治区）级政府、地级政府、县级政府和乡（镇）级政府。假定多层级和扁平化政府体制下的政府层级数分别为 C_d 和 C_b，在这两种体制下政府数量分别为 $J_{(d)}$ 和 $J_{(b)}$，地方政府干预的种类分别为 $X_{(d)t}$ 和 $X_{(b)t}$，单个政府的平均干预种类分别为 $Z_{(d)t}$ 和 $Z_{(b)t}$。$Z_{(d)t}$ 和 $Z_{(b)t}$ 可以表示成式（4-4）的形式：

$$Z_t = \sum_J \frac{X_t J^2}{M_t} \tag{4-4}$$

政府强大的控制能力主导了资源配置系统，其总体目标是通过经济快速增长来实现居民福利的最大化，实现经济与社会的和谐发展。政府的这种强大控制能力既能推动经济增长，又可能导致宏观经济波动。通过线性转换，可以将经济增长率转换为政府系数变化率和剔除政府因素的产出增长率两个部分。地方财政缺口和政府层级体制对宏观经济稳定的影响，主要表现在政府系数变化率方面。对式（4-3）进行线性转换可以得到如下的形式：

$$\ln(Y_{t+1}/Y_t) = \ln(\delta_{t+1}/\delta_t) + \ln(F_{t+1}/F_t) \tag{4-5}$$

式中，$\ln(Y_{t+1}/Y_t)$ 是 $t+1$ 时期的经济增长率，$\ln(\delta_{t+1}/\delta_t)$ 是 $t+1$ 时期的政府系数变化率，$\ln(F_{t+1}/F_t)$ 是 $t+1$ 时期剔除政府因素的产出增长率。通过对式（4-5）两边求解方差可得出经济增长率方差的决定因素，即经济增长率方差取决于政府系数变化率方差和剔除政府因素的产出增长率方差。设定 $Var[\ln(Y_{t+1}/Y_t)]$ 为经济增长率 $\ln(Y_{t+1}/Y_t)$ 的方差，如果 $Var[\ln(Y_{t+1}/Y_t)]$ 越大，则经济增长率 $\ln(Y_{t+1}/Y_t)$ 的波动程度就越大。设定 $Var\left[\ln\left(\frac{\delta_{t+1}}{\delta_t}\right)\right]$ 为政府系数的变化率 $\ln(\delta_{t+1}/\delta_t)$ 的方差，如果 $Var\left[\ln\left(\frac{\delta_{t+1}}{\delta_t}\right)\right]$ 越大，则地方政府行为对经济运行的影响越不稳定。设定 $Var[\ln(F_{t+1}/F_t)]$ 为剔除政府因素的产出增长率方差，如果 $Var[\ln(F_{t+1}/F_t)]$ 越大，则剔除政府因素的产出增长率的波动程度越大。

根据式（4-2），政府系数 δ_t 对地方财政缺口 g 的导数可以转化为如下形式：

$$\frac{\partial \delta_t}{\partial g}=\frac{b_{1t}'b_{2t}-b_{1t}b_{2t}'}{b_{2t}^2} \tag{4-6}$$

根据式(4-1)和$P_1'(g)$和$P_2'(g)$的性质可知，当$g=0$时，$b_{1t}=b_{2t}$；当$g<0$时，$b_{1t}'-b_{2t}'<0$；当$g>0$时，$b_{1t}'-b_{2t}'>0$。因此，下列关系成立：

$$当\ g<0\ 时，\frac{\partial \delta_t}{\partial g}>0 \tag{4-7}$$

$$当\ g>0\ 时，\frac{\partial \delta_t}{\partial g}<0 \tag{4-8}$$

式（4-7）和式（4-8）的经济含义是：当财权大于事权时，地方政府对经济增长的拉动作用将随着财政缺口的增加而递减，政府系数减小；当事权大于财权时，地方政府对经济增长的拉动作用将随着财政缺口的缩小而递增，政府系数增大。事实上，“省直管县”改革的直接目标是调整地方政府间的财权与事权关系，扭转地方政府间财权与事权不匹配的现状。“省直管县”改革将导致地方政府间的财权与事权“此消彼长”，这种“此消彼长”不但可以从收支层面上缓解县乡政府的困境，更能够促进地方政府从“攫取之手”到“援助之手”的行为转变，从而提高生产函数中的政府系数。

地方政府“干预之手”产生好影响次数的密度函数N(g)可表示为：

$$N(g)=b_{1t}P_1(g)[1-P_1(g)]+b_{2t}P_2(g)[1-P_2(g)] \tag{4-9}$$

根据式（4-1）、式（4-2）、式（4-4）和式（4-9）可求得政府系数δ_t的方差：

$$Var(\delta_t)=\frac{(b_{2t}^2-b_{1t}^2)\{Z_tb_{1t}b_{2t}[P_1(g)-P_2(g)]^2+N(g)\}}{b_{2t}^2\{Z_tb_{1t}b_{2t}[P_1(g)-P_2(g)]^2+N(g)+M_t\}} \tag{4-10}$$

根据$P_1'(g)$和$P_2'(g)$的性质可知，方差$Var(\delta_t)$对地方财政缺口g的导数大于零，也即$\partial Var(\delta_t)/\partial g>0$。式(4-10)的经济含义是：地方财政缺口与地方政府“干预之手”的稳定程度正相关，地方财政缺口越大，则地方政府“干预之手”越不稳定，填补地方财政缺口的过程，也是促进地方政府“干预之手”发挥稳定作用的过程。

推论4-1：地方财政缺口的绝对值越小，政府系数就越大，政府行为对经济增长的拉动作用越大；地方财政缺口的绝对值越小，政府行为对宏观经济运行的调节作用就越稳定。

对于各级政府而言，“事权大，财权小”或者“事权小，财权大”都会造成经济效率的损失。“事权小，财权大”则会出现“大马拉小车”的问题，政府财政能力过剩的后果是稀缺财政资源被浪费。“事权大，财权小”会出现“小马拉大车”的问题，政府财政能力不足所导致的后果往往是公共产品供给效率低下。

三、政府层级体制的影响

如果式（4-11）成立，根据一阶占优随机均衡，则体制 d 的政府层级数一定大于体制 b；反之，如果体制 d 的政府层级数多于体制 b，则式（4-11）成立：

$$\sum_{j\leqslant J_{(d)}} X_{(d)t}j \leqslant \sum_{j\leqslant J_{(b)}} X_{(b)t}j \tag{4-11}$$

式中，j 是任意一个小于 $J_{(d)}$ 和 $J_{(b)}$ 的常数①。式（4-11）的经济含义是，多层级政府体制下单个政府调控经济的种类小于扁平化体制下的调控种类，也就是说扁平化体制下的单个政府的调控种类更多样。现在分别从两个维度比较分析政府系数在两种政府体制下的差别：一个维度是，单个政府在不同体制下调控经济运行种类上的差别；另一个维度是，单个调控种类在不同体制下的差别。结合式（4-4）和式（4-11）可知：单个政府在不同体制下调控经济运行种类上，多层级政府体制小于扁平化体制，这也可以表示为式（4-12）的形式：

$$Z_{(b)t} < Z_{(d)t} \tag{4-12}$$

结合式(4-10)和式(4-12)可以比较多层级政府体制下的政府系数方差 $Var_d(\delta_t)$ 和扁平化体制下政府系数方差 $Var_b(\delta_t)$ 的数量关系：

$$Var_b(\delta_t) < Var_d(\delta_t) \tag{4-13}$$

因此，在扁平化体制下地方政府“干预之手”更加稳定，扁平化体制内生地具有利于政府发挥经济调节作用的特点。

根据式（4-5）可以将经济增长率的方差分解为政府系数变化率的方差和剔除政府因素的产出增长率方差：

$$\begin{aligned} Var[\ln(Y_{t+1}/Y_t)] &= Var[\ln(\delta_{t+1}/\delta_t)] + Var[\ln(F_{t+1}/F_t)] \\ &\quad + 2Cov[\ln(\delta_{t+1}/\delta_t), \ln(F_{t+1}/F_t)] \end{aligned} \tag{4-14}$$

---

① 具体的推导过程参见 Nishimura（2006）。

根据式（4-13）可知，多层级政府体制下政府系数变化率的方差大于扁平化体制的方差，即 $Var_d[\ln(\delta_{t+1}/\delta_t)] > Var_b[\ln(\delta_{t+1}/\delta_t)]$。若政府系数与剔除政府因素的产出增长率正相关，即 $Cov[\ln(\delta_{t+1}/\delta_t), \ln(F_{t+1}/F_t)] > 0$，则多层级政府体制下经济增长率的方差大于扁平化体制，亦即 $Var_d[\ln(Y_{t+1}/Y_t)] > Var_b[\ln(Y_{t+1}/Y_t)]$。如果政府系数与剔除政府因素的产出增长率负相关，亦即 $Cov[\ln(\delta_{t+1}/\delta_t), \ln(F_{t+1}/F_t)] < 0$，则多层级政府体制下经济增长率的方差 $Var_d[\ln(Y_{t+1}/Y_t)]$ 不必然大于扁平化体制下的经济增长率方差 $Var_b[\ln(Y_{t+1}/Y_t)]$，换句话说，如果政府系数与剔除政府因素的产出增长率负相关，那么政府层级体制对宏观经济稳定的影响具有不确定性。

推论 4-2：在地方政府干预经济的总次数相近的情况下，相对于多层级政府体制而言，扁平化体制具有“自动稳定”效应；如果政府系数与剔除政府因素的产出增长率正相关，那么相对于多层级政府体制而言，扁平化体制有利于宏观经济稳定；如果政府系数与剔除政府因素的产出增长率并非正相关，那么政府层级体制对宏观经济稳定的影响具有不确定性。

上述推论也表明，各级政府事权与财权的最佳运作机制应当是两者大致匹配，地方财政缺口的绝对值要尽可能的小。地方财政缺口对宏观经济的影响具有确定性，而政府层级体制对宏观经济波动的影响具有不确定性，压缩政府层级、推进“省直管县”改革未必有利于中国经济平稳运行，“省直管县”带来更大程度宏观经济波动的可能性是存在的。这也意味着，理顺政府间关系的关键点不在于“省直管县”改革这一具体形式，而在于转变政府职能的同时缩小地方财政缺口，尤其是破解县乡财政困境（李猛，2012）。

四、对理论推演的进一步说明

地方财政缺口源自于政府间财政关系的扭曲。改革开放以来，中国的政府间财政关系的调整主要分为两个阶段：第一阶段 1978～1993 年，中央政府逐步放权，推行“财政分成”和“财政包干”体制；1994 年“分税制”改革之后进入第二个阶段。在第一阶段，中央政府分头与各地方政府签订财政承包合同，实行“分灶吃饭”体制。然而“分灶吃饭”体制面临的缺点是缺乏有效的机制保证这种所谓的合同的履行，当中央政府财政吃紧的时候，中央政府便盯上了一些省份大幅增加的收入留成，将财政大省的额外收入据为己有。在“分税制”改革之前，“财政包干”的合同经常被中央事后调整，出现“鞭打快牛”的现象（Ma，1997）。而“分税制”改革改善了省级政府的财政预期，并使其利益主体意识逐渐增强。尽管如此，1994年“分税制”改革是不彻底的改革，它从两个方面推动形成了县乡财政困境：一方面，“分税制”改革推动形成了省级层面的财政困境。中国地方政府本级收入与地方财政支出的比值在1993年为1.02，而1994年“分税制”改革使得这一比值陡然降到0.57，到如今这一比值仍维持在一个较低的0.58水平。以2014年为例，在总额为140349.74亿元的全国财政收入中，中央本级财政收入占比45.95%，地方占比54.05%，而在总额为151661.54亿元的全国财政支出中，中央本级财政支出占比14.88%，地方占比85.12%[①]。如果用本级支出比重作为分权的衡量标准，那么中国显然是当今世界上最为分权的国家之一：地方政府负责提供教育、医疗、养老、失业保险、最低收入保障、伤残人员保障、保障性住房、基础设施维护等绝大多数的公共品。尽管中央政府收上来的相当一部分钱只是中央财政过了一下手，又通过转移支付、专项拨款等形式补助给各地，但由于税收返还和转移支付的方式不透明、缺乏法律规范，地方政府有些时候需要“求爷爷、告奶奶”才能实现“跑部钱进”。现有的中央对地方税收返还和转移支付的方式，扭曲了地方政府财政预期，使得地方政府层面陷入了严峻的财政困境。

另一方面，在利益主体意识驱动下，由于“分税制”改革的不彻底所形成的“双轨制”财政体制，省级政府将财政困境层层向下传递，最终将县乡财政置于“水深火热”之境地。由于1994年“分税制”改革仅仅建立了一个“分税制”的基本框架，它仍然保留了许多“包干制”的痕迹，比如部分收入分成和按基数法核定收支基数等。1994年“分税制”改革所建立的分税框架只能算是一种过渡性的体制框架，其缺陷不仅在于使得中央政府集中了远超出事权的财权，还在于它没有解决好省级以下政府的财政体制问题。因此，中国财政管理体制是一种“双轨制”的财政管理体制：即中央政府和省级政府之间采取“分税制”，而省级以下政府之间仍然采取具有承包制特征的财政管理体制。换句话说，1994年“分税制”改革除实现了中央政府和省级政府之间的财权划分之外，省级以下政府层级的财权

① 数据来源于财政部“关于2014年中央和地方预算执行情况与2015年中央和地方预算草案的报告”。

划分基本没变。在政治实践中，省级以下政府之间的财政关系不是依据法律来划分，而是依据行政权力来进行调整。中央与省级政府之间的税制改革在一定程度上硬化了省级政府的预算约束，省级政府在寻求保障本级财政支出办法的过程中，也开始下放支出责任，扩大省级政府的分享比例，同时通过包干体制激励下级政府发展经济增加财政收入，这种收入分配和支出安排之间的脱节，造成了下级政府财政收支差额的扩大（张闫龙，2006）。上级政府用行政权力来规制下级政府，并借此维护和扩大本级政府的权力，这特别地表现在财政支出责任方面形成的“层层下压”现象，省级政府和市级政府逐级向下施加财政支出责任，最终导致基层的县乡政府承担了太多的财政支出责任，例如，县乡政府不但要提供义务教育、行政管理、社会治安、基础设施和环境保护等多种地方公共物品，而且还要在一定程度上支持地方经济发展。这种带有过渡性、双轨制特征的制度框架的负面后果在政府性债务审计结果中显露无遗：一是市、县两级政府承担了主要的地方政府性债务。例如，市级政府占地方政府负有偿还责任债务的比重在第一次债务审计结果中达到44.49%，县级政府占比达到36.35%。二是市与县政府间财政压力也呈现出向下传递的趋势。例如，第二次债务审计结果中市级政府占地方政府负有偿还责任债务的比重比上一次下降12.02%，县级政府占比上升11.78%（见图4-9）。此消彼长态势一目了然。

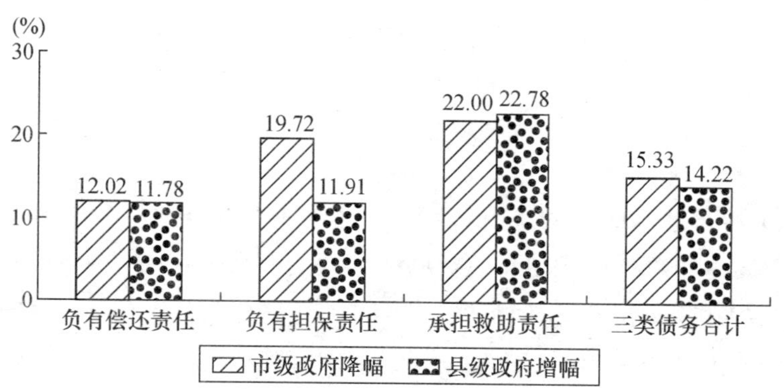

图4-9　市级政府与县级政府在地方政府性债务资金中所占份额的变化

资料来源：国家审计署2011年《全国地方政府性债务审计结果》和2013年《全国政府性债务审计结果》。

然而，本级财政收入比重过低的因，就必然地带来地方债务迅速膨胀的果？抑或，治理地方政府性债务问题，就必然地要取中央本级收入的“长”来补地方本级收入的“短”？要厘清这一问题，就需要区分地方财政的本级收入与可支配财力。与本级支出相比，地方财政本级收入显然是过低的，这是个不争的事实。而形成目前这种收不抵支格局的直接原因，恰恰是“分税制”改革——它不是按照全口径的预算管理方针，而是按照收入种类来划分中央与地方政府之间的收入。当初，“分税制”改革的设计理念之一，就是确保中央政府分享的税收总额占全国税收收入的比重不低于五成，而将非税收入主要留给地方政府。客观地看，这样的理念，即便在未来的全面深化改革过程中，依然有其卓越价值。例如，在金融领域要提高效率和独立性，就需要使原本内含在金融系统的准财政功能逐渐地回归到财政系统。又如，随着改革的深入推进，那些现存大型国有企业的重组、关闭以及改制都需要财政资金支持。这些问题都意味着，中央政府应当具备建立在财政基础上的强大宏观调控能力，以此推动经济发展方式转变、建立市场经济体制、维护社会稳定和谐。

地方政府本级收入过少，并非意味着其可支配财力不足。从实际情况看，地方可支配财力规模并不小。地方政府可支配财力与本级收入的主要缺口，体现在中央对地方转移支付上，也体现在地方政府性基金收入上。以 2014 年为例，中央对地方税收返还和转移支付数额占全国财政收入的比重达到 36.77%，这保障了 39.25% 的地方财政支出。值得注意的是，有一种流行观点认为中央的转移支付已经规定了使用方向，甚至确定了项目，因而不应计入地方政府可支配财力。对此，笔者并不赞同。首先，中央对地方的转移支付包括一般性转移支付和专项转移支付两种，前者的比重高于后者。以 2014 年为例，在中央对地方转移支付数额中，一般性转移支付占 59.30%，专项转移支付占 41.70%。其次，中央专项转移支付资金往往限定于各类事关民生的领域，而这些领域本就归属于地方的支出责任范围。当然，专项转移支付项目较为繁杂，资金较为分散，配套较为烦琐。尽管中央政府收上来的相当一部分钱只是经中央财政过了一下手，然后又通过转移支付、专项拨款等形式返还给地方政府，但由于税收返还和转移支付的方式不够透明以及缺少法律法规，一些地方需要“求爷爷、告奶奶”才能实现“跑部钱进”。这扭曲了地方财政预期，进而导致土地和金融市场的扭曲，并且加剧了失衡。

规模庞大的政府性基金收入，也是地方财政可支配财力的重要组成部分。以2013年为例，全国政府性基金收入52238.61亿元，相当于全国财政收入的40.45%。这其中，绝大部分归地方政府所有：地方政府性基金本级收入占全国比重为92.43%，加上中央政府性基金对地方转移支付的部分，地方政府性基金实际总收入占全国比重达94.93%，相当于全国财政收入的36.59%。在地方政府性基金收入中，国有土地使用权出让收入相当高，在2014年达到41249.52亿元，相当于全国财政收入的30.36%。在中央"确保税收集中率、放弃非税收入"的"分税制"理念下，土地出让等巨额的非税收入给地方政府带来了切切实实的好处，使其充分掌握了本地经济发展的收益权，并有机动财力应对城镇化挑战。总而言之，尽管地方财政本级收入过少，但其可支配财力并不少。当然，我们也应注意到，固化僵化的财政支出结构，在某种程度上肢解了地方财政的可支配财力，增加了政府统筹安排财力的难度。当前，中国与生产总值或财政收支增幅挂钩的重点财政支出有七种。其中，科技、农业、教育是由相关法律规定的挂钩支出，社保、文化、计划生育和医疗卫生是国家中长期规划和中央政策性文件规定的挂钩支出。当前，这七种支出占全国财政支出的比重接近五成。财政支出挂钩机制不但制约了地方可支配财力，而且导致部分领域出现了财政资金投入上的"钱等项目"和"敞口花钱"等诸多负面问题。

既然口袋里钱的总数并不少，为何地方政府又要被动地去举债？答曰：地方政府"亲力亲为"组织的收入比重并不高。以2014年为例，在地方政府总收入中，本级财政收入、政府性基金本级收入和国有资本经营收入等亲自征收的收入比重为70.48%，其余都须向中央去讨要（或曰"跑部钱进"），盼望着中央对地方税收返还和转移支付。也就是说，地方政府当前对中央政府存在着财政依赖，这是财政失衡的一种体现。如果地方财政支出长久、体制性地依赖于中央财政，得不到有效缓解，那么地方政府将逐渐沦为一个不负责任的行为主体，其行为将更趋短期化，其财政将沦为"打酱油财政"，即给它什么钱就办什么事，给它多少钱就办多少事。

当前财政失衡问题因何而生？值得玩味的是，它直接来源于1994年"分税制"改革，而"分税制"改革目标恰恰是为了解决另一种财政失衡问题。回顾新中国财政改革史，从"统收统支"到"分灶吃饭"的包干制，再到"分税制"，历次改革无不是以解决财政失衡为改革导向，它们的差别在于改革路径，即分钱还是分税。"分税制"改革之所以被冠名为"分税制”，恰恰是针对此前的以统收统支和大包干为代表的“分钱制”所形成的积弊。在“分税制”改革前夕，中国面临着前所未有的弱政府、弱中央状态：全国财政收入占国内生产总值的比重逐年下降，中央财政收入占全国财政收入的比重也逐年下降。面对财政困境，中央政府只好不断地把手伸向地方政府（或曰借钱）。换言之，中央政府那时对地方政府也存在着财政依赖。以至于彼时甚至有观点提出：南斯拉夫联邦解体的致命因素，正是中央汲取财政能力不断下降，而纵观世界唯有中国和南斯拉夫两个国家超越了分权的底线（胡鞍钢，1986）；当前最不该做的事情就是削弱中央宏观管理、强化地方分权，这种危险在中国目前的改革中不是不存在，因此要吸取南斯拉夫经验（楼继伟，1986）。果不其然，“分税制”改革立竿见影地把中央财政收入占全国财政收入的比重从 1993 年的 22.02% 陡然抬升到 1994 年的 55.70%，并长时间维持在五成上下。“分税制”改革挽救了岌岌可危的中央财政，破解了中央财政过度依赖于地方的问题，开启了新的中央集权时代，奠定了此后中央与地方财政关系格局。当然，“是药三分毒”，它又制造了如今的新问题：地方财政过度依赖中央的新失衡。“分税制”改革本意是要将原先缺乏统一规则（中央与各省单独谈判）的旧模式转变为具有统一规则的新模式。奈何它只树立了明确的财权划分规则，而未能构建清晰的事权划分规则。在事权责任划分重叠和模糊的情况下，中国财政失衡问题随着财权、财力的上收而急转直下，地方政府在事实上承担了越来越多的支出责任，不得不依赖于中央财政转移支付。上行下效，省级以下政府也把财政失衡问题向下层层传递。

那么，解决当前财政失衡问题的钥匙是重回“分钱制”吗？本书认为，中国的财政体制现状距离真正的“分税制”还很遥远。即便在中央与省级政府层面，依然有着“分钱制”的烙印。否则，按照“分税制”的核心理念——财权与事权相匹配，中央对省级的转移支付，就失去了法理上的基础。事实上，中国财政体制在近年来已然从“分税制”向“分钱制”回归。例如，在 2007 年中共十七大报告中，“财权”被改为“财力”，“财权与事权相匹配”也就被修正为“财力与事权相匹配”。由于财力属于钱的范畴，而事权属于权的范畴，两者不在同一个层面，因而难以有效匹配。在《中华人民共和国预算法》（以下简称《预算法》）修订后，“事权”又被改为“支出责任”，财权与事权相匹配也就被进一步修正为“财力与支出责任相匹配”。很显然，支出责任属于钱的范畴。这样一来，中国财政体制就从

"分税制"改革所倡导的权的范畴上相互匹配回归到钱的范畴上相互匹配，而钱的范畴恰恰是"分钱制"的灵魂所在。对于这种回归之举，有观点认为根源在于财权和事权始终未能清晰界定（高培勇，2013）。即便真的厘清了财权与事权，地方政府也未见得能够摆脱财政困境。从横向上看，中国是典型的大陆型经济体，地区之间要素禀赋差异大，区域经济发展异质程度高。一些地方政府即便拥有了清晰的财权，哪怕连同增值税这样大税种的征收、分配权也完全据为己有，但由于缺乏工商活动也无法获得与财权相应的财税收入。从纵向上看，中国政府的财源结构呈现"倒金字塔"式。"高端、大气、上档次"企业往往集中在大城市和特大城市，鲜有分布在小城市、小县城的情形。因此，"分税制"改革的结果是将"肉"（大税种）交给了发达地区政府，而仅留下"汤"（小税种）给欠发达地区政府。省级以下政府之间越向下按照税种划分收入就越少，到了县乡政府恐怕就只有"舔盘子"的份儿。可见，当前的财政体制实质上依然是"分钱制"，只不过这是一种改良了的"分钱制"。总而言之，如果重回"分钱制"，那么财政体制又将陷入过去那种摇摆不定的局面；如果"一竿子插到底"地推进"分税制"，那么欠发达地区和基层地区又将陷入无税可分的窘境。在分钱与分税之间寻求平衡，是破解地方财政失衡问题的必由之路。

地方财政困境在房地产调控问题上表现得尤为明显。尽管中央政府近年来出台了一些房地产调控措施，但是现实中房价飞涨的局面并未得到根本改观，一时间"房价越调控越上涨"的质疑甚嚣尘上。从表面上看，地方政府是房价飙升的一个推手。从深层次看，地方财政困境才是地方政府推升地价和房价的原动力。房价飙升催生了楼市的巨大泡沫，增加了国民经济全局的系统性风险，给中国宏观经济稳定埋下严重的隐患。事实上，地方政府本级收入与财政支出的比值伴随着政府级次的降低而降低，县乡政府本级收入与财政支出的比值通常最低。县乡政府"丧失"了财力基础之后，必然处于无财行政的"不作为"状态，在政绩考核的压力下，要么选择降低公共产品和服务的有效供给，要么选择横征苛敛①。在一些地震灾害中，校舍倒塌所致伤亡较大，这与低水平、低标准和不充足的公共产品供给有关，也是地方财政自给能力不足的反映。

---

① 陈抗等（2002）认为1994年分税制改革使中央加强了预算内财政收入的集权，从而改变了地方政府的行为，从"援助之手"回到了"攫取之手"。

地方财政困境影响了包括房地产在内的宏观经济全局，使得中国宏观经济政策陷入了两难困境。在经济增长速度方面：如果经济过热，那么社会成本、资源成本和环境成本方面的透支将大幅增加；如果经济过冷，那么就业压力将对社会稳定造成很大的冲击。在收入分配方面：如果收入分配政策太“左”，将影响地方政府推动经济发展的积极性；如果收入分配政策太“右”，收入差距将进一步拉大，社会稳定面临的风险和挑战将会进一步提升。在公共福利支出方面：如果支出过多，那么地方政府的综合负债、企业的税收负担与经济增长的成本将会过快上升，最终反过来抑制经济增长，经济将陷入“中等收入陷阱”；如果公共福利支出过少，那么居民消费将会持续低迷、内需将难以启动，最终引发产能的结构性过剩。在人民币升值速度方面：如果人民币升值速度太慢，中央银行存在着失去对国内货币政策控制的风险；如果人民币升值速度太快，中国低技术含量出口企业的国际竞争力就会遭到削弱，从而反过来对国内的就业问题和农民工的收入分配带来巨大的挑战。

地方财政困境激化了地方政府的短期化行为，使之在上述两难困境中扮演着至关重要的角色。由财政困境引发的地区间竞争助长了地方政府的扭曲性行为，从而地方政府在竞争吸引民间和国外资本时出现了许多违规行为，这些违规行为成为中国宏观经济忽冷忽热的重要根源。地区间招商引资竞争的后果之一，是地方政府为了营造良好的投资环境而选择了有偏向的财政支出结构，将财政资金过多地偏向基本建设支出，而科教文卫等项目支出则出现严重不足的情况，有偏向的财政支出结构最终反过来又影响了居民消费，导致了产能结构性过剩。地区间招商引资竞争的另一后果，是GDP中投资的比重越来越高，消费的比重越来越低，因此产能越来越过剩。凯恩斯主义理论和东南亚国家实践给出了实现供求均衡的一个有巨大代价的途径，亦即出口导向政策。然而，出口导向政策的一个重要配套政策就是本币低估（如同东亚国家那样），长期执行这种出口导向政策的结果，就是外汇储备过多，人民币升值压力越来越大。在就业压力之下，出口导向政策的后果一方面是贸易摩擦不断，另一方面就是外汇增加所导致的货币超发，由此形成的通胀预期更使得居民为了预防储蓄贬值而纷纷从银行取出存款以购买实物资产，从而房地产、收藏品和黄金价格暴涨，资产价格泡沫形成，当资产价格泡沫遇到冲击发生破裂时，整个经济体系将出现资产负债表危机，宏观经济出现剧烈波动。

第三节 经验分析

上一节从理论上揭示了政府间纵向关系对宏观经济的影响机理，本节则从经验层面进行分析，提出化解地方债务困境的思路。

一、“省直管县”绩效评估

在检验上述理论推演的结论时，笔者将重点聚焦在“省直管县”财政改革试点工作实践的绩效评估上。绩效评估的标尺是“省直管县”是否有利于经济稳定和持续繁荣。

1. 计量模型、变量、数据和方法

$$Y_{it} = a_0 + a_1 Y_{it-1} + a_2 D_{it} + a_3 D_{it-1} + \psi X + \varepsilon \tag{4-15}$$

式中，Y_{it}代表被解释变量，包括人均经济增长率、人均经济增长率波动程度和人均投资增长率波动程度；Y_{it-1}代表被解释变量 Y_{it}的一阶滞后变量；D 代表“省直管县”；X 代表控制变量。控制变量包括人口增长率、投资增长率、人均县乡财政困难程度和经济发展水平。对于某一县某一年份来说只有两种情况，要么实行“省直管县”，要么没有实行“省直管县”。如果某个县在某一年份实行“省直管县”，D 取值为 1；否则，D 取值为 0。

笔者在分析“省直管县”对经济稳定和持续繁荣的影响时，设置了人均县乡财政困难程度这一变量，特别考虑了县乡财政困境的影响。之所以将“省直管县”和县乡财政困境分开来考虑，是基于这样一个判断，即“省直管县”未必能够从根本上解决县乡财政困难，“市管县”和县乡财政困难很可能是两个问题。尽管伴随着“省直管县”试点工作，中国的财政贫困县已经从 2005 年的 791 个减少到 2007 年的 27 个，但这并不能得出“省直管县有效地缓解了县乡财政困境”的结论，因为财政贫困县数量的减少是建立在上级财政转移支付大幅增加的基础之上的，此外，财政部出台的“三奖一补”政策也使得县乡财政困境得到了一定程度的缓解。因此，正如张占斌（2011）所提到的，不同的县对于“省直管县”改革态度有明显的差异：经济比较发达的县最希望采取“省直管县”体制，这样资源政策就可以直接到县里，避开地级市一级的政府在中间拦截，获得更大的发展机会和空间；经济比较落后的县也希望省直管，以便直接获得省里的更大支持；经济发展水平处于中等水平的县情况稍复杂一些，如果所在的地级市实力还不如自己，则希望归省里直管，如果地级市实力较强而省里实力相对较弱，则希望获得地级市较多支持，他们愿意暂时留在“市管县”体制中，不愿意离开所依赖的地级市。

计量模型的解释变量中包含了被解释变量 Y_{it} 的一阶滞后项 Y_{it-1}，模型容易出现内生性问题。对此，笔者采用广义矩估计（GMM）的估计方法来克服内生性问题。变量数据主要来源于《中国县（市）社会经济统计年鉴》和《中经网统计数据库》。某个县是否实行以及何时实行“省直管县”，笔者参照了相关的省级政府文件，比如皖政〔2004〕8号《关于实行省直管县财政体制改革的通知》，苏政发〔2007〕29号《江苏省政府关于实行省直管县财政管理体制改革的通知》等。2004年以来，湖北省、安徽省和吉林省等省份在财政领域开展了“省直管县”的试点工作，截至2008年，全国已经有23个省份进行了“县财省管”的试点工作。为了降低样本的异质性，笔者选取了与“省直管县”试点地区地理位置和经济发展水平比较接近的县。

2. 计量分析结果讨论

表4－1计量结果显示，在不考虑县乡财政困境因素时，“省直管县”对经济增长的即期影响和滞后一期影响是不同的。如表4－1的方程（1）、方程（2）、方程（3）、方程（4）所示，“省直管县”对经济增长的即期影响系数在0.07左右，“省直管县”对经济增长的滞后一期影响系数在－0.05左右，如果扣减被解释变量滞后一期的影响，那么“省直管县”对经济增长的长期影响系数在0.02左右，并且这种长期影响是正面的、积极的。在考虑县乡财政困境因素后，“省直管县”对经济增长的即期影响和滞后一期影响是相同的。如表4－1的方程（5）所示，“省直管县”对经济增长的即期影响系数在－0.02左右，“省直管县”对经济增长的滞后一期影响在－0.01左右，如果扣减被解释变量滞后一期的影响，那么“省直管县”对经济增长的长期影响系数在－0.03左右，并且这种长期影响是负面的、消极的。计量结果还显示，人均县乡财政困难程度这一指标对经济增长的影响系数在－0.72左右，并且，这一结果在1%的水平上统计显著。在控制变量方面，经济发展水平对经济增长率的影响不明确、不显著。关于地区经济发展水平对地区经济增长率的影响，国内外学术界有两种典型的观点：一

种观点认为，地区经济发展水平越高则经济增长速度越低，即地区间的经济增长存在着趋同现象；另一种观点认为，经济增长并不存在趋同现象，经济发展水平相似的地区经济增长速度也往往相似，即区域经济增长存在俱乐部收敛的现象。我们发现，人口增长率对经济增长率的影响是明确的、显著的，其影响系数在 -0.74 左右，在 1% 的水平下显著。从计量回归的结果看，投资增长率每增加 1 个单位，人均经济增长率就下降 0.74 个单位。投资增长率对经济增长率的影响是明确的，但不显著。从计量回归的结果看，投资增长率每增加 1 个单位，人均经济增长率就提高 0.18 个单位。

表 4-1　“省直管县”对经济增长的影响

自变量	(1)	(2)	(3)	(4)	(5)
人均经济增长率（滞后一期）	-0.189***	-0.167***	-0.166***	-0.153***	-0.172***
	(0.014)	(0.014)	(0.014)	(0.015)	(0.015)
“省直管县”	0.075***	0.076***	0.068***	0.073***	-0.019*
	(0.011)	(0.010)	(0.011)	(0.013)	(0.008)
“省直管县”（滞后一期）	-0.047***	-0.049***	-0.043***	-0.048***	-0.013
	(0.011)	(0.010)	(0.011)	(0.013)	(0.008)
经济发展水平		0.153	0.149	0.183	-0.216
		(0.112)	(0.109)	(0.111)	(0.110)
人口增长率			-0.743***	-0.731***	-0.756***
			(0.028)	(0.028)	(0.027)
投资增长率				0.018	0.017
				(0.013)	(0.013)
人均县乡财政困难程度					-0.721***
					(0.018)
常数项	1.284***	1.363***	1.351***	1.264***	1.463***
	(0.075)	(0.076)	(0.077)	(0.075)	(0.073)
样本量	4212	4212	4212	4212	4212

注：*、**、*** 分别表示在 1%、5% 和 10% 水平上显著，括号内为标准差。

表 4-2 计量结果显示，在不考虑县乡财政困境因素时，“省直管县”对经济增长率波动的即期影响和滞后一期影响是相似的。如表 4-2 的方程

（1）所示，“省直管县”对经济增长率波动的即期影响系数在-1.31左右，“省直管县”对经济增长率波动的滞后一期影响系数在-0.02左右，如果扣减被解释变量滞后一期的影响，那么“省直管县”对经济增长率波动的长期影响系数在-0.58左右，并且这种长期影响是正面的、积极的。在考虑县乡财政困境因素后，“省直管县”对经济增长率波动的即期影响和滞后一期影响是不同的。如表4-2方程（2）所示，“省直管县”对经济增长率波动的即期影响系数在0.24左右，“省直管县”对经济增长率波动的滞后一期影响系数在-0.01左右，如果扣减被解释变量滞后一期的影响，那么“省直管县”对经济增长率波动的长期影响系数在0.15左右，并且这种长期影响是负面的、消极的。计量结果还表明，人均县乡财政困难程度这一指标对经济增长率波动的影响系数在0.99左右，并且这一结果在1%的水平上统计显著。在不考虑县乡财政困境因素时，“省直管县”对投资增长率波动的即期影响和滞后一期影响是相同的。如表4-2的方程（3）所示，“省直管县”对投资增长率波动的即期影响系数在-1.56左右，“省直管县”对投资增长率波动的滞后一期影响系数在-0.02左右，如果扣减被解释变量滞后一期的影响，那么“省直管县”对投资增长率波动的长期影响系数在-0.65左右，并且这种长期影响是正面的、积极的。在考虑县乡财政困境因素后，“省直管县”对投资增长率波动的即期影响和滞后一期影响是不同的。如表4-2的方程（4）所示，“省直管县”对投资增长率波动的即期影响系数在0.42左右，“省直管县”对投资增长率波动的滞后一期影响系数在-0.01左右，如果扣减被解释变量滞后一期的影响，那么“省直管县”对投资增长率波动的长期影响系数在0.25左右，并且这种长期影响是负面的、消极的。计量结果还表明，人均县乡财政困难程度这一指标对投资增长率波动的影响系数在1.3左右，并且，人均县乡财政困难程度这一指标对投资增长率波动的影响在1%的水平上统计显著。不难发现，“省直管县”体制对于经济增长率波动和投资增长率波动的影响是相似的。

表4-2　“省直管县”对经济波动的影响

自变量	（1）	（2）	（3）	（4）
被解释变量	-1.262***	-0.448	-1.384***	-0.592
（滞后一期）	(0.235)	(0.241)	(0.361)	(0.358)

续表

自变量	(1)	(2)	(3)	(4)
“省直管县”	-1.312***	0.235***	-1.562***	0.423***
	(0.010)	(0.011)	(0.011)	(0.011)
“省直管县”（滞后一期）	-0.017	-0.013	-0.019	-0.012
	(0.010)	(0.010)	(0.010)	(0.010)
人均县乡财政困难程度		0.985***		1.304***
		(0.069)		(0.076)
常数项	0.667	0.826	0.538	-0.926
	(1.075)	(1.073)	(1.074)	(1.076)
样本量	4212	4212	4212	4212

注：*、**、*** 分别表示在1%、5%和10%水平上显著，括号内为标准差。(1) 和 (2) 为经济增长率波动方程，(3) 和 (4) 为投资增长率波动方程。

总而言之，理顺政府间关系的过程中必须处理好改革与稳定的关系。保持宏观经济稳定既是理顺政府间关系的前提，也是理顺政府间关系的结果。理论分析结果表明：地方财政缺口越小，地方政府行为对经济增长拉动作用就越大。相对于多层级政府体制而言，扁平化体制并不必然有利于经济平稳运行。理顺政府间关系的关键点不在于“省直管县”改革这一具体形式，而在于转变政府职能的同时缓解县乡财政困境。基于试点样本的经验研究进一步发现，当县乡财政困境得到明显缓解时，“省直管县”体制总体上有利于中国经济稳定和持续繁荣，如果县乡财政困境未能得到根本解决，那么“省直管县”体制总体上不利于中国经济稳定和持续繁荣，并且，“省直管县”体制对中国经济的负面影响随着县乡财政困境的严重而扩大。回到前面提出的问题，即“省直管县”改革将何去何从，如何科学地理顺政府间关系？笔者认为，“省直管县”改革并非理顺政府间关系的灵丹妙药，单纯地推进“省直管县”改革未必能破解许多两难困境，“省直管县”改革需要一些相关的配套政策。理顺政府间关系的关键点在于转变政府职能的同时缩小地方财政缺口，尤其是破解县乡财政困境，这也正是“省直管县”改革配套政策的核心所在。

要将“省直管县”从财政过渡到行政上，笔者认为应做好如下几点：一是要将中央政府对地方政府税收返还和转移支付的方式规范化、法制化。

在未来的中央政府对地方政府税收返还和转移支付法规中，要明确规定一般性转移支付和专项转移支付的具体项目，以及各自比例，从监管制度和技术操作等方面着手，进一步提高转移支付资金使用效益。二是要推进省以下财政体制改革。要合理规范省级政府以及市县政府的财政支出责任，主要是要减少县乡政府的支出责任，将部分公共服务的支出责任向省级政府转移，让省级政府在义务教育、社会保障和医疗卫生等方面发挥更大的作用、承担更多的责任。三是要进一步增强省级财政在调节省以下财力差异方面的责任。在全国范围全面实现之前，基本公共服务均等化首先应在省级层面实现。事实上，即使在同一省内，经济发展水平和财政收入差距也可能非常大，比如江苏省的苏南和苏北、山东省的鲁东和鲁西。因此应建立健全科学、透明的省级以下财政转移支付制度，来解决财政收入能力与财政支出责任之间在横向上和纵向上的不平衡问题，充分发挥省级政府的调控职能。四是要协调府际合作关系，避免恶性竞争。在“市管县”体制下，地级市以一个支部的形式管理下辖的各个县，总体来看，各个县在地级市的管辖下尚未出现严重的产业同构。而实行省管县后，由于县管理权限的增加、上级政府束缚的减少，县有可能各自为政，形成行政壁垒，最终损害区域经济发展。协调好府际合作关系的关键在于转变政府职能，规范政府运作和改变绩效考评方式。

二、地方债务风险化解

宏观调控进亦忧，退亦忧，然则何时而乐耶？实际上，加强和改善宏观调控的根本途径在于通过深化改革、理顺政府间关系来破解经济社会发展中的难题。这其中，化解地方财政风险便是重中之重。

1. 事权、支出责任上收与财权、财力下放

如何让中国财政走向再平衡之路？其中的关键，就在于化解地方财政过度依赖中央的问题。那么，破解财政失衡难题的最优目标是中央与地方彼此互不依赖吗？实际上，这既无可能，也无必要。从可能性上看，未来要设计出一个新的地方自主财源，使其恰好与各省份从中央接收到的税收返还以及转移支付数额相吻合、与各省份财力缺口相匹配，这无疑属于小概率事件，就如同物理学上所讲的无摩擦状态一般。从必要性上看，随着经济发展水平的提高，以及随之而来的公民权利意识觉醒，中国发展的不

平衡、不协调、不可持续问题将变得越来越尖锐。具体表现为跨区域的环境污染和生态退化，公共服务滞后且均等化程度较低，教育、医疗、社保、食品药品质量安全问题突出，收入分配差距扩大，等等。这就要求中央应当保持适当的财政再分配能力。那么，最优的地方对中央财政依赖程度究竟应该是多少？本书认为，其答案就在于国家治理体系与治理能力现代化。国家治理体系和治理能力现代化是一个国家的制度和制度执行能力的集中体现，属于典型的国家层面的公共品。因此，在推进国家治理体系和治理能力现代化进程中，设定的目标越高，相应的财政依赖程度就应该越高。也就是说，中国最优的地方对中央财政的依赖程度，取决于构建国家治理体系与提升治理能力的目标。而这将是未来理论研究与政策设计的关键点。

调整地方财政对中央财政的依赖程度，归根结底就是要建立事权、财权、财力和支出责任相适应的制度，优化中央与地方在权和钱两个范畴上的总体格局。中共十八届三中全会《中共中央关于全面深化改革若干重大问题的决定》提出：适度加强中央事权和支出责任，明确了国防、外交、国家安全、关系全国统一市场规则和管理等作为中央事权；部分社会保障、跨区域重大项目建设维护等作为中央和地方共同事权，逐步理顺事权关系；区域性公共服务作为地方事权。可见，理顺中央与地方事权与支出责任的改革大方向是明确的，下一步细化、具体方案设计显得尤为关键。首先，进一步明确中央事权与支出责任。应按照“法无授权不可为，法无禁止即可为，法定职责必须为”来规范政府和市场的边界。在此前提下，划定中央与地方的具体事权项目，尤其是那些由中央与地方共同承担的农业、交通、水利、教育等项目，以此打破地方政府的支出责任总体上模糊，但在具体场合又不断强化的现象（贾康，2013）。关于中央与地方之间事权项目的划分，要按照外部性程度和信息不对称程度两个标准来进行：如果外部性较大，信息不对称程度较低，那么相应的事权和支出责任由中央承担，反之则由地方承担。例如，涉及国家安全的国际界河保护、跨流域大江大河治理和环境保护、涉及市场统一公正的跨区域司法管理、跨区域基础设施、跨区域警务支出、流动人口子女义务教育、食品药品监管以及基础养老金、社会保障等具有全局性和普遍性的项目可考虑划归中央事权范围。其次，进一步落实中央的履约责任。地方政府以往承担的一些支出责任，并非事权使然，而是经过中央默许的越俎代庖之举。例如，中央政府对一些支出责任履行不到位，地方政府不得不来承担；对一些事权承担了支出责任，但往往要求地方政府配套。因此，中央政府要勇敢地站出来，尽可能地把应该履行的责任承担起来。

尽管中共十八届三中全会《中共中央关于全面深化改革若干重大问题的决定》强调事权、支出责任的上收，强调中央和地方财力格局稳定，但必须认识到，完整的财政体制改革也必然离不开财权、财力的下移。一些跨国研究表明，发展中国家通过财政转移支付为支出责任下放提供资金保障的做法，往往会诱导下级政府的支出和债务双扩张，甚至动摇宏观经济稳定（Rodden，2002）。与本地自有税源相比，上级转移支付资金更可能被下级政府挪作他用，而非增加公共服务（Triesman，2002），只有支出责任和财力同时下放，使得下级政府变成一个负责任的行为主体时，政府效率才能得到根本改进（Careaga 和 Weingast，2002）。在我国过去的财政转移支付实践中，就曾出现典型的两难困境：一般性转移支付由于具有较大自主性，容易被地方政府用于吃饭财政和人头费开支；专项转移支付由于信息不对称，有时不能给目标群体带来切实好处，显得不够接地气。究其原因，在于中央财政转移支付资金并非地方自有、固有收入，因此地方政府容易把这笔资金看成廉价资金，产生“不用白不用”的错觉。这种现象也被称为“粘蝇纸效应”（Flypaper Effect），即中央财政转移支付资金的使用效率，无法与地方政府直接收入相提并论。

营业税改增值税后，财政体制改革的首要问题就是弥合地方政府财力缺口，建立地方税主体新税种。从规模上看，地方税主体新税种至少应达到此前所征收的营业税规模，即万亿元级别以上。照此看来，房产税不具备构成地方税主体税种的潜力，而消费税由于税源稳定、丰富且具有较强增长潜力，可担此大任。将消费税与营业税置换，可以解决地方税主体税种缺失问题。当然，在将消费税划归地方的同时，还要对其扩围。以 2014 年为例，国内消费税达到 8906.82 亿元，即便完全划归地方，也不足以对冲由营改增带来的地方财力亏空。应当注意到，当前的税收调节在一些导致严重污染环境、过度消耗资源的产品及部分奢侈消费品上处于缺位状态：在污染方面，电池、白炽灯、化学农药、洗涤用品、塑料袋包装物等污染性产品未被纳入征收范围；在资源方面，征收项目主要限于成品油，而煤炭、天然气和电力也未被纳入征收范围；在奢侈品方面，高档夜总会、高级会所、高档餐饮、高档服饰、高档箱包、高档皮草、高档家具、私人飞机等亦未被纳入征收范围。当然，一些征税项目也要进行退出式调整。例如，普通化妆品的使用已成普遍，可以考虑退出消费税征收范围。在将消费税划归地方的同时，还要调整其征收环节——将其从生产环节调整到零售环节。以往在生产环节征收消费税，突出问题就在于税源分布不均，比如烟和酒主要分布于某些特定省份。将消费税改在零售环节征收，税源将趋于均匀。并且在消费税划归地方的同时，将消费税改在零售环节征收还可以防止地区间产业链的异动。

2. 治标与治本

由于缺少限制政府负债额度的相关法律规定，而银行的国有属性又利于不断地借新还旧，因而中国政府（既包括中央，也包括地方）的债务风险总体可控。至于还债问题，则可以“另辟蹊径”：不必通过财政收支的盈余来还债，而是通过不断地增发货币，最终以通货膨胀的方式来稀释这些债务。当然，这种“杀手锏”和“终极”办法并非良策：它势必会加剧债台高筑、产能过剩以及通货膨胀的三重叠加。本书认为，当前要处理好地方债务问题，既要治标也要治本。

治理地方债务问题，首先就要治标。如果连标都治不了，那又何以奢谈治本？具体而言，治理地方债务问题的标，要做好以下两个方面：一方面，提高应对局部偿债危机的能力。其一，设立地方债务重组基金。由中央财政设立地方债务重组基金，在局部出现严重还贷困难时，将地方债务风险控制在局部范围内，防止其蔓延扩散。并且，按照轻重缓急，设定重组基金的偿还顺序。例如，优先偿还工资和社会福利，其次是银行债务，接着是信托投资产品，最后是债券。其二，成立省级资产管理公司。针对市县政府在地方政府性债务总量中承担大头的情况，参照 1999 年中央成立四大资产管理公司处理国有银行不良资产的做法，各省（区、市）政府也设立资产管理公司，对于相关金融机构的不良资产进行剥离。资产管理公司注册资本金可以来自于税收、土地出让收入和国有企业利润。其三，编制地方政府资产负债表。通过编制地方政府资产负债表，纳入负债率、债务率、预期债务率、债务期限等指标，明确政府债务主体，提高融资活动透明度，厘清负有偿还责任的债务与或有债务、自偿性债务与代偿性债务、公益性债务与竞争性债务之间的关系，明晰政府管控债务风险的方向和重点。其四，建立地方债务的风险预警机制。要组建地方融资平台信息监测体系，建立完善信息备案与报告制度，定期发布各地融资平台的负债、经营和资金变动信息，让地方政府性债务在阳光下运行，改变过去那种多头管理、各自为政和权责不明的状况。同时，尽快研究制定科学合理的地方债务风险指标体系，设定各级地方政府债务风险指标控制的警戒线。

另一方面，规范地方政府的举债行为。其一，有序推进地方市政债券的发行。为此，要制定相应规则，对发行主体、发债规模、发债方式、偿债机制以及资金用途等进行限制，并建立规模控制、信用评级、信息披露等风险控制体系。推进地方市政债券的发行，实质就是将地方政府融资行为关进制度与法律的笼子，使地方政府债务情况公开透明化，以便公众和利益相关者对地方债务进行监管和制衡。其二，改革地方政府预算制度。将政府的举债项目、举债投向、举债数量和举债效益纳入本级预算管理。地方政府要在债务警戒线内，编制年度债务预算和决算报告，上报上级政府审核，以及同级人大审核批准。要推进参与式预算改革，实现财政公开，改变财政支出很大程度上取决于“一把手”个人意志的乱象，解决地方政府“有钱随便花、没钱随便借”的问题。其三，树立、落实地方政府“谁举债，谁偿债”的责任追究制。在中央集权型体制下，要遏制地方债务的过度膨胀并非不可能。地方行政长官在中央的严厉整顿下，并不会出现大规模的冒着摘乌纱帽的风险去胡乱举债的现象，也不会“借的时候根本就不考虑还”①。实际上在20世纪90年代，中央政府就曾禁止地方政府随便举债以及银行随便借钱给地方政府，并取得了不错的成效。为此，当前要将负债率、债务率、预期债务率等列入政府工作考核范围，对存在问题的融资项目，不管是否调任，都要追究相关人员责任，让导致地方债务结构严重恶化的相应官员付出沉痛的代价，并以儆效尤。

在规范地方债务时，关键要在标本兼治中把握“治本为上”的方针。时下有一种流行观点认为：“地方债务最大的风险在于不透明，只要能够规范地方政府融资行为，建立起严格的债务审查、债务风险防控机制，不让地方政府债务出现无序蔓延和暗中积累，整体风险就不会太大。”② 笔者对此类观点持保留态度，原因在于，当前地方政府的融资渠道恰恰是在过去的治理整顿过程中异化出来的，“严格债务审查制度”极有可能迫使它们进一步异化，迫使地方政府寻找其他融资渠道并滋生其他风险。如此一来，所谓的制度建设虽然“看上去很美”，却可能再陷入“上有政策、下有对

① 参见《地方政府举债成“鸦片瘾”，城市信用评级是“戒毒方”》，《中国青年报》2014年3月12日。

② 参见《风险总体可控，政府“家底”较厚》，《人民日报》2013年11月14日。

策”的恶性循环，写出来的制度、拉出来的架子就有可能沦为“马其诺防线”。此外，笔者之所以将地方政府公开发债视为治标之策，原因在于地方公开发债应当建立在地方自治（或曰联邦制）的逻辑基础上。如果不调整地方政府的权力来源问题，不扩大地方政府的自治权，不将现行的地方主要官员的中央委任制改为地方选举制，那么，允许地方政府公开发债的做法有可能带来新的、更大的问题。当然，从如今中央权力更趋集中的形势看，至少在可预见的未来，改变现行体制的可能性是微乎其微的。

有鉴于此，地方债务问题的治本之策，就在于理顺政府与市场之间的关系。化解地方债务危机，根本在于深化改革，核心在于简政放权，关键在于促使政府从经济建设向公共服务转型。其一，要“让市场在资源配置中起决定性作用”，使得经济更加自由化以释放新的生产力。当前的一些经济问题，实际上源自体制不畅。以产能过剩为例：一方面，中国钢铁、水泥、建材、重型装备等产能利用率明显低于国际通常水平。中国这一轮的产能过剩在世界经济发展史上并不多见，甚至可以被形容为“数量如此之大、范围如此之广、影响如此之深”①。而另一方面，中国地面下的基础设施并未同地面上的摩天高楼“比翼齐飞”，每当暴雨来临时，即便是一线城市也会在顷刻间化为泽国。也就是说，地面下基础设施的建设缺口异常之大，需要大量的钢铁、水泥、建材、重型装备等。过剩的产能与强大的需求，是因为体制障碍才失之交臂。因此，在发挥市场的决定性作用时，尤其需要鼓励和引导民间资本进入公共建设领域。从目前来看，BOT、BT 模式（企业建设经营、收回成本和收益后再转给政府）以及 PPP 模式（政府与私营商签订长期协议，授权私营商代替政府建设、运营或管理公共基础设施并向公众提供公共服务）可以比较好地打开民间资本参与城镇化基础设施建设和公共服务融资的通道，提高公共服务供给的效率。其二，还要“更好地发挥政府的作用”，解决政府越位、缺位和不到位并存的问题。要让政府更好地发挥作用，就要深入推进政府职能从经济建设向公共服务转型。否则，在“吃饭”财政背景下，大规模城市基础设施建设也就必然导致地方政府背负巨额债务包袱。为此，就需要探索设立面向全社会的经济活动负面清单，使之与政府权力的正面清单相匹配，将地方政府的人力、物力、财力和权力等资源圈定在公共服务、市场监管、社会管理、环境保

① 引自《国务院关于化解产能严重过剩矛盾的指导意见》（国发〔2013〕41 号）。

护等范围内。与此同时，还必须进一步推进财政体制改革，解决 1994 年“分税制”改革遗留的后续深化改革问题，明晰各级政府的财权、事权、财力、支出责任四大要素，在分钱与分税之间找到平衡。唯其如此，才能真正地实现信贷去杠杆、结构性改革和货币政策平稳，打破债台高筑、产能过剩以及通货膨胀的三重叠加僵局。

当然，在处理治标与治本问题时，要讲究逻辑，切不可胡子眉毛一把抓。从整体上看，尽管地方债务风险总体可控，但局部偿债风险蔓延之势较为严峻。根据中医理论，“急则治标、缓则治本”。再者，“冰冻三尺，非一日之寒”。政府与市场之间关系的调整，中央与地方财政关系的调整，上级与下级财政关系的调整，均难以一蹴而就，它需要一个较长的周期。故而，当前处理地方债务问题，还是应以治标为主，为治本赢得时间。

第五章　政府间横向关系与中国经济波动

中国地方政府施政行为的短期化倾向，亦是地方政府相互之间“白热化”竞争的一个真实写照。以发展旅游产业为例：一些地方为了提高知名度，相互间争夺历史文化名人，争当名人故里，争建名人之乡。[①] 那些实在找不出历史名人的地方政府，只好千方百计地从小说中找寻一些虚构人物在本地的蛛丝马迹。例如，安徽省黄山市、山东省临清市和山东省阳谷县三地之间就曾爆发“西门庆故里”之争。这种利用文学作品中的负面或反面人物形象来打造旅游产业的做法，实乃庸俗、低俗、媚俗之举，也折射了地方政府竞争的异化。当然，面对中国经济“新常态”，我们还需要以辩证的眼光审视地方政府相互之间的横向互动。因为它虽然酿成了经济波动等方面的“过”，但也造就了经济增长等方面的“功”。

第一节　中国政府间的横向互动

政府间的横向互动亦非中国特有现象。即便在西方国家，地方政府间也互动频频。[②] 当然，国外鲜少有如同中国地方政府那样在竞争中形成的“八仙过海，各显神通”的“盛况”。在迎接全球产业转移的过程中，中国地方政府频频出击。他们吸引外商投资的一个主要策略便是利用所谓的

① 例如，河南鹿邑、安徽涡阳、甘肃临洮三地出现了老子故里之争，湖北安陆、四川江油、甘肃天水三地出现了李白故里之争，河北正定和河北临城两地出现了赵云故里之争。

② 例如，瑞士的地区间出现了税收竞争。1985～2001 年，瑞士的 Appenzell、Zoug 等州的税负降幅高达 40% 以上，Neuchatel、Jura、Valais 等一些区的税负降幅为 25%～35%。

“优惠政策”，让来本地投资的企业享受到更低的贷款、税收、环境保护、土地使用和劳动用工等方面的成本。换言之，地方政府招商引资竞争，逐渐异化成了一个“谁敢比我狠”的成本比拼“竞次”（Race to the Bottom）。

一、典型案例：地区间环保“竞次”

1. 环保竞次的逻辑基础

为什么中国环境破坏事件频繁发生？关于环境质量的决定因素，一个重要的经济学研究脉络就是环境库兹涅茨曲线的检验及其作用机理。Grossman 和 Krueger（1991）发现，环境质量和经济发展之间存在联系：环境污染在低收入水平上随人均 GDP 增加而上升，在高收入水平上随人均 GDP 增加而下降。当人均收入超越 4000 ~ 5000 美元时，环境污染程度随着经济发展水平的提高而趋于减轻。这一研究也使得研究环境质量与经济发展之间的两难冲突、分析环境污染与人均收入之间的内在联系，成为环境经济学领域的一个基本话题。在 Grossman 和 Krueger（1991）之后，众多文献运用各国截面、时间序列或者面板数据对环境质量与人均收入之间的关系进行了更深入的检验，对于是否存在环境库兹涅茨曲线进行了广泛研究。即便环境库兹涅茨曲线真实存在，我们就能得到这样的启示吗：在当前的收入水平上，我们必须忍受环境污染，等到多年以后中国的收入水平提高了、产业结构优化了，再循序渐进提升环保标准、治理环境污染？笔者对此类观点持怀疑态度。这是因为：其一，环境污染可能会使人才精英逃离本地，先进要素远走他乡，从而经济发展被锁定在低端环节。其二，发达国家之所以在某些污染变量上呈现出先升后降的现象，关键在于其通过贸易和投资将污染较严重的产业向环保标准较松的国家转移，而新兴国家缺少类似的污染转移空间。其三，一些环境变量（如空气污染）具有可逆性，而另一些环境变量（如土壤污染）则具有较强的不可逆性，其局面的扭转将显得异常困难。

除了检验环境库兹涅茨曲线的存在性外，另一个经济学研究脉络就是探讨制度安排对环境质量的影响。Lopez 和 Mitra（2000）发现，官员的权力寻租行为将提高环境库兹涅茨曲线的拐点水平，改变经济活动与环境质量关系的走势。Magnani（2000）认为，明晰产权界定和民主投票系统，有助于提高集体协作的能力，进而提升环境政策制定效率，改善生态环境质量。

民主化程度决定了公众表达自身环境偏好的程度，并影响政府环境政策制定（Fazin 和 Bond，2006）。一些国内学者针对环境污染日趋严重的现实，将研究聚焦在中国的经济发展方式上。例如，蔡昉等（2008）认为，中国目前环境问题的根源，是现行经济发展方式的结果，而这种经济发展方式又源于独特的政府行为。绿色和平组织的一篇报告，可以为此类观点提供佐证。在一项调查中，绿色和平组织发现 78.6% 的在华跨国公司在环保措施上采取了双重标准，它们在国外实现污染物零排放，而到了中国却成为环境污染“大户”。[①] 可见，政府的环境规制行为在中国生态环境恶化过程中难辞其咎。

如何理解中国各级政府的环境规制行为？综览现有文献，关于环境规制的研究可谓汗牛充栋。第一类文献从静态视角出发提出了“污染避难所假说”，认为严苛的环境规制将抬高出口国的产品成本，进而降低其产业的国际竞争力（Copeland 和 Taylor，1994；Levinson 和 Taylor，2008）。第二类文献从动态视角出发提出了“波特假说”，认为严苛的环境规制反而会促使企业进行创新，从而提高产业的国际竞争力，赢得环境和经济的双重利益（Porter，1995；Jaffe 等，1995）。第三类文献从动态视角出发提出了“竞次假说”，认为各国为了保护国内企业，纷纷降低各自的环境标准以保持或者增强产业国际竞争力，结果是各国的环境标准都“向底线赛跑”（Dua 和 Esty，1997；Esty 和 Geradin，1997）。深究下去，环境竞次假说的逻辑前提是，环境成本在决定出口产品的国际竞争力上发挥着重要作用（祝树金和尹似雪，2014）。唯其如此，一国的环境规制才有“向底线赛跑”的可能。那么，环境成本对中国经济的比较优势究竟发挥了多大的作用？对于中国从低收入经济体成长为中等收入经济体的发展战略，近年来不少文献进行了梳理分析。中国社会科学院经济研究所“经济增长前沿课题组”（2003，2004，2005）和“经济增长与宏观稳定课题组”（2006，2007，2008）把中国经济发展路径从理论上归纳为政府干预下的“低价工业化”发展机制，认为正是这种发展机制动员了中国规模庞大的劳动力资源，形成了企业和

① 绿色和平组织：《跨国公司对污染信息公开存在双重标准》。

政府良性互动的一个特殊发展模式，将中国比较优势充分地发挥出来。① 中央经济工作会议（2014 年 12 月）将中国传统经济增长模式的基础概括为“低成本比较优势”。如此而言，我们似乎可以得出结论，中国的生态恶化具有一定程度的必然性，因为低价工业化、低成本比较优势与环境规制标准的“向底线赛跑”从逻辑上是吻合的。

在全球产业转移的过程中，污染的转移是一种客观规律。然而，除了那些客观规律，中国生态退化的深度和广度是完全不以中国人自己的意志为转移的吗？一些学者对发达国家指责中国能源消耗过高、环境污染严重的言论义愤填膺，认为那些发达国家“得了好处还卖乖”——购买中国物美价廉的商品却把环境污染留在中国。例如，Peters 和 Hertwich（2008）、Pan（2008）、樊纲等（2010）认为，最终消费才是导致全球气候变化和二氧化碳排放的根本原因，而不是生产。发达国家通过向发展中国家转移能源密集型生产部门或者生产环节，再用“进口替代”的办法减少本国生产，不但削减了本国碳排放，还将能耗和碳排放的压力传递给发展中国家。这种“碳泄漏”弱化了减排政策的效果，甚至会加剧全球碳排放水平的整体上升，对以中国为代表的广大发展中国家非常不公平。发达国家累积消费

① 中国经济增长与宏观稳定课题组（2008）把中国经济增长机制梳理为四点：一是政府和企业目标函数的高度一致性，即规模性的快速扩张。政府认为发展是硬道理，只有加快经济发展才能解决就业问题，社会福利才能提高。如很多地方政府官员直接兼任地区开发公司的董事长，即使不兼任，实际工作也是抓发展经济，政府和企业在经济规模扩张上目标一致。二是宏观政策中的激励和稳定政策。政府的宏观政策长期保持稳定，同时积极采用了激励性政策。如与出口导向政策相配合的汇率政策，1994 年汇率贬值激励中国企业的全球竞争优势，1994 年后中国外贸持续顺差，外汇积累不断增加；在税收方面，通过所得税三减两免等措施激励外资的流入，退税激励企业出口等；1997 年后采取了积极的财政政策，直接改善了中国基础设施，为中国工业化和城市化大发展打下了坚实的基础；在货币创造方面持续保持了 M2/GDP 超高比例，为社会经济活动提供宽松的货币条件。三是生产要素投入上有着很强的政府干预。政府压低生产要素投入价格，激励企业加速完成原始积累，即政府在土地、劳动力、投资品方面人为压低价格，如能源、水等长期低于国际均衡价格，环境、自然资源和劳动力社保等成本约束低，或者根本就没有；在金融资源方面，尽力动员、创造和低价供给（经常以坏账的方式补贴），这激励了企业的规模化发展；在技术进步上走的是“干中学”的演变路径，模仿——规模化的低成本竞争是微观扩张的主要途径。高速经济增长三十年后，低成本优势难以持续，规模收益随着中国技术水平的提高正在迅速递减。政府干预下的投入要素价格产生扭曲，极大地激励了企业高能耗、高污染的积累，经济增长的可持续性问题成为未来发展的硬约束。四是经济管理中的歧视性政策长期存在，如户籍管理制度、沿海开放地区优先发展政策，国有非国有政策支持上的差异，大企业垄断等问题都是非平衡赶超的经济管理政策体现。

排放量大于其累积国内生产排放量，发展中国家事实上在为发达国家“背黑锅”，为他们的奢侈性消费买单。作为结论，这些文献往往提出：发达国家不仅要在本国的生产端实现碳减排，而且应通过资金和技术转移帮助发展中国家减排。从外交和战略层面看，笔者对此类文献深感认同。然而，我们也不应该忽视这样一个现实，那就是一些高污染、高能耗的产业，恰恰是中国一些地方政府当作“财神”一样从国外不遗余力地请过来的，或一些欠发达地区政府当作“宝贝”从发达地区费尽心机地招过来的。一些地方官员将廉价排污成本视为和廉价劳动力一样宝贵的招商引资优势来大做文章。通过引进大量的污染企业，这些地区 GDP 增加了，财税收入增长了。污染企业“扎堆”的地方，地方政府也往往“财源滚滚”。一些地方为了争夺纳税财源，甚至不惜放松环境监管，承接高污染企业向本地区的转移，最终导致生态环境日趋严峻、环境破坏事件频繁发生。

地方政府之所以能引污办厂，从根本上说是源自于中央政府的分权，其对生态环境的影响力因为中央的放权让利才得以凸显。那么，中央政府的分权必然导致生态破坏吗？国外相关研究的结论并不一致，认为财政分权使得环境质量降低者有之（如 Hilary，2003），认为财政分权并没有使环境质量下降、反而使环境质量提高者亦有之（如 John 和 Shelby，2000；Daniel，2003）。在对美国州际样本数据进行的实证研究中，Potoski（2001）和 Konisky（2007）都发现，虽然各州为了增加就业和发展经济都有吸引投资的考虑，但来自于公众对清洁环境质量的要求令州政府并不会竞争性地放弃自己的环境标准，或者降低自己的环境规制水平。当然，这一研究结果不能用来解释中国问题，因为中国的财政分权与西方国家逻辑迥异。由于地方政府与中央（上级）政府形成了实质上的委托—代理关系，权力是来自于上面，地方政府更多的是对中央（上级）政府负责。经济的市场化和政治的集权化，使得那些地方政府官员们有着强烈的动机去推动本地经济跨越式发展。关于这一点，李猛（2009）将环境库兹涅茨假说中的“人均收入”变量修正为“人均地方财政能力”，提出了中国环境污染趋势的新假说：随着人均地方财政能力水平的提高，中国环境污染程度先经历一个持续上升的阶段，当人均地方财政能力水平超越倒 U 型曲线拐点值后，环境污染程度将趋于下降。张克中等（2011）等发现，财政分权与碳排放存在着正相关，即分权度越高环境污染越严重。闫文娟和钟茂初（2012）发现，财政分权对不同类型的污染公共品的影响存在显著差异：地方政府关注区域性公共品（如固体废物），但对于全局性公共品（如二氧化硫和废水）则漠不关心，对利税高的工业企业的二氧化硫、固体废物采取放松治理的策略，排污费对环境污染没有抑制作用。

地方政府为何沦为环境恶化的推手？正如樊纲等（1994）在对转型期间地方政府行为研究中所指出的那样，中国既存在中央政府与地方政府相互之间在同一领域的“父子争议”，也存在地方政府相互之间的“兄弟竞争”。在经济市场化与政治集权化的体制框架下，地方政府在推动经济增长的过程中总是寻求一切可能的要素投资本地。招商引资由于可以带来 GDP 增长、财政增加等“多重政绩”，因而对地方政府有着巨大的诱惑力。在一些地方，招商引资俨然成为“一号工程”、“一把手工程”，党委、政府、政法机关甚至纪委大量地介入具体的招商活动。为了扩大招商引资“政绩”，一些地区甚至提出了“省外资金即为外资”、“市外资金即为外资”的招商口号，把享受“外资”优惠政策的外延扩大到本地区之外的资金，其结果是引来了大量的“候鸟式”外地企业，同时也使得部分本地企业为了享受优惠政策而“远走他乡”。鉴于要素的稀缺性，地方政府在招商引资的过程中展开相互间的争夺，通过设立不同于其他地区的税率或者提供不同水平的公共服务以争夺经济增长的各种要素流入本地（Wilson，1999）。在竞争初期，由于交易成本的存在，税收作为一种信号，成为地区之间争夺要素的主要手段。Mintz 和 Tulkens（1986）、Wildasin（1988）、沈坤荣和付文林（2006）实证检验了地区之间税收竞争策略性行为。例如，沈坤荣和付文林（2006）发现中国省级政府税收反应函数斜率为负，即省级政府宏观税负存在差异化的策略互动特征。随着经济发展的推进，地区之间竞争从税收层面向公共支出领域扩展。Baicker（2004）、李永友和沈坤荣（2008）进一步验证了地区之间的公共支出竞争行为的策略性。

近年来，学术界开始更多地关注地方政府相互之间的“非财政收支”竞争。主要包括以下几种形式：其一，压低工业用地价格，用极低的土地出让价吸引企业来投资。地方政府在招商引资时，几乎鲜有例外地为工业投资者提供超低价格的土地和具有补贴性的基础设施。[①] 虽然中央曾制定统一的工业用地出让最低指标，并要求地方政府必须通过“招拍挂”的方式

① 究其根源，国有土地名义上属国家所有，但现实中是由各级地方政府管理的。地方政府作为国有土地产权的代理人，也是唯一的卖家，具有操控土地市场和土地价格的可能。

出让工业用地，但实际定价权依旧掌握在地方政府手中，一些地方为了争抢项目通过意向挂牌出让、返还出让金等变通方式竞相降低工业用地价格，以至于有时还会出现零地价和负地价的情况。其二，放松劳动保护，将“不严格执行最低工资标准”、“放松企业缴纳职工养老保险和失业保险等劳动者基本社会责任的管制”作为其重要的引资政策。李祥云和祁毓（2011）验证了财政分权对劳动保护的影响，发现地方政府有将放松劳动保护作为其招商引资手段的动机，财政分权对劳动保护产生负面影响。在现实中，地方政府也缺乏动力要求企业建立工会，或支持工会和工人的劳动维权，有时甚至还与资方站在同一阵营。其三，放松环境保护和管制，放任企业污染环境。一些地方在招商引资过程中，专门去引进那些在发达国家和发达地区已经造成严重污染，无法在当地继续生存下去的高能耗、高污染企业。对地方政府来说，这些“非财政收支”竞争的好处在于不但降低了企业成本，还保住了本地财税收入。毕竟，压低工业用地价格的代价被转嫁给了失地农民，放松劳动保护的代价被转嫁给了以农民工为主体的劳动者群体，放松环境监管的代价被转嫁给了社会公众。在相互间的激烈竞争中，地方政府招商引资的“门槛一降再降，空间一让再让，成本一减再减”，地区之间招商引资竞争已经异化为低水平的“让利竞赛”。

2. 地方政府环境监管策略

地方政府在环境保护上的竞次行为具有怎样的策略？在为数不多的实证研究中，杨海生等（2008）用“工业污染治理投入”和“环境监管强度”（排污费收入总额 ÷ 缴纳排污费单位个数）两个指标来衡量地方政府间环境竞争程度，发现地方政府相互之间存在攀比式竞争：当周边省份环境投入多时，本地区投入也多，而当周边省份监管放宽时，本地区环境监管也放宽。李猛（2009）发现，地区之间在环境监管领域也存在着类似于财政收支的竞争。一些地方特别是经济欠发达地区的政府官员将“廉价排污成本”视为和“廉价劳动力”一样宝贵的招商引资“优势”来大做文章，不惜放松环境监管，承接高污染企业向本地区的转移。地方政府放松环境监管的做法，将引起其他地区的连锁反应，并在地区之间形成用环境监管手段招商引资的竞争，进而引发各地区的环境监管行为在整体上出现“向底线赛跑”的趋势，推动形成环保软约束，最终导致环境破坏事件频繁发生。地方政府放松环境监管、引污办厂，是一种典型的扭曲①行为，使得辖区企业的边际成本与社会边际成本相背离。

实际上，为了“做大、做强”，企业在环境保护上往往表现出机会主义倾向。作为要素资源的有机组合，企业在选址时考虑的不仅是税收优惠、基础设施以及公共服务水平等，更关注企业生产经营过程本身。企业在生产经营过程中难以避免地产生污染物，而控制污染排放的努力将耗费资本，挤占产品的投入，并影响其竞争优势和规模扩张。在地区之间为增长而竞争的背景下，地方政府利用手中的自由裁量权，通过行政审批、土地征用、贷款担保、环境规制以及各种政策优惠可以影响企业的选址和生产经营过程，迎合辖区企业环保上的机会主义倾向，放松环保审批，吸引企业投资本地。然而，地方政府放松环境监管的行为往往会引起一些周边地区的连锁反应，导致其他地方政府竞相放松环境监管。地区之间的环境监管行为会相互影响：一方面，地区之间环境监管的差异将引起企业投资的跨区流动，而跨区的资本流动又带来政绩的消长，并决定地方政府攫取经济和政治资源的成败；另一方面，地区之间的环境监管行为具有外部性，比如某河流穿越两个毗邻地区，上游地区污染排放物将被河流冲到下游，上游地区的排污行为的实际代价有可能是由下游地区承担的。这可以总结为：地方政府通过改变环境监管策略可以影响要素资源流入本地的程度；随着要素资源不断流入本地，地方政府也会相应地调整其环境监管策略；地方政府环境监管策略将会引起周边区域的连锁反应，地区之间的环境监管行为具有明显的策略性。当然，地方政府相互之间的招商引资之争，反过来抬高了企业的“胃口”、加剧了优惠政策的力度。一些企业把地方政府在环境监管上的放松视为必备的，其结果是环境监管竞次之战愈演愈烈、不断加码。

为了验证地区之间在环境监管领域存在竞争行为并描述其特征，笔者设立区域环境监管竞争策略的反应函数，通过检验反应函数来证明。其中，因变量为环境监管策略，自变量包括竞争对手的竞争策略、环境破坏事件、技术水平、分权程度和固定资产投资等控制变量，以及虚拟变量。对于

① 新古典经济学将市场本身看成具有完善调节功能和准确价格信号的理想产物，现实经济对这个理想产物的“背离”则被称为“扭曲”。Chacholiades（1978）对扭曲的定义具有代表性，他认为，“由于市场不完善，市场价格与机会成本相背离，从而市场无法引导资源在国民经济中达到最优配置”。

“环境监管策略”这一指标的选取，最适宜用地方政府的相关政策和措施数量来表示，但这一类数据难以获得。尽管排污是企业的行为，但政府可以通过相关政策对其施加影响。由于污染物是伴随着正常产品的副产物，与正常产品同时被生产出来，于是污染物和特定产品的产量均可在某种程度上代替政府的环境监管程度。笔者分别尝试采用污染物数据和高污染、高耗能行业产量数据，发现污染物数据的统计显著性低于高污染、高耗能行业产量数据的统计显著性。对于这种情况，原因可能在于生产的过程中可能产生多重污染物，而现有的经验研究并不支持将多重污染物指标加权的方法。有鉴于此，本书在此处用钢铁、水泥和造纸这几个高耗能、高污染行业产量来衡量地方政府环境监管策略。此外，将地方政府“竞争对手”设定为相同区位地区、经济发展水平相似地区以及有共同边界地区。在拟合的反应函数中，如果竞争对手策略的回归系数不等于零，且拟合系数显著，便表明地区之间存在环境监管的竞争行为。

计量结果表明（见表5－1），区位因素、边界因素以及经济发展水平因素的系数均为正，这意味着地区之间均不同程度地存在着环境监管竞争行为：当某地区放松环境监管时，其竞争对手也将放松环境监管。边界因素的系数均在1%的统计显著性水平上为正，说明有共同边界的地区在环境监管上存在显著的竞争行为。长期以来，中国淮河和太湖等跨省区的河流湖泊的污染出现了“久治不愈”的情况，北方的沙尘暴波及的省区越来越多，这些情况进一步验证了边界因素的估计结果。计量结果还显示，9个方程中的环境监管策略系数均为负，这说明环境破坏事件的增加，可能会影响环境监管的竞争策略。然而，环境监管策略系数均不显著，这意味着环境破坏事件的增加并不必然地影响环境监管的竞争策略，原因可能在于当前缺乏有效的环境破坏事件问责机制。若缺乏有效的问责，地方政府在环境监管的竞争中便缺少实质性的约束，结果引发地区之间环境监管进一步“向底线赛跑”的趋势。国家产业政策的系数均不同程度地显著为负，这表明中央政策影响到了地区之间的环境竞争。技术水平的系数均显著为负，这说明技术水平越低的地方越倾向于放松环境监管。固定资产投资在全部的9个方程中的系数均在1%的统计显著性水平上为正，这说明固定资产投资与环境监管竞争策略显著地正相关。

表5-1 中国省际生态环境竞争策略

	Reg 1	Reg 2	Reg 3	Reg 4	Reg 5	Reg 6	Reg 7	Reg 8	Reg 9
常数项	-280.1 (624)	57.17 (564)	-20.97 (592)	2732*** (595)	1928*** (582)	2779*** (587)	146.4* (80)	100.46 (78)	136.2* (77)
相同区位	0.47*** (0.15)			0.01 (0.06)			0.05 (0.08)		
有共同边界		0.61*** (0.07)			0.28*** (0.05)			0.28*** (0.06)	
经济发展水平相近			0.44*** (0.07)			0.01 (0.03)			0.22*** (0.04)
环境破坏事件	-0.07 (0.53)	-0.29 (0.49)	-0.28 (0.51)	-0.42 (0.48)	-0.33 (0.46)	-0.41 (0.48)	-0.03 (0.06)	-0.03 (0.06)	-0.03 (0.06)
固定资产投资	0.42*** (0.04)	0.27*** (0.04)	0.33*** (0.04)	1.31*** (0.04)	1.12*** (0.05)	1.33*** (0.04)	0.12*** (0.01)	0.11*** (0.01)	0.1*** (0.01)
财政分权	357.28 (817)	-29.52 (742)	72.13 (778)	-266*** (763)	-206*** (739)	-268*** (761)	-228** (104)	-181*** (102)	-216** (101)
技术进步	-183*** (38.2)	-182*** (34.6)	-131*** (36.1)	-218*** (35.9)	-249*** (33.7)	-216*** (33.9)	-4.99 (5.6)	-7.68* (4.5)	-3.54 (4.9)
虚拟变量	-6.72 (82.3)	-58.94 (71.5)	-3.07 (73.9)	-69.56 (77.8)	-245*** (72.5)	-58.15 (66.8)	-63*** (9.9)	-69*** (8.9)	-56.5*** (8.8)
调整的 R^2	0.48	0.55	0.50	0.88	0.89	0.88	0.74	0.75	0.76
F检验	53.73	70.35	59.93	420.55	462.03	420.17	164.25	179.06	179.45
观测值	377	377	377	377	377	377	377	377	377

注：*表示 $P<0.1$，**表示 $P<0.05$，***表示 $P<0.01$，Reg 1、Reg 2、Reg 3 的环境监管策略变量为钢铁行业产量（Steel），Reg 4、Reg 5、Reg 6 的环境监管策略变量为水泥行业产量（Cement），Reg 7、Reg 8、Reg 9 的环境监管策略变量为造纸行业产量（Paper）。虚拟变量为中央新型工业化政策。

固定资产投资和环境监管策略到底谁是因，谁是果？Granger 因果检验结果显示（见表5-2），从竞争策略对固定资产投资的影响看，滞后一阶、二阶和三阶均不同显著程度地拒绝了原假设；从固定资产投资对竞争策略的影响看，滞后一阶、二阶和三阶也不同显著程度地拒绝了原假设。这也说明，环境监管策略和固定资产投资相互作用：一方面，地方政府通过改变环境监管策略可以影响要素资源流入本地的数量；另一方面，随着要素资源不断流入本地，地方政府也会相应地调整其环境监管的策略。

表 5－2　竞争策略与固定资产投资（Investment）的 Granger 因果检验

原假设	滞后期	观察值	F 统计量值	P 值
“Steel”不是“Investment”的 Granger 原因	1	319	12. 3442	0. 00051
“Investment”不是“Steel”的 Granger 原因	1	319	4. 65855	0. 03165
“Investment”不是“Cement”的 Granger 原因	1	319	26. 8089	4. 0E－07
“Cement”不是“Investment”的 Granger 原因	1	319	4. 36161	0. 03756
“Paper”不是“Investment”的 Granger 原因	1	319	3. 48804	0. 06274
“Investment”不是“Paper”的 Granger 原因	1	319	21. 7269	4. 6E－06
“Steel”不是“Investment”的 Granger 原因	2	290	7. 29639	0. 00081
“Investment”不是“Steel”的 Granger 原因	2	290	1. 02818	0. 35898
“Investment”不是“Cement”的 Granger 原因	2	290	27. 4072	1. 3E－11
“Cement”不是“Investment”的 Granger 原因	2	290	3. 24383	0. 04046
“Paper”不是“Investment”的 Granger 原因	2	290	1. 92186	0. 14823
“Investment”不是“Paper”的 Granger 原因	2	290	7. 76897	0. 00052
“Steel”不是“Investment”的 Granger 原因	3	261	4. 73961	0. 00310
“Investment”不是“Steel”的 Granger 原因	3	261	7. 78261	5. 4E－05
“Investment”不是“Cement”的 Granger 原因	3	261	12. 0585	2. 1E－07
“Cement”不是“Investment”的 Granger 原因	3	261	2. 44524	0. 06446
“Paper”不是“Investment”的 Granger 原因	3	261	8. 53606	2. 0E－05
“Investment”不是“Paper”的 Granger 原因	3	261	4. 02613	0. 00801

注：Investment 表示固定资产投资，Steel 表示钢铁行业环境监管策略，Cement 表示水泥行业环境监管策略，Paper 表示造纸行业环境监管策略。

3. 环境监管策略的经济绩效

中国的改革开放遵循着一种“政策试验—扩散”式空间渐进的思路。在这种模式下，当某些地区获得试点权时，其他地区就会进行经验学习、复制和效仿。关于这一点，无论在早先的经济特区、综合配套改革试验区，还是近来的营业税改增值税、自由贸易试验区[①]上，都表现得非常明显。地方政府相互之间的策略互动，从根本上说是一种追求自身利益最大化的过程。当然，地方政府相互之间禀赋与经济发展水平差异较大，环境监管策略并不必然地具有普适性。地方政府在制定环境监管策略时也可能基于不同的自身情况以及不同的发展思路而呈现出差异化特征。实际上，中国各区域的地理环境、资源禀赋以及经济发展水平相差很大，地区之间的环境监管竞争策略也会出现分化。这种分化表现在两个方面：一是地区之间的竞争对象出现群分现象，在与谁竞争这个问题上，不同的地方政府会有不同的选择；二是地方政府放松环境监管的尺度出现群分现象，不同的地区，其放松环境监管的尺度有所不同。从地区之间环境监管竞争的最终目标上看，地方政府通过环境监管策略招商引资，这本身不是目标，其真正目标是促进本地区的经济增长，最终获取经济和政治利益。在实现最终目标的过程中，地方政府往往借助于经济增长这个中间目标。因此，地方政府衡量其环境监管策略是否成功，主要取决于其竞争策略是否能够最大化地推动经济增长。在环保软约束的形成过程中，不同地区的竞争策略可能存在差异，相同的策略在不同地区可能会形成不同的经济增长效应。这也可以总结为：地理环境、资源禀赋以及经济发展水平不同的地区，其环境监管策略会有所不同，地区之间的竞争策略出现分化。相同的环境监管策略，在不同的地区释放出不同的效能，带来不同的经济增长效应。下面将样本区分为东部地区、中部地区和西部地区，并分别用虚拟变量表示。根据内生增长理论，笔者构建了环境竞争策略的经济增长效应模型。在模型中，因变量是实际人均经济增长率，自变量包括地方政府环保软约束策略、环境破坏事件所带来的社会不稳定因素（用环境破坏事件的赔罚款额表示）、中央节能减排政策，以及人力资本、技术水平、产业结构、行政效率、财政支出结构、经济增长率滞后一期等控制变量。

计量结果显示（见表5－3），东部、中部和西部地区的环境监管策略的

---

① 中国（上海）自由贸易试验区获批之后，从沿海到内地，从南到北，地方政府涌现出申报自由贸易试验区的热潮。中共十八届三中全会《中共中央关于全面深化改革若干重大问题的决定》指出，“要在推进现有试点基础上，选择若干具备条件的地方发展自由贸易园（港）区。”此般表述，也让不少地方政府产生了联想。于是，“自由贸易试验区”开始成为继经济特区、综合改革试验区以及保税区等之后，又一个深受地方政府青睐的新平台。在2014年各地方政府工作报告中，明确写到要申报自贸区的有20多个。

系数显著为正。这说明放松环境监管的做法在中国各区域均可以促进经济增长，并且通过放松环境监管拉动经济增长的效果均较为显著。进一步地看，东部、中部和西部地区相同的环境监管策略所释放的效能有着明显的差异，竞争策略的增长效应在地区之间存在差别。在系数均显著为正的情况下，东部地区环境监管策略的经济增长效应明显低于中部地区，而中部地区环境监管竞争策略的经济增长效应又明显低于西部地区。上述计量结果意味着，落后地区的环境监管策略容易陷入“追赶陷阱”：相同的环境监管策略在落后地区有着更高的经济增长效应，落后地区更倾向于采用宽松的环境监管策略。相对于发达地区而言，落后地区的生态环境有明显的“加速”下降的趋势。落后地区的政府也有着强烈的通过牺牲环境换取政绩的倾向，在产业升级过程中，那些高污染、高耗能产业容易成为首选，这使得落后地区的生态环境面临更为严峻的挑战。放松环境监管，除了可以带来经济增长，还会带来环境破坏。环境破坏事件的发生势必引起公众与企业之间的群体性冲突。在发生环境破坏事件时，选择一种合理的赔偿标准有可能会减轻破坏事件对经济的冲击。表中“社会不稳定因素”变量的系数均为正，这也说明赔偿标准的提高，将有利于本地经济的发展。计量结果还显示，人力资本、技术、产业结构优化、行政效率改善以及公共支出结构合理化是各地区经济增长的重要源泉。

表 5－3　中国省际生态环境竞争的增长绩效

单位:%

	Reg 1	Reg 2	Reg 3	Reg 4	Reg 5	Reg 6	Reg 7	Reg 8	Reg 9
常数项	9. 29 *** (0. 19)	9. 47 *** (0. 21)	－0. 15 (1. 53)	8. 47 *** (0. 2)	8. 81 *** (0. 31)	0. 43 (1. 55)	9. 94 *** (0. 21)	9. 99 *** (0. 21)	－0. 93 (1. 58)
东部竞争策略	6. 44 *** (1. 7)	5. 11 *** (1. 77)	2. 09 ** (1. 36)	4. 55 *** (1. 01)	3. 67 *** (1. 06)	2. 61 *** (0. 86)	42. 4 *** (10. 9)	29. 6 *** (10. 8)	20. 6 *** (8. 7)
中部竞争策略	22. 7 *** (5. 93)	17. 2 *** (6. 29)	19. 7 *** (4. 87)	8. 42 *** (2. 44)	6. 03 ** (2. 62)	7. 86 *** (2. 04)	104. 6 *** (31. 8)	73. 6 *** (31. 2)	44. 6 ** (22. 5)
西部竞争策略	110. 4 ** (13. 8)	99. 4 *** (15. 4)	65. 5 *** (13. 9)	27. 8 *** (3. 71)	24. 98 *** (4. 13)	17. 3 *** (5. 14)	190. 7 ** (85. 3)	150. 7 * (82. 5)	70. 11 (59. 5)
社会不稳定因素		2. 64 (3. 32)	0. 52 (2. 47)		2. 53 (3. 37)	0. 41 (2. 49)		2. 44 (3. 39)	3. 28 (2. 49)

续表

	Reg 1	Reg 2	Reg 3	Reg 4	Reg 5	Reg 6	Reg 7	Reg 8	Reg 9
中央节能减排政策		1.08 ** (0.44)	0.29 (0.33)		1.09 ** (0.45)	0.26 (0.33)		2.07 *** (0.41)	0.93 *** (0.32)
人力资本			5.97 ** (2.82)			5.34 ** (2.83)			7.07 ** (2.93)
技术水平			0.29 *** (0.12)			0.14 (0.13)			0.19 (0.13)
产业结构			3.41 *** (0.47)			2.90 *** (0.69)			2.41 *** (0.71)
行政效率			12.62 *** (3.33)			10.48 *** (3.44)			16.7 *** (3.36)
财政支出结构			-0.61 ** (0.27)			-0.71 *** (0.27)			-0.35 (0.27)
经济增长滞后一期			0.41 *** (0.05)			0.42 *** (0.05)			0.51 *** (0.04)
调整的 R^2	0.35	0.36	0.65	0.35	0.36	0.65	0.24	0.30	0.62
F 检验	7.14	6.99	16.31	6.98	6.83	16.36	4.53	5.42	14.51
观测值	348	348	348	348	348	348	348	348	348

注：* 表示 P<0.1，** 表示 P<0.05，*** 表示 P<0.01，Reg 1、Reg 2、Reg 3 的环境监管策略变量为钢铁行业产量，Reg 4、Reg 5、Reg 6 的环境监管策略变量为水泥行业产量，Reg 7、Reg 8、Reg 9 的环境监管策略变量为造纸行业产量。

虽然区域间的竞争从整体上看具有积极意义，但其竞争的内容需要从简单的“增长优先”转变为“增长与环境并举”。研究这种转变的机制，从激励层面规范地方环境监管行为是未来政策研究的重要着力点。实证分析结果表明，缺乏有效问责机制的环境破坏事件与环境监管策略之间没有呈现出显著的相关性，这意味着地方政府在给企业提供环保软约束的过程中可能并没有实质性的约束。为此，要改善生态环境，就需要从节能减排的责任追究制、环境破坏事件的问责制以及引导公众参与环境考核三方面进行制度创新：首先，健全节能减排的责任追究制。要建立和完善科学的节能减排指标体系和监测体系，让各地方政府对本地区节能减排指标负总责，让党政主要领导担任第一责任人。相关部门要把节能减排目标和任务逐级分解，将节能减排指标层层落实到重点企业，定期公布下级政府节能减排指标完成情况。把节能减排指标完成情况纳入经济社会发展综合评价体系，作为党政官员综合考核评价的重要内容，严格实行“一票否决”。要健全节能减排的责任追究制，还要将区域接壤的地区进行责任细分。淮河和太湖等环境污染问题久治不愈，其主要问题就是未能将这些横跨省区的污染减排责任进行划定。对此，宜采用“承包”的方式将责任落实到具体的行政单位，并将行政单位的节能减排责任落实到具体的行政官员。其次，强化环境破坏事件的问责制。要明确何种官员负何种责任，明确机构的职能及其工作人员的职责，并以宪法和法律规定何种官员所负何责。此外，要推动环境破坏事件问责制的法制化和程序化。要建立真正的问责制度，必须要建立相应的法律体系。除此之外，健全问责程序化是强化环境破坏事件问责的必备条件。问责程序化涉及环境破坏事件的责任认定程序、问责的启动程序以及问责的回应程序。最后，引导公众有效地参与环境考核。真正有效的环境考核，既来自于制度的硬规定，也来自于公众的有效参与。一方面，要让公众有知情权。地方政府在招商引资过程中，可能招来高污染企业，对于这种情况，要从制度上创新，使得公众得到充分的信息，提高政府环境监管的透明度。另一方面，要让公众有话语权，在政府的环境监管过程中，适当地增加听证程序。让辖区居民在地方政府的环境监管过程中有知情权和发言权，使地方政府面对“自下而上”的环境考核，是推动环保从“软约束”向“硬约束”转变的重要途径。

二、调整政府间横向关系的实践

地方政府何以在相互间展开竞争？笔者在第三章中考察了地方政府的利益诉求、约束条件和行动指南。笼而统之，这些理论分析大抵可以归类于动机论和约束论的范畴。应当注意到，要全面地分析地方政府相互之间的竞争行为，不仅要关注其行为的动机和约束，还要关注其行动能力。即便地方政府面临着弱约束、表现出强动机，但在缺乏资源配置能力的情况下，哪怕面对再大的诱惑也“爱莫能助”。换言之，政府间横向关系的演变，离不开地方政府资源配置能力的提升。而这，从根源上看，还是来自于中央的放权让利。

中央的放权让利有着历史必然性。如前文所述，早在20世纪50年代，毛泽东的《论十大关系》就为此埋下了伏笔。“文革”结束后，中国共产党以个人魅力崇拜和阶级斗争为基础的执政合法性体系不复存在，如何重构新的执政合法性体系就成为当时的一个紧迫性问题。一般而言，政权的合法性基础主要来自于三方面：一是意识形态型，即一个政权统治的正当性是基于一个被民众广为信仰的价值体系之上；二是绩效型，即一个政权统治的正当性是来源于其向社会提供公共物品的能力超群；三是程序型，即一个政权的领导人是通过一个被大多数人所认可的程序而产生的（赵鼎新，2012）。为了重构合法性基础，中国共产党将工作重心从阶级斗争转移到经济建设上来，把经济绩效作为执政合法性的基石。关于这一点，在《邓小平文选》中有着许多形象的描述，“要一心一意搞建设。国家这么大，这么穷，不努力发展生产，日子怎么过？我们人民的生活如此困难，怎么体现社会主义优越性”；“社会主义必须大力发展生产力，逐步消灭贫穷，不断提高人民的生活水平。否则，社会主义怎么能战胜资本主义”；“人民有自己的亲身经历，眼睛是雪亮的。过去吃不饱，穿不暖，现在不但吃饱穿暖，而且有现代化生活用品，人民是高兴的。既然如此，我们的政策还能不稳定？政策的稳定反映了党的稳定”；“现在特别要注意经济发展速度滑坡问题，我担心滑坡。百分之四、百分之五的速度，一两年没问题，如果长期这样，在世界上特别是同东亚、东南亚国家和地区比，也叫滑坡了。世界上一些国家发生问题，从根本上说，都是因为经济上不去，没有饭吃，没有衣穿，工资增长被通货膨胀抵消，生活水平下降，长期过紧日子。如果经济发展老是停留在低速度，生活水平就很难提高。人民现在为什么还拥护我们？就是这十年有发展，发展很明显。假设我们有五年不发展，或者是低速度发展，例如百分之四、百分之五，甚至百分之二、百分之三，会产生什么影响？这不只是经济问题，实际上是个政治问题”；“不改革开放，不发展经济，不改善人民生活，只能是死路一条”；“为什么‘六·四’以后我们的国家能够很稳定？就是因为我们搞了改革开放，促进了经济发展，人民生活得到了改善”。邓小平的这些论断也被归纳为一个著名的命题——“发展是硬道理”！

苏联解体和东欧剧变促使中国共产党冲破了意识形态的摇摆，将合法性彻底扭转到经济增长上来。中共十四大报告中指出：“如果我国经济发展慢了，社会主义制度的巩固和国家的长治久安都会遇到极大困难。所以，我国经济能不能加快发展，不仅是重大的经济问题，而且是重大的政治问题。”当经济发展成为国家目标时，如何实现这一目标便成为一个关键问题。众所周知，中国经济改革的起点是农村，从包产到户开始。当然，这一改革思路并非自上而下，或者说顶层设计。1978 年，安徽省凤阳县小岗村农民把集体耕地分开承包，由此开创了家庭联产承包责任制的先河，拉开了农业经营方式改革的序幕，这种“去集体化”模式很快在全国各地形成燎原之势。1982 年，中共中央《全国农村工作会议纪要》指出，目前农村实行的各种责任制都是社会主义集体经济的生产责任制。1991 年，中共中央《关于进一步加强农业和农村工作的决定》提出，把以家庭联产承包为主的责任制、统分结合的双层经营体制作为乡村集体经济组织的一项基本制度长期稳定下来，并不断充实完善。由于在农村这一原有计划体制边缘地带的放权让利改革带来了意想不到的经济绩效，后续的其他领域改革的一个重要内容就是放权让利。从更广的范围看，中央政府的放权让利包含两方面内容：

一是生产经营权的下放和利益转让。在农村，推行小段包工定额计酬、专业承包联产计酬、联产到劳、包产到户（组）、包干到户（组）等形式的生产责任制。与此同时，提高农产品收购价格，放开农贸市场等。这些举措突破了“一大二公”、“大锅饭”的旧体制，将个人付出与收入挂钩，使农民的生产积极性大大提高，并将农业富余劳动力释放出来，从而推动了乡镇企业的大发展。在城市，扩大国营企业自主权，实行厂长（经理）负责制，建立多种形式的经济责任制。在所有权与经营权分离的条件下，探索国有企业承包经营责任制、租赁制、资产经营责任制、税利分流以及股份制。在收益分配上试行企业基金制、利润留成制、利改税、盈亏包干制等，辅之以价格双轨制（即在一定数量限制内由政府定价，超出范围由市场定价），明确了企业的利益主体地位，调动了企业管理层和职工的积极性，激活了国营、国有企业的盈利意识、竞争意识和发展意识。随着国资委监管体制的构建，原先分散于各部门的国有资产出资人的权力被集中起来，以往“九龙治水”、“看起来大家都在管，却谁也管不了”的局面结束了（王新红和谈琳，2005）。在人事方面，地方政府可以通过直接或者间接任命高管来对国企施加影响，提升自身的资源配置能力。通过一系列的制度安排，国企被改造成为追逐利润的微观经济主体，政府成为掌控经济资源的一个重要主体。当然，地方政府对国企的干预还是呈现出一些区域性特征，在经济增长受阻时以及市场化进程较慢的地区，地方政府干预本地国企的动机就越发强烈（唐雪松等，2010）。

二是国家行政管理权的下放和利益转让。中共十三大报告提出，凡是宜于下面办的事情，都应由下面决定和执行，这是一个总的原则，做到地方的事情地方管，中央的责任是指出大政方针和进行监督。中央政府的放权让利充分地体现在立法权、财政权和人事权等方面。在立法体制上，全国人大于1979年通过了《地方组织法》，赋予了省、自治区、直辖市的人大及其常委会制定地方性法规的权力，地方立法权从此获得了法律上的认可。1982年，全国人大进一步修改了《地方组织法》，规定省、自治区的人民政府所在地的市和经国务院批准的较大的市的人大常委会，可以拟订本市需要的地方性法规草案，提请省、自治区人大常委会审议制定，并报全国人大常委会和国务院备案，省、自治区、直辖市以及省、自治区的人民政府所在地的市和经国务院批准的较大市的人民政府，可以制定规章。在财政体制上，中央政府先后推出了“划分收支、分级包干”①、“划分税种、核定收支、分级包干”② 以及“收入递增包干、总额分成、总额分成加增长分成、上解递增包干、定额包干、定额补助”等多种模式，推行“分灶吃饭”③ 体制。1994年起，在根据中央和地方事权合理确定各级财政支出范围的基础上，按照税种统一划分中央税、地方税和中央地方共享税，建立中央税收和地方税收体系，分设中央税务和地方税务机构，实行中央

---

① 1980年，中央政府颁布的《关于实行“划分收支、分级包干”财政体制的暂行规定》提出：除北京、上海、天津三个直辖市仍实行接近于“统收统支”的财政集中办法外，其余各省份均开始实行“财政包干”体制。“财政包干”体制的核心是明确划分中央和地方财政收支范围，把财政收入分为中央固定收入、地方固定收入、中央和地方调剂收入三类，财政支出则主要按照企事业单位的隶属关系进行划分，然后通过界定地方财政的收支基数，确定包干形式，地方多收便可以多支，少收则要少支，自求平衡，原则上五年不变。这种体制也时常被称为“分灶吃饭”。

② 经过了两步“利改税”改革，企业对政府的利润缴纳改为税收缴纳。在此基础上，1985年实行了“划分税种，核定收支，分级包干”的财政体制，即按改革后的税种设置，把全部财政收入按税种划分为中央固定收入、地方固定收入、中央和地方共享收入。财政支出仍按企事业单位隶属关系划分为中央财政支出、地方财政支出、中央财政专项拨款支出。在分成办法上，地方固定收入大于支出的，定额上解中央；地方固定收入小于支出的，在中央和地方共享收入中确定一个比例留给地方；地方固定收入、共享收入全部留给地方仍不足以抵补支出的，由中央定额补助。分成比例和上解、补助数额一经确定，5年不变，地方多收多支、少收少支，自求平衡。这种体制已经有了一些“分税制”的特征。

③ 鉴于中央财政收入占比持续下降、赤字连年增加，中央政府从1988年起对财政体制再次进行这一调整。

对地方税收返还和转移支付制度，建立“分税制”财政管理体制的基本框架。① 在人事体制上，新中国成立初期，干部选拔制度是党内任命，中央“下管两级”（即中共中央组织部管到省部级官员和地市级官员）。1984 年，中共中央推动了官员制度的改革，由此前的下管两级改革为“下管一级”：除了省部级官员外，原来地厅级、司局级干部也归中组部管，下管一级的体制把人事权下放给了地方，于是中共中央组织部就只管省部级干部了。这实际上是赋予地方政府在人事任免方面更大的自主性，为地方治理的实现奠定了组织基础。立法体制、财政体制和人事体制等领域的改革，赋予了地方政府发展经济的自主性，让其有能力制造政策洼地，吸引各种生产要素持续流入，为本地公众造福。

当然，中央的放权让利并非撒胡椒面。在放权让利过程中，“东重西轻”的梯度分权格局逐渐形成：东南沿海一带权力下放程度较大，而中西部地区权力下放程度较小。例如，1980 年，中央在东南沿海一带设立了 5 个经济特区。1984 年，中央设立 14 个沿海开放城市，也都分布在东南沿海地区。这样从名号上看就形成了经济特区—经济技术开发区—沿海开放城市—沿海经济开放区—内地五个梯次，从地域上看就形成了海南省—广东省、福建省—内地三个梯次。在一个具有中央高度集权传统的国家，为了使权力下放取得预期成效和避免因权力的全面下放可能引致的混乱，中央政府选择一些客观上有利于推行改革开放政策的地区进行试验，取得经验后再逐步加以扩围的做法带有一定的历史必然性。然而，权力梯度下放的消极作用越来越突出地暴露出来：一是那些获得更多下放权限的地区，能获取和支配的资源就更多，地区之间的不公平竞争逐渐形成②；二是由于权力下放向东倾斜，因此东部地区的发展速度较快，东部西部的差距拉大；三是享有特殊权力和优惠政策的地区，由于获利较易、较大，其发展的积极性

① 1994 年以后，针对分税制的一些遗留问题，中央政府进行了一系列的调整。例如，2001 年下发《关于印发所得税收入分享改革方案的通知》，要求从 2002 年起实行新的所得税分享方案。新方案规定：除铁路运输、国家邮政、工行、农行、建行、中国银行、国家开发银行、中国农业发展银行、中国进出口银行以及海洋石油天然气企业缴纳的所得税继续作为中央收入外，其他企业所得税和个人所得税收入由中央与地方分成。将各地区 2001 年的实际收入作为基数，实施增量分成。

② 例如，《中外合资经营企业所得税法》规定合营企业盈利所得税率为 30%，并附征纳所得税额 10% 的地方所得税和汇出国外利润额 10% 的所得税。而在经济特区和经济开发区则减半征收，地方征税也可由地方酌情减免以招商引资。可见，不同地区的中外合资企业处于一种不公平的竞争状态。

必然空前高涨，而中西部的积极性则受到压抑（薄贵利和金相文，1997）。

总体而言，随着中央政府放权让利过程的推进，地方政府、企业和居民等相关主体参与经济活动的动机和能力逐渐增强，其利益诉求逐渐强化。对于地方政府而言，其目标也发生着显著的变化。改革开放以前，由于中国执政党强大的社会动员能力、高度集中统一的行政管理模式以及指令性的计划经济体制，中央政府与地方政府之间的关系是一种典型的“指令—服从”模式，地方政府行为的自主性空间极为有限。在此情形下，地方政府的角色接近于传统公共管理学中所言的“公共人”，即政府是公众利益的天然代表，政府官员是毫不利己的公仆，政府及官员在公共管理活动中摒弃了狭隘的个人和局部私利，以公共利益为唯一的政策行为动机。改革开放以后，中央政府把对地区经济发展的财政“剩余索取权”赋予了地方政府，把对企业的所有权、控制权和经营权下放给了地方政府，由地方政府管辖和经营大部分国有企业①。从此，地方政府渐渐超越了忠实执行上级政策的代理人角色（Naughton 和 Yang，2004），成为拥有更大积极性和主动性、承担更多公共服务责任的管理者，一改高度集中的行政和经济体制下的超然态度，全心全意地投入到推动地方经济发展的事业中（Oi，1992），中央政府与地方政府之间的关系就演变成为“指令—服从”与“指导—自主”相结合的新模式。在此情形下，地方政府的角色接近于公共选择理论中所说的“经济人”，即政府及官员在公共管理活动中会按照“成本—收益”的原则追求利益最大化。关于这一点，不论是专制政府还是民主政府，都具有相似性（Shleifer，1998）。

第二节　机理分析

前面分析了地区之间竞争的“怪招”——环保竞次，以及竞争策略的

① 以“放权让利”为特点的中国国有企业改革从1958年开始，1958年中央管理的全部9300家企业中的8100家被下放到地方，中央直属企业在全国工业总产值中的比重由1957年的39.7%下降到了13.8%，管理权的全面下放和“大跃进”导致的经济大混乱迫使政府进行行政集权的调整。1970年再次进行企业下放，中央直属民用工业企业只剩下142个，中央直属企业在全国工业总产值中的比重降到了8%。资料引自吴敬琏：《当代中国经济改革》，上海远东出版社2004年版。

中间目标——增长绩效。那么，地区之间竞争的终极目标是什么？笔者在第三章中将地方政府激励简述为三点：对财税收入的渴求、对晋升政绩的偏执、对不当得利的贪婪。那么，这样的理论假说，经得住实践的检验吗？尤其是，现有文献往往只强调晋升激励和财税激励的作用。例如，有关晋升激励的理论认为，中国地方官员之间存在着围绕经济增长而进行的“晋升锦标赛”，行政和人事的高度集权可以将那些关心仕途的地方政府官员置于极强的激励之下，因此晋升锦标赛是将经济增长与官员政治晋升兼容在一起的激励模式。在政治晋升锦标赛中，官员的“优异”表现往往会带来职务上的晋升，官员要想获得职务上的晋升就必须具有“优异”的表现。有关财税激励的理论认为，中央政府从 20 世纪 80 年代初开始把很多权力下放到地方，给予地方政府相对自主的经济决策权，以“财政包干”为主要内容的财政分权改革，使得地方政府可以与中央政府分享财税收入，地区的财政收入越高则地方政府的留存就越多，而且预算外收入更是 100% 的留存，因而中国地方政府有着极强的激励去推动本地经济增长。笔者认为，要全面地解释地方政府行为对于经济增长和经济波动的双重影响，仅凭政治晋升激励和财税激励是不充分的，在地方政府行为的背后必定有超越财税收入和政治晋升之外的激励力量存在。因为，财税激励是一种间接经济利益的激励，激励对象主要是集体而非个人，地方政府的财税收入并不能直接地、合法地归属于某位官员所有，官员只能获得“大锅饭”式的经济利益。我们注意到，地方官员不仅受政治利益和间接经济利益的影响，还受到了直接经济利益的影响。此处的直接经济利益主要是指国家工作人员利用公共权力从私人部门那里换取的个人利益，亦即通过权钱交易获得的不正当经济利益。现实中，政治利益、间接经济利益和直接经济利益具有互补性，是一些地方政府官员的行动指南。

一、基本模型

政府推动经济增长的手段离不开投资，地方政府影响区域投资量的方法通常有两个，一是利用财政资金直接投资，二是通过为辖区企业创造多种形式的软约束来鼓励企业投资。假定地区 j 的投资量为 q_j，通过对各地区投资量进行加总可以得到全社会的投资总额 Q。假定单位投资可以带来的间接经济利益为 P，随着全社会投资总额的增加，产能不断增加，单位资本带来的财税收入不断减少，单位资本的经济和社会成本不断增加，换句话说，单位资本可以带来的间接经济利益是投资额的减函数。假定地区投资可以带来直接经济利益 $B(q_j)$，地方官员为了捞取更多的“个人好处”而想方设法增加投资，并且个人好处是投资量的增函数。假定经济增长和投资增长更快地区的官员将获得政治上的晋升，而增速较慢的地方官员将失去政治上晋升的机会；政治利益 Z 是地区投资量占全社会投资总额 q_j/Q 的增函数，随着地区投资量占全社会投资总额的比重增加，地方官员的政治利益也将增加。地方政府的目标函数是：

$$\pi_j(q_j) = q_j \cdot P(Q) + B(q_j) + Z(q_j/Q) \tag{5-1}$$

地方政府间的博弈存在着古诺均衡，即存在一个地区投资量向量 q^*，当 q^* 等于（q_1^*，q_2^*，…，q_J^*）时，每个地方政府都能各取所需，实现自身利益最大化。在地方政府为增长而竞争的过程中，地方政府 j 将会假定其他地区的投资量 q_k（k 不等于 j）达到其利益最大化时的投资量 q_k^*，此时地方政府 j 也必然使其 q_j 达到 q_j^* 的水平。在各地区投资量水平由中央政府决定的条件下，根据一阶条件可以求出中央政府的最优投资量 Q_0^*，并且中央政府的合意投资总额满足下式：

$$P(Q_0^*) + Q_0^* \cdot P'(Q_0^*) = 0 \tag{5-2}$$

二、财政分权的影响

财政分权可能助长投资过热和经济波动问题。王绍光（1997）提出，过度财政分权会导致宏观经济不稳定。周业安和章泉（2008）认为财政分权对 1994 年以后的经济增长的促进作用十分显著，但它也是导致宏观经济波动的重要原因。笔者在上一章探讨了地方政府的债务博弈行为。现实中，地方政府举债机会主义行为的背后，既隐藏着深刻的财税奥秘，也埋下了巨大的经济风险。值得玩味的是，在计划经济时期，我们曾以“既无内债又无外债”为导向。这实际上是缺乏市场常识，不懂得运用杠杆来推动经济发展。然而，现在我们似乎又走到了另外一个极端，不顾偿债能力而拼命举债。地方政府偿债能力取决于什么？有研究表明，地方政府无法依靠一般预算收入即税收和国有企业收益为基础设施建设筹资，而只能仰仗土地出让收入（范剑勇、莫家伟，2014）。既然地方政府偿债能力如此倚重土地出让收入，土地价格能否持续上涨就关系到地方偿债能力是否有保障。

或曰，债务增加了，但土地价格下行使得卖地收入实际减少了，地方政府还债的难度将越来越大。近年来，地方政府性债务不断膨胀，其前提就是土地价格的持续飙升。在城市化和工业化进程中，地方政府逐渐认识到土地的资本和资产功能，比较普遍地形成了以“经营土地”来“经营城市”、“经营发展”的理念，确立了“筹资举债—土地开发—卖地盈利—偿还债务”的经济发展逻辑。即通过各种渠道筹资举债以增加对城市基础设施的投资，大力改善招商引资环境，吸引外来资本流入本地，进而促进区域经济发展水平的提高，而作为经济发展的“副产品”，土地也会得到较大幅度的升值，地方财政收入也相应地“水涨船高”，进而增强了偿还债务的能力。这在现金流上的表现就是，土地出让收入急剧飙升：2008 年，地方政府土地使用权出让收入为 10375.28 亿元，与其本级财政收入的比值为 36.22%；2014 年，地方政府土地使用权出让收入达到 42605.90 亿元，与其本级财政收入的比值高达 56.16%（如图 5 - 1 所示）。实际上，地方政府还能通过土地出让享有后续的各种费用，以及房产税、营业税等一般预算收入。如果连同用土地向银行抵押获得的贷款，地方政府的现金流会更多。拍卖槌一落、土地一整理，土地出让收入和银行贷款随即滚滚而来、源源不断。

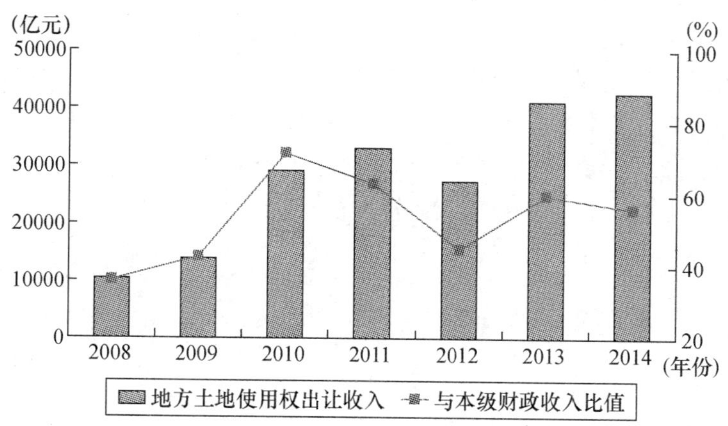

图 5 - 1　地方政府土地使用权出让收入及其占本级财政收入的比重

资料来源：财政部历年《关于上年中央和地方预算执行情况与本年中央和地方预算草案的报告》。

地方政府这种“先借债发展，再卖地还钱”的模式，是建立在特殊的土地管理制度基础之上的。在中国，城市土地属于国家所有，农村土地归村集体所有。城市化和工业化所需的土地绝大多数来自农村，这些土地必须经由政府征用后才能进行开发和出让，并且土地征用补偿标准主要由政府决定。从而，政府垄断了土地一级市场。这样一来，地方政府可以一方面通过诸如“招拍挂”等竞争性较高的方式高价出让商业、居住用地，另一方面又通过压低征地价格，从中赚取差价。当然，地方政府的这种开发模式，还建立在政府间混沌的财政关系基础之上。如前文所述，土地财政所带来的财政收入主要为地方政府享有，中央政府并未得到多少直接好处。既然如此，中央政府又为何不对其治理整顿、深化改革，结束这种“野路子”的土地财政，令其走上公共财政的康庄大道？显然，中央政府的难言之隐就在于，若如此，就不得不在自己的钱袋子里再多分出一部分给地方政府，以弥补其财政困境，或者更多地承担那些长期以来中央与地方间划分模糊的财政支出项目。在厘清财权、事权、财力和支出责任四大要素之前，中央若仅以一纸命令就废除了地方的土地财政，显然是有失公允的。对比国家审计署两次政府性债务审计结果，可以发现在两年半时间里地方政府负有偿债责任的债务从6.7万亿元增长到10.9万亿元，增长62.44%，或有债务从2.34万亿元增长到7万亿元，增长299%。由此可见，中国当前地方债务膨胀的风险恐怕还不在于总量，而在于增长势头。尽管地方债务风险总体可控，但局部偿债危机可能蔓延。当局部经济风险突破临界点时，宏观经济难免因此而出现剧烈波动。

由上可知，要化解以高杠杆为特征的经济风险，地方政府要是没有充足的财力，就如同痴人说梦。在追求地方财政收入的过程中，上述基本模型便发生了变化。在考虑财税收入这种间接经济利益时，地方政府j最优化问题的一阶条件既是必要条件，也是充分条件，其古诺均衡解是：

$$\frac{\partial \pi_j(q_j)}{\partial q_j} = P\left(q_j + \sum_{k \neq j}^{J} q_k^*\right) + q_j \cdot P'\left(q_j + \sum_{k \neq j}^{J} q_k^*\right) = 0 \tag{5-3}$$

其他地方政府也面临着同样的古诺均衡，由此可以得出地方政府最优化问题的方程组，通过求解方程组可得：

$$J \cdot P(Q_1^*) + Q_1^* \cdot P'(Q_1^*) = 0 \tag{5-4}$$

式中，J为地区数，并且J大于1。由于单位资本引致的间接经济利益是投资额的减函数，通过比较式（5-2）和式（5-4）可知，$Q_1^* > Q_0^*$。因此，财税收入激发了地方政府的投资冲动，地方官员为了争夺间接经济利益而形成的投资额高于中央政府的合意投资额。

命题 5－1：地方官员为了获取间接经济利益而形成的全社会投资总额 Q_1^*，大于中央政府合意投资总额 Q_0^*。

值得注意的是，中国财政分权程度和宏观经济波动程度之间的关系在改革开放前和改革开放后表现出两种不同的关系（如图 5－2 所示）。改革开放前，中国宏观经济波动程度随着财政分权程度的提高而上升；改革开放后，中国宏观经济波动程度随着财政分权程度的提高而下降。从散点图的拟合程度上看，改革开放前财政分权和宏观经济波动的拟合程度较差，改革开放后财政分权和宏观经济波动的拟合程度较好。改革开放后财政分权和宏观经济波动之间关系的散点图，初步地为命题 5－1 提供了事实依据。当然，两段时期的散点图还说明，除了财税激励因素，必定还存在其他因素影响着地方政府行为。

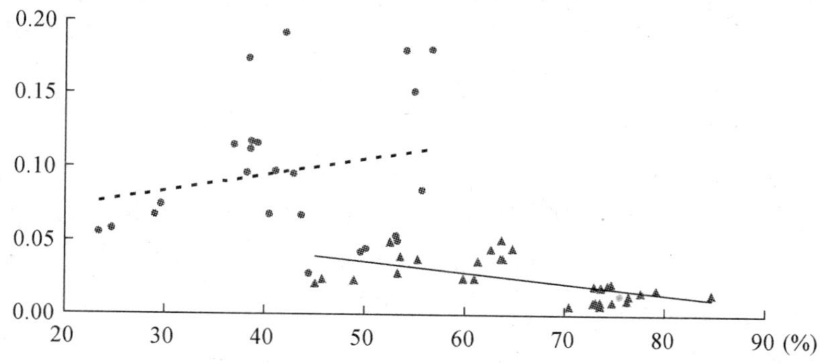

图 5－2　财政分权与宏观经济波动

注：横轴表示财政分权程度，用包含预算外支出的省级以下财政支出占总财政支出的比重表示。纵轴表示中国宏观经济波动程度，用总产出增长率的滚动标准差表示。圆点表示改革开放前的财政分权与宏观经济波动关系的散点图，虚线为两者趋势线；三角点表示改革开放以后的财政分权与宏观经济波动关系的散点图，实线为两者趋势线。

资料来源：《中国财政年鉴》、《中国统计年鉴》和《新中国五十五年统计资料汇编》。

三、权力寻租的影响

虽然财政分权在某种程度上刻画了地方政府行为，但我们也不应该像新古典的企业理论一样将地方政府视为一个“黑箱子”，忽略了对官员激励这一根本性问题进行深入的探讨，忽视了地方政府领导人和普通官员的区别，过多地将地方政府抽象为同质的行为人，而不对地方政府领导人与普通官员在地方政府行为中的地位、作用和相互关系进行深入的研究。研究地方政府激励必须结合具体的中国政治经济制度和环境，摸清楚地方政府内部各类行为人的效用函数和约束条件。地方官员并非是同质的行为人。地方官员利益既有共性特征，也有个性特点。安东尼·唐斯在《官僚制内幕》一书中把“经济人”假设引入政治学分析，通过对官员动机、行为模式等方面的研究来剖析官员和组织行为。唐斯认为官员们存在着共同局限和偏见。官员的主要局限在于决策时间的限制、决策信息的不完备、个人偏好问题、决策以及信息搜集能力几个方面。官员的主要偏见是向上汇报时的信息歪曲、执行命令时的偏好选择、对上级命令的利益性重构、职责承担的利益性重构。根据官员的不同动机和类型，唐斯把官僚分为五种类型：权力攀登者、保守者、狂热者、倡导者、政治家。其中，权力攀登者追求权力、收入、声望最大化，他们通过三种基本行为方式实现抱负，即晋升、扩张和跳槽。保守者只考虑便利和安全，他们反对变革，总是设法保住手中的利益。狂热者效忠于个人的狭窄的政策观念，为了实现这些观念，他们不顾职位限制和他人的反对。倡导者效忠于比狂热者宽泛的对组织有利的理念，他们易受同事、上司和下属的影响，多数官员属于这种类型。政治家效忠于国家和社会，有大局观，希望通过协调解决冲突。当然，官僚体系下的官员可能无法进行截然不同的类型划分，每一个官员都同时具有安东尼·唐斯所归纳的一种以上类型特征。此外，与成熟市场经济国家的地方政府相比，中国地方政府机构膨胀和人浮于事现象更加明显。这也意味着，地方政府必须获得充足的财税收入才能保证政府官员们的薪酬和福利。中国政治体制有两个特征：一是以 GDP 为主的政绩考核机制，二是基于民意调查的官员任免制度（王永钦等，2007）。对于地方政府领导人而言，通过增加本地官员们的福利待遇，才更容易赢得他们的口碑，才更容易有良好的“群众基础”。

笔者认为，财税激励对于地方政府而言主要是一种间接式的经济激励。地方政府增加的留存并不能直接且合法地归属于某位领导人或官员，领导人和官员们必须与其他官员们分享增加的财政留成，他们从增加的财政留成中只能获得“大锅饭”式的经济利益。换句话说，财税激励的对象主要是团队而非官员个人，地方领导人和官员们从财税激励中获得的是间接经济利益。在现有的财政体制下，地方官员的薪酬和福利是与本地的财政收入直接挂钩的，本地的财源越充足则地方官员的薪酬和福利也就越高。地方官员的薪酬和福利更加取决于整个团队的努力，而非个人的努力，地方政府"创收"目标的实现取决于整个政府部门这样一个"团队"的同心协力。从另一方面看，在地方官员们的同心协力创收过程中，也可能存在着部分地方官员的"搭便车"行为，这也可以部分解释地方政府中存在的人浮于事现象。总之，相对于其他激励方式，财税激励更能够促使地方官员们统一行动，吸引一切可能的要素投资本地，最终实现官员个人薪酬和福利不断膨胀。间接经济利益可能是影响地方政府行为的重要因素，但并不是唯一的因素。批评财政激励理论的观点认为，中国并不是真正意义的联邦制国家。按现行的体制，中央政府对地方政府的分权只能属于行政管理性质的向下授权，下放的权力随时可以收回：中央政府分给地方政府的行政权力随时可能被中央以变"块管"为"条管"的方式收回，从近年来的情况看，越来越多的职能部门开始脱离地方政府的序列，实行垂直管理，以加强执法效能，例如工商、质监、税收和土地等部门由原来的地方管理变成了垂直管理；分给地方政府的财税利益也可能以"鞭打快牛"或者税制改革的方式收回，比如在 1994 年之前，"财政包干"的合同也经常被中央政府事后调整。即便在 1994 年"分税制"改革后，中央政府与地方政府相互之间的利益关系也一直处于调整变动之中，即使这些调整变动有时明显地有损于地方政府的经济利益①，但地方政府推动经济增长的热情并没有受到显著的损害。

在地方政府行为的背后必定有超越财税收入的经济利益因素存在，这一因素很可能就是直接经济利益，亦即通过权力寻租获得的不正当经济利益。在经营土地、经营城市过程中，官员的寻租行为屡见不鲜。由于集体土地必须先由政府低价征用，然后才能由政府出让给土地需求者，这"一征一出"就产生了广阔的寻租空间。从而，一些地方官员混淆了政府与市场的边界，依靠公权力冲到第一线去招商引资，权力同资本坐在了同一条船上，"勾肩搭背、不分彼此"。而一些房地产商之所以能拿到地，恰恰就在于其和权力有千丝万缕的关系，或者说有所谓的政府背景。对于征地与

① 一个典型的例子就是营业税改增值税后，地方主体税种面临"群龙无首"的局面。

卖地之间的巨额利润，由于监管体制漏洞，一些地方以各种形式规避上级的规划、管制和审批，违规违法问题时有发生。值得注意的是，少数官员上任后第一件事就是千方百计地立项目上工程，这样的做法有两大好处，一是创造优秀的“政绩”，捞取政治晋升的资本，二是可以从这些项目工程中敛财。这些“大干快上”的做法将立即带动钢铁、水泥、建材等相关行业的膨胀，此外，官员公款吃喝、公款旅游刺激了餐饮业和旅游业的发展，庞大的公务用车规模刺激了汽车工业发展。在研究地方政府行为对中国经济的影响时，现有文献过多地强调财税分权和政治晋升的作用，却忽视了官员权力寻租的作用。显而易见，间接经济利益不能等同于直接经济利益，即财税激励不构成对官员的直接经济激励。政治利益和直接经济利益两者也存在着显著的差别：中国自古便存在着“升官发财”的政治传统，但升官和发财仍然是两个问题，官员的政治利益也不能等同于直接经济利益。我们注意到，官员的直接经济利益对地方政府行为起着决定性的影响。例如，官员通过“权钱交易”① 或“权力资本化”开发一些本不应该开发的项目、建设一些本无必要建设的工程。缪尔达尔（1992）用“软政权”的概念来描述政府被俘获的现象：那些掌握着公共权力的人牟取个人非法利益，商界资本与官场权力的勾结造成政府被俘获，使公共权力变得软弱无力，最终形成权力的资本化。实际上“权力资本化”比“权钱交易”的范围更广。前者的途径包括：明显违法的权力资本化途径，即当事人双方采取直接的方式“权钱交易”；隐秘的权力资本化途径，即当事人通过隐秘间接地方式“权钱交易”；官员下海的方式等。官员的出发点可能不是财税收入或是政治晋升，而是乘机“捞一把”，比如广为人知的“59 岁现象”，少数的政府官员在退休前通过搞工程、搞建设来捞钱，这些行为的出发点很可能主要是私人直接经济利益。冯志峰和张明龙（2015）以 2000 ~ 2015 年中共中央纪律检查委员会网站公开报道的 175 例“落马”市委书记为研究样本，归纳了地方官员权力寻租的几种主要类型：一是买官卖官，即为他人职务晋升或职务调动做出安排，收取贿赂；二是承揽工程贱卖资产，即为商人承揽工程、项目、业务提供便利；三是贿赂多涉房地产贷款，即在

① 此处涉及的权钱交易主要是贪污和受贿。中国《刑法》规定：国家工作人员利用职务上的便利，侵吞、窃取、骗取或者以其他手段非法占有公共财物的，是贪污罪。国家工作人员利用职务上的便利，索取他人财物的，或者非法收受他人财物，为他人谋取利益的，是受贿罪。

房地产用地、房地产容积率审批等问题上给相关人员提供便利；四是包庇走私、干预司法，即当行使贿赂的人员遇到棘手之事时，干预司法部门。现有文献在探讨地方政府激励时，也涉及了地方政府的腐败问题，但这些文献主要讨论的是财政腐败（Fiscal Corruption），即讨论税收当局利用手中的权力通过向企业提供逃税保护而索取贿赂的行为（Chand 和 Moene，1999）。与财政腐败相比，官员腐败的含义更为广泛，可以更好地解释地方政府在中国宏观经济波动中的作用。总而言之，官员在运用地方政府的公共权力牟取私人直接经济利益的时候，本地的经济运行也将受到影响。

在追求不当得利时，上述基本模型也发生了变化。在财政分权和权力寻租的驱动下，地方政府 j 最优化问题的古诺均衡解变为：

$$\frac{\partial \pi_j(q_j)}{\partial q_j} = P\left(q_j + \sum_{k \neq j}^{J} q_k^*\right) + q_j \cdot P'\left(q_j + \sum_{k \neq j}^{J} q_k^*\right) + B'(q_j) = 0 \tag{5-5}$$

求解 J 个地方政府古诺均衡方程组可得：

$$J \cdot P(Q_2^*) + Q_2^* \cdot P'(Q_2^*) + \sum_{j=1}^{J} B'(q_j^*) = 0 \tag{5-6}$$

由于直接经济利益是投资量的增函数，并且单位资本引致的间接经济利益是投资额的减函数，通过比较式（5-2）、式（5-4）和式（5-6）可知，$Q_2^* > Q_1^*$，并且 $Q_2^* > Q_0^*$。因此，地方官员为了满足个人贪污腐败动机，将会使全社会投资总额进一步膨胀。

命题 5-2：地方官员同时考虑直接经济利益和间接经济利益时形成的全社会投资总额 Q_2^*，超过中央政府合意投资总额 Q_0^*，也超过只考虑间接经济利益时的全社会投资总额 Q_1^*。

如图 5-3 所示，中国权力寻租与宏观经济波动呈现出相似的变化趋势：在权力寻租数量下降的同时，宏观经济波动程度也趋于下降。需要强调的是，这里使用的官员腐败犯罪立案件数反映的只是已被依法查处的腐败案件，而不是包括已发生但未被发现的腐败情况，因此它并不能完全代表中国官员的腐败现状。尽管如此，图 5-3 仍可给命题 5-2 提供初步的事实依据。

四、政治晋升的影响

在政治晋升锦标赛中，官员的“优异”表现往往会带来职务上的晋升，

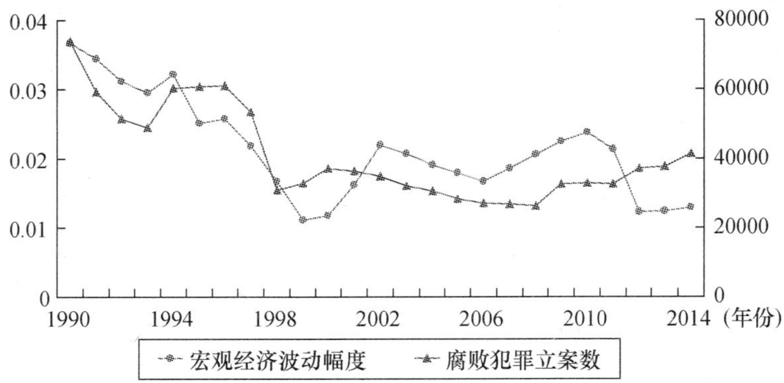

图5-3 权力寻租与宏观经济波动

注：左纵轴表示中国宏观经济波动程度，用总产出增长率的滚动标准差表示。右纵轴表示权力寻租情况，用全国检察机关腐败犯罪立案件数表示。

资料来源：《中国检察年鉴》、《中国法律年鉴》和《中国统计年鉴》。

官员要想获得职务上的晋升往往需具备“优异”的表现，官员从政治晋升中获得的主要是政治利益。古往今来，中国的官员们都处于金字塔结构之中。毫无疑问，他们时刻关心着自己在官场中的机遇，并为此而在相互间展开竞争。即使在改革开放之前，中国的地方官员们相互间也存在着政治晋升的锦标赛。彼时，各个地方曾竞相就粮食产量“放卫星”，那也正是政治晋升锦标赛的一种典型表现。我们认为，官员的政治晋升锦标赛本身是中性的，关键在于政绩评定取向：好的导向可以对地方的经济社会发展起到推动作用，而坏的导向可能起到阻碍作用。改革开放后，官员之间的晋升锦标赛并未消失，变化的只是政绩评定取向：由过去的政治挂帅转变成为经济挂帅，由过去的阶级斗争转变成为发展经济。政绩评定取向变化为“以经济建设为中心”、“发展是硬道理”具有历史合理性。在诸多政绩指标中，那些绿水青山、立党为公、执政为民、廉洁奉公等指标是隐性的、难以量化的，而GDP、经济增长、财政收入等指标是显性的、容易量化的。因而，在一些地方，注重看得见、摸得着、见效快的“显绩”，不敢直面并破解发展中的矛盾、难题和问题的“潜绩”。“以经济建设为中心”被异化成了“以GDP为中心”，“发展是硬道理”被异化成了“增长是硬道理”，以GDP论英雄、排名次，把提高GDP增长率作为政策规划、制度设计、工作安排的出发点和落脚点，形成了单纯以经济增长评定政绩的偏向。本书

第四章分析了央地间的债务博弈。实际上，地方政府对中央治理整顿的解构，既有被动的因，也有主动的源。对于地方政府的主动举债，官员政绩评定取向的影响不容忽视。在一些地方官员看来，要获得升迁渠道和名望，就离不开发展经济、搞工程。当然，要创造政绩，就必须具备雄厚的资金实力，有支持基础设施建设的先期垫付资本。在地方财力有限的情况下，具备超强的融资能力，在事实上竟然变成了检验地方官员施政能力的一个重要标尺，变成了政绩考核的隐形风向标。在此情形下，大规模主动举债就逐渐异化为一些地方官员的"主业"。当然，除了充分条件，地方官员们还具备了主动举债的必要条件，那就是可以轻松推卸责任。由于可以轻松地推卸责任，一些地方官员形成了"虱多不咬，债多不愁"的病态心理：任期内债务可以推卸到中央与地方分权体制身上，可以推卸到"保增长"、"稳增长"等宏观调控方针身上，可以推卸到有"大手笔"意识的上级领导身上，可以推卸到继任者身上，甚至还可以推卸到动迁"钉子户"身上——因为他们"加大了动迁成本"。

在同时考虑财政分权、权力寻租和政治晋升三种诱导因素时，地方政府 j 目标函数最大化时的古诺均衡解是：

$$\frac{\partial \pi_j(q_j)}{\partial q_j} = P\left(q_j + \sum_{k\neq j}^{J} q_k^*\right) + q_j \cdot P'\left(q_j + \sum_{k\neq j}^{J} q_k^*\right) + B'(q_j) + Z'\left(\frac{q_j}{q_j + \sum_{k\neq j}^{J} q_k^*}\right) \cdot \frac{\sum_{k\neq j}^{J} q_k^*}{\left(q_j + \sum_{k\neq j}^{J} q_k^*\right)^2} = 0 \tag{5-7}$$

与命题 5-1 和命题 5-2 的方法类似，根据式（5-7）可得：

$$J \cdot P(Q_3^*) + Q_3^* \cdot P'(Q_3^*) + \sum_{j=1}^{J} B'(q_j^*) + \sum_{j=1}^{J}\left[Z'\left(\frac{q_j^*}{Q_3^*}\right) \cdot \frac{\sum_{k\neq j}^{J} q_k^*}{(Q_3^*)^2}\right] = 0 \tag{5-8}$$

由于政治利益 Z 是地区投资量占全社会投资总额 q_j/Q 的增函数，所以式（5-8）的第四项为正数。通过比较式（5-2）、式（5-4）、式（5-6）和式（5-8）可知，$Q_3^* > Q_2^*$，并且 $Q_3^* > Q_1^*$，$Q_3^* > Q_0^*$。因此，地方官员谋求政治晋升的后果是使全社会投资总额膨胀到一个新的高度。

命题 5-3：地方官员间的政治晋升锦标赛，将刺激地方政府更大程度地增加投资。地方官员同时考虑三种利益的后果是，全社会投资总额 Q_3^* 超过中央政府合意投资总额 Q_0^* 、只考虑间接经济利益时的 Q_1^* 与同时考虑间接和直接经济利益时的 Q_2^* 的水平。

如图 5－4 所示，中国省委书记和省长的更替次数与宏观经济波动程度呈现出正相关的关系：省级官员更替频数越大，宏观经济波动的程度也就越高。图 5－4 给命题 5－3 提供了初步的事实依据。

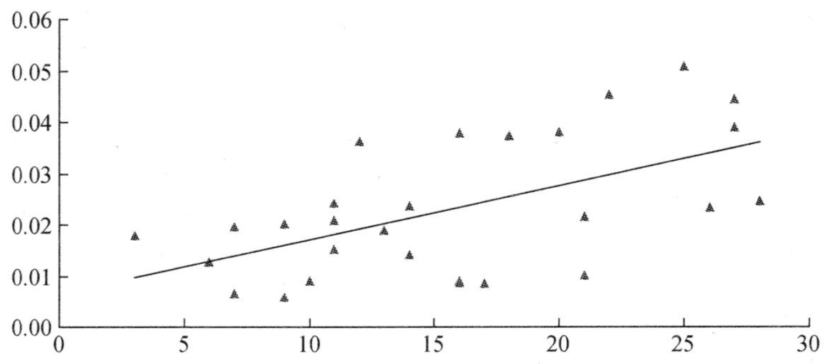

图 5－4　政治晋升与宏观经济波动

注：横轴表示中国官员政治晋升情况，官员政治晋升用省（市、自治区）委书记和省（市、自治区）长的更替频数表示。纵轴表示宏观经济波动程度，用总产出增长率的滚动标准差表示。实线是官员更替频数与宏观经济波动程度关系的趋势线。

资料来源：《中华人民共和国职官志》和《中国统计年鉴》。

基于上述分析，我们可以提出如下的理论命题：出于对直接经济利益、间接经济利益和政治利益的考虑，官员为了财税收入、权力寻租和政治晋升，运用手中的公共权力，采取了包括政府直接投资和赋予辖区企业预算软约束等措施，对宏观经济运行形成了冲击，导致了经济波动。

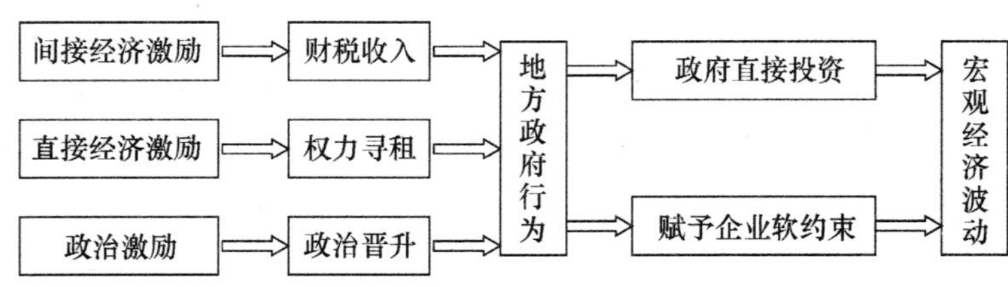

图 5－5　地方政府冲击的形成机制

第三节　经验分析

在“新常态”下，中国经济增长态势呈现出区间运行特征，经济增长在波动中前行。众所周知，导致中国经济波动的冲击因素很多。刘树成（2005）对中国经济周期波动的冲击因素与传导机制进行了全面系统的研究，他认为投资需求冲击、消费需求冲击、外部冲击、技术冲击和货币供给冲击均是中国经济波动的重要来源。那么从长期看，究竟哪些冲击因素的影响比较大，诸多冲击因素的影响程度有何差别？对此问题，现有文献的研究结论很不一致。有些学者从市场机制角度探寻根源，他们认为中国经济波动主要来源于市场性原因：卜永祥和勒炎（2002）利用实际经济周期理论研究中国经济波动问题，他们认为大约有76%的中国经济波动是来源于技术冲击的影响；王少平和胡进（2009）使用Cochrane（1988）所提出的方差比统计量法，对类似于美国金融危机等随机冲击因素的影响进行了度量，他们的研究表明，从长期看大约有20%的中国经济波动是来源于随机冲击的影响。另一些学者从中央和地方政府行为角度展开研究，他们认为中国经济波动主要来源于政府性原因：刘霞辉（2004）认为货币供给量的频繁变化是中国经济波动的成因；沈坤荣和孙文杰（2004）认为，当预见到中央政策将出现紧缩迹象时，地方政府会在经济上进行最后的冲刺，这造成中央“微调”政策收效甚微，也迫使中央出台更为严厉的调控政策，最终导致宏观经济波动；李斌和王小龙（2006）发现，中国经济波动的转折点与政府换届时间相吻合，改革开放以来的经济周期本质上是政治经济周期，地方政府行为是构成中国经济波动的主要力量；郭庆旺和贾俊雪（2006）认为，地方政府为了吸引民间和国外资本而进行的违规操作是中国经济波动的根源，而地区之间财政竞争的加剧和中央政府调控的不足更是助长了地方政府的违规行为。

一、经济波动来源分解

上述文献的研究结论之所以很不一致，其中原因主要是他们往往只选定了部分的冲击因素进行研究，而未能对冲击源进行完整的分解。唯有对中国经济波动冲击源进行完整的分解，把这些因素都放进同一个框架进行完整的分解，把它们的影响“过过磅”，搞清楚它们在中国经济波动过程中的分量究竟“几斤几两”、孰轻孰重，那些以促进经济平稳运行为导向的宏观经济政策才可能真正做到有的放矢，中国经济才更可能找到一条较为稳定的增长路径。从组成结构看，国民经济是由“条条”和“块块”所组成的，“条条”是指各个产业和行业，而“块块”则是指各个地区。关于如何分解中国经济波动冲击源，“条条”分解法和“块块”分解法具有重要的借鉴意义：孙广生（2006）研究了中国经济周期波动与各产业周期波动的关系，他将宏观经济波动看成是各个“条条”波动的综合效果①；郭庆旺和贾俊雪（2005）研究了中国经济周期与省份经济周期的关系，他们将宏观经济波动视为各个“块块”波动的综合效果②。笔者认为，产业和地区均具有不同的波动特征，对中国经济波动冲击源仅按“条条”划分或者仅按“块块”划分是不充分的。对此，笔者将宏观经济波动看成是“条条”波动和“块块”波动的综合效果，运用“条条块块”分解法对中国经济波动冲击源进行完整的分解。当然，除了“条条”和“块块”因素外，可能还有一些冲击因素会影响中国宏观经济稳定，比如对宏观经济有全面影响的经济政策。

下面按照“条条块块”的思路对中国经济波动源进行完整的分解，并将中国经济波动冲击源归纳为三大类：第一大类冲击源是市场环境冲击，用来衡量各个产业波动的综合效果；第二大类冲击源是地方政府冲击，用来衡量各个地区波动的综合效果；第三大类冲击源是其他冲击，用来衡量除了地方政府冲击和市场环境冲击之外所有对国民经济产生全面影响的经济冲击。Koren 和 Tenreyro（2007）提出了一个经济波动冲击源分解方法，

① 该文发现第二产业与经济波动相关性最强，其次是第三产业，第一产业则不相关，无论是景气上升期，还是下降期，冶金工业、建筑材料及其他非金属矿工业、建筑业是推动景气波动的主要产业。对于产业波动的原因以及不同产业波动程度的差异性，本书将其归结于市场环境的影响。由于市场环境对不同产业有着不同的影响，因而不同产业的波动特征不完全相同。比如高科技产业的技术创新活动较为活跃，其波动程度受到技术冲击的影响较大；纺织工业较多地依赖于出口，其波动程度受到外部市场的影响较大；钢铁行业较多地依赖于矿石等原料进口，其波动程度受到海外采购的影响较大。

② 该文发现，来自相对发达省份的经济冲击对全国经济波动更具影响力，而来自相对落后省份的经济冲击对全国经济波动的影响力较小。

他们据此将经济波动的冲击源分解为产业冲击、宏观冲击和其他冲击三类。Koren 和 Tenreyro（2007）的分解方法对于研究中国经济波动冲击源问题具有重要的参考价值，本书在“条条块块”的思路下借鉴他们的分解模型和方法，并且将地方政府冲击用区域冲击来衡量。笔者将地方政府冲击用区域冲击衡量，是基于一个重要的判断，即“地方政府统御区域经济发展”。事实上，中国经济高速增长的奇迹，体现了地方政府统御区域经济发展的这一事实。已有研究往往认为，地方政府间竞争是经济发展的重要推动因素。在地方政府间竞争的体制下，各级地方政府都在大搞开发区和政绩工程等经济项目，地方政府成为当地最大的“经济发展总公司”。中国经济高速增长的奇迹，使得一些坚定信奉自由市场经济的学者（如张五常），也相信地方政府间竞争体制是中国经济快速增长的主要原因。然而我们注意到，计划经济时期地方政府间也存在着激烈的竞争，土地亩产几十万斤的“放卫星”现象正是这种激烈竞争“逼”出来的。由于计划经济时期“市场的逻辑”没有展开，地方政府行为未能和市场力量相结合，不懂得运用市场，地方政府间竞争不但没有实现“超英赶美”，反而导致经济长期停滞。随着改革开放的推进，各级政府和各级官员的行为几乎全部市场化了，地方官员不仅用市场的手段发展市场经济、招商引资，还利用市场的手段实现职位升迁，用市场的手段从上级政府那里求得资源的分配，等等。行政手段和市场化手段的结合，使得地方政府实现了对区域经济发展的统御。地方政府统御区域经济发展，是“将区域部分理解成地方政府冲击”的基础。地方政府统御区域经济发展不仅表现在企业层面，即通过招商引资影响企业的选址和投资，更表现在产业层面，比如东部沿海地区的一些地方政府为争先承接国际产业转移展开了规模宏大的“腾笼换鸟”行动，与此同时，中西部地区为东部地区淘汰产业而遍地“筑巢引凤”。由于激励模式存在问题，地方政府在承接产业转移时往往缺乏整体考虑和长期规划，转入的企业与本地原有产业有时形成不了配套的产业链，转入的企业得不到相关产业链的支持，企业难免产生“再转移”的念头。地方政府的短期化行为，诱发了企业和产业的短期化倾向，进而导致大量建设资金流进流出，这是区域经济不平稳运行的重要来源。

现做如下假定：假定存在 J 个地区，j 是某地区的序号。假定存在 S 个产业，s 是某产业的序号；假定地区 j 的产业 s 所占份额为 w_{js}。假定各个地区的产业种类相同，而产业结构不完全相同。定义地区 j 的总经济冲击为

g_j，则 g_j 可以表示为：

$$g_j = \sum_{s=1}^{S} w_{js} \cdot g_{js} \tag{5-9}$$

式中，g_{js}是地区 j 的产业 s 所受到的经济冲击。根据“条条块块”的思路，g_{js}可分解为三部分：市场环境冲击 a_s，地方政府冲击 b_j，其他冲击 c_{js}。那么，g_{js}也可以表示为：

$$g_{js} = a_s + b_j + c_{js} \tag{5-10}$$

式中，a_s 是 s 产业在所有地区均受到的经济冲击，比如当全球的铁矿石价格变动时，中国所有地区的钢铁行业均受到冲击；b_j 是 j 地区的所有产业均受到的经济冲击，比如地方政府给辖区企业提供土地、税收、贷款、环保和劳动用工等方面的软约束（刘树成，2005），当地方政府调整软约束政策时，那么该地区的所有行业均可能受到冲击；c_{js}包含了所有未被 a_s 和 b_j 包括在内的因素，比如自然灾害、宏观经济政策、消费偏好更迭等。式（5-10）的优点在于将经济波动冲击源进行了一个完整的分解，它将除了地方政府冲击和市场环境冲击之外的所有冲击均归纳进其他冲击。笔者认为，这三类冲击源之间可能是相互关联的，例如，当全球铁矿石价格变动时，中国钢铁行业受到了冲击，地方政府可能会改变对辖区内钢铁企业的政策优惠以应对行业冲击。本书将在分解模型中考虑冲击源之间的相互关联性。根据矩阵运算法则可知，g_j 的方差 $Var(g_j)$ 可以分解成如下的形式：

$$Var(g_j) = w_j^T \cdot E(G_j G_j^T) \cdot w_j \tag{5-11}$$

式中，w_j^T 代表地区产业份额行向量$(w_{j1}, w_{j2}, w_{j3}, \cdots, w_{jS})$，$G_j^T$ 代表地区 j 的各行业所受经济冲击行向量$(g_{j1}, g_{j2}, g_{j3}, \cdots, g_{jS})$。设定 d 为单位列向量，则 $G_j G_j^T$ 可以表示为如下的矩阵形式：

$$G_j G_j^T = a_s a_s^T + b_j^2 dd^T + c_j c_j^T + b_j(a_s d^T + da_s^T) + b_j(c_j d^T + dc_j^T) + (a_s c_j^T + c_j a_s^T) \tag{5-12}$$

式中，a_s^T 表示市场环境冲击行向量$(a_{1s}, a_{2s}, a_{3s}, \cdots, a_{jS})$，$b_j d^T$ 表示地方政府冲击行向量$(b_{j1}, b_{j2}, b_{j3}, \cdots, b_{jS})$，$c_j^T$ 表示其他冲击行向量$(c_{j1}, c_{j2}, c_{j3}, \cdots, c_{jS})$。

在估计三类冲击值时，笔者采用了 Koren 和 Tenreyro（2007）的方法：g_{js}用地区 j 的 s 产业在时期 t 的经济增长率与整个样本期几何平均经济增长率的偏差表示，w_{js}用该 s 产业增加值占 j 地区总增加值的比例表示，a_s 用 s 产业在所有地区所受到冲击的加权平均数表示，b_j 用该地区经济冲击中剔除市场环境冲击后的平均数表示，c_{js}用该地区经济冲击减去市场环境冲击和地方政府冲击后剩余的部分表示。式（5－13）、式（5－14）和式（5－15）是对三类冲击值的估计：

$$\hat{a}_{st} = \frac{1}{J} \cdot \sum_{j=1}^{J} g_{jst} \tag{5-13}$$

$$\hat{b}_{jt} = \frac{1}{S} \cdot \sum_{s=1}^{S} (g_{jst} - \hat{a}_{jt}) \tag{5-14}$$

$$\hat{c}_{jst} = g_{jst} - \hat{a}_{st} - \hat{b}_{jt} \tag{5-15}$$

基于国家统计局产业划分标准，本书将中国产业分为六大类：第一大类是第一产业，包括农业、林业、牧业和渔业；第二大类是工业，包括采掘业，制造业，电力、煤气和水供应业；第三大类是建筑业；第四大类是交通运输业、仓储业和邮电通信业；第五大类是批发、零售贸易业和餐饮业；第六大类是除了第四大类和第五大类之外的其他第三产业。本部分的数据为改革开放以来的中国省级面板数据，数据来源于《新中国六十年统计资料汇编》、《中国统计年鉴》各期。价格以1978年为基期。

通过对各地区冲击源的数值进行综合，可以得到导致中国经济波动的三类冲击源数值。从长期的影响程度看，中国经济波动大约有60%来源于市场环境冲击，大约有30%来源于地方政府冲击，剩余10%归咎于其他冲击。对于中国宏观经济稳定而言，最大的经济冲击当属市场环境冲击。从某种程度上可以说，市场环境冲击是中国经济波动的主要冲击源。但是这种说法又是不准确的，因为市场环境冲击本身又可能包含许多经济冲击，比如某行业的重大技术创新对整个行业形成的技术冲击，中央政府土地监管政策重大调整对整个房地产行业形成的政策冲击，非典型性肺炎（SARS）和猪流感（甲型H1N1流感）对旅游业形成的随机冲击。基于篇幅和研究重点的考量，本书没有对市场环境冲击进行进一步的分解。无论是从宏观经济还是区域经济角度看，地方政府冲击均是重要的冲击源，并且地方政府冲击表现出显著的跨时差异特征和地域差异特征。其一，从地方政府冲击的跨时差异特征看，地方政府冲击程度在不同时期是变化的。地方政府冲击程度最小的是1986年的4.78%，而最大的是1988年的99.15%。如果剔除特别高的1988年、1992年以及2005年，那么地方政府冲击程度基本上在20%～40%徘徊。对于地方政府冲击程度异常的年份，我们可以从那些年份的重大事件中找出相应的联系。例如，1983年实行“利改税”的改革，地方政府的积极性提高了，相应地，1983～1988 年的地方政府冲击程度较大。1989 年的政治风波可能影响了地方政府推动经济发展的积极性，相应地，地方政府冲击在随后的几年内较小。1992 年初邓小平进行了对广东等地的视察，并发表了著名的南方谈话，地方政府受到了鼓舞，地方政府冲击程度也有显著的上升。1993 年中国经济面临着经济过热的局面，中央政府由此下发了“十六点方案”，旨在通过行政和市场的双重途径来抑制经济过热，地方政府冲击程度有着显著的下降。1997 年亚洲金融危机爆发，辖区出口企业受到外部市场的冲击，地方政府冲击的程度有所下降。其二，从地方政府冲击的地域差异特征看，地方政府冲击在不同地区有着差异化的表现。可以看出，发达地区的地方政府冲击程度较大，而欠发达地区的地方政府冲击程度较小。具体而言，地方政府冲击程度最高的五个地区分别是内蒙古、北京、天津、广东和上海，除了内蒙古的异常表现之外，其他地区均为经济发达地区；地方政府冲击程度最低的五个地区分别是河南、青海、宁夏、吉林和甘肃，这些地区的经济发展水平相对较低。总体而言，发达地区的地方政府行为对宏观经济稳定的影响程度更大。

二、地方政府激励再探

上述计量结果表明，中国经济波动有大约 30% 来源于地方政府冲击，并且地方政府冲击表现出显著的跨时差异和地域差异。对此，本部分从政治激励、间接经济激励和直接经济激励三个维度探寻根源，解释中国经济忽冷忽热的现象。下面首先给出计量模型、指标选取和数据来源，接着从计量模型的基本回归中得出几种激励因素与地方政府冲击的关系，然后用工具变量进行分析。

1. 计量模型、指标和数据

除了直接经济利益、间接经济利益和政治利益三大因素外，地区经济发展水平和开放程度也可能影响地方政府行为冲击。在实证分析地方政府行为对冲击的决定因素时，笔者设定的计量模型如下：

$$V_{jt} = \beta_1 F_{jt} + \beta_2 C_{jt} + \beta_3 P_{jt} + \beta_4 X_{jt} + \tau_j + \varepsilon_{jt} \qquad (5-16)$$

式中，V_{jt}代表第 j 个省区第 t 年的地方政府冲击；F_{jt}代表财税激励；C_{jt}代表权力寻租；P_{jt}代表官员政治晋升；X_{jt}代表其他可能影响腐败水平的解释变量，即地区经济发展水平和地区开放程度；τ_j代表第 j 个省的固定效应；

ε_{jt}代表随机扰动项。所用数据是中国省级面板数据。地方政府冲击值 V_{jt}来源于第三章的测算结果。

在对权力寻租进行经验研究的文章中，度量方法主要是采用一些标准化指数测量人们对政府腐败程度和广度的认识。其中，比较有影响力的国际指数包括世界银行的 BI 指数，透明国际组织的 CPI 指数等。Mauro（1995）等利用这些国际指数研究了腐败对于经济增长和制度变迁的影响。这些国际指数的好处是可以在更广泛和综合的意义上反映一个国家的权力寻租程度，但其也有明显的缺陷：首先，各国民众和投资者在主观的腐败认知程度上缺乏统一的标准和内涵，导致不同制度文化背景下被调查者的主观感受难以统一比较；其次，被调查者主观判断的腐败水平和该国的实际腐败情况可能存在较大差距（周黎安和陶婧，2009）。周黎安和陶婧（2009）用各省区官员腐败犯罪案件数来衡量权力寻租程度：与国际指数数据相比，官员腐败犯罪案件数能够更加真实地反映一个国家的腐败程度，而且一个国家内部的政治制度、法律结构是基本一致的，社会经济文化发展水平的差距并不大，官员腐败犯罪案件数可在某种程度上减少经验分析的偏差。腐败犯罪案件数来源于《中国检察年鉴》中各省、市和自治区级检察院检察长每年向各省人大提交的报告内容。需要强调的是，使用的腐败犯罪案件数反映的只是已被依法查处的腐败案件，而不包括已经发生但未被发现的腐败现象，因此它并不能完全代表中国各地区腐败现状。

官员政治晋升用各省（市、自治区）委书记和省（市、自治区）长的升迁情况表示。这里的“升迁”主要考虑两种情况，即“晋升”和“未晋升”。笔者认为，省委书记通常扮演着地区的“一把手”角色，而省长大多扮演着“二把手”角色。“一把手”和“二把手”面临着不同的晋升激励，并且他们的政治晋升空间迥异，而省长升迁为省委书记时属于“晋升”。从两者晋升差别看，省委书记晋升空间小于省长的晋升空间，因而省委书记和省长为了政治晋升需要做出的“努力”可能会有较大的差异。大多数现有文献没有区分“一把手”和“二把手”的政治晋升，本书采用两个相关变量代表官员的政治晋升激励，它们分别是省委书记的政治晋升和省长的政治晋升。当官员得到晋升时，将虚拟变量赋值为 1，否则赋值为 0。各省委书记和省长的数据主要来源于《中华人民共和国职官志》（2003）以及人民网和新华网资料库中的任命和调动信息。

财税激励用财政分权程度表示。对于财政分权的度量方法，学术界较多地用如下指标度量：含预算外的本级财政收入占总财政收入比重，含预算外的本级财政支出占总财政支出比重。本书同时选用这两个指标代表地方政府的财税激励。财政收入和支出数据来源于《中国统计年鉴》以及《中国财政年鉴》各期。地区经济发展水平用消除价格水平后的人均国内生产总值表示，地区开放程度用进出口贸易额占当地国内生产总值比例表示，数据来源于《中国统计年鉴》。

2. 固定效应模型分析

固定效应模型计量结果显示，地区腐败犯罪案件数的系数均为正数，并且这些系数均在5%的水平下显著。这表明，随着官员贪污腐败情况的加重，地方政府冲击宏观经济稳定的程度将会上升。从财税激励角度看，财政分权系数值均为负数。这表明，随着中央政府加大对地方政府的财政分权，地方政府冲击宏观经济稳定的程度将会下降。从官员政治晋升激励角度看，省委书记和省长晋升的系数值均为负数。这表明，官员政治晋升的成功与否将深刻影响地方政府的行为，那些没有得到政治晋升的官员将会做出更大的“努力”，对宏观经济稳定造成更大的冲击。比较而言，省委书记政治晋升的系数均为 -0.0008，而省长政治晋升的系数分别为 -0.0001和 -0.00007，且前者的 t 统计量值为 -0.75 左右，而后者的 t 统计量值为 -0.13 左右。这说明，省委书记对地方政府行为和宏观经济稳定的影响程度大于省长的影响程度，并且省委书记晋升影响的显著程度超过省长晋升影响的显著程度。表 5-4 的计量结果还显示：地区的经济发展水平越高，则地方政府冲击宏观经济稳定的程度越高；地区的开放程度越高，则地方政府冲击宏观经济稳定的程度越低。

表 5-4 影响地方政府冲击的固定效应模型

	地方政府冲击值			
	(1)	(2)	(3)	(4)
地区腐败犯罪案件数	1.42E-06 (2.0791)**	1.43E-06 (1.9982)**	1.41E-06 (1.9751)**	1.43E-06 (1.9854)**
地区财政收入占总财政收入比	-0.0144 (-0.9815)	-0.0146 (-0.9974)		

续表

	地方政府冲击值			
	（1）	（2）	（3）	（4）
地区财政支出占总财政支出比			-0.0149 (-1.3044)	-0.0148 (-1.2998)
省（市、自治区）委书记政治晋升	-0.0008 (-0.7469)		-0.0008 (-0.7671)	
省（市、自治区）长政治晋升		-0.0001 (-0.1546)		-7.38E-05 (-0.1053)
地区人均国内生产总值	0.0296 (2.4032)**	0.0293 (2.3725)**	0.0204 (2.9825)***	0.0198 (2.9111)***
地区进出口占国内生产总值比	-2.51E-05 (-1.9731)**	-2.40E-05 (-1.9656)**	-2.61E-05 (-2.0101)**	-2.49E-05 (-2.0126)**
常数项	-0.0129 (-2.7809)***	-0.0127 (-2.7292)***	-0.0029 (-0.3151)	-0.0027 (-0.2891)
观察值	348	348	348	348
调整后的 R^2	0.4482	0.4363	0.4335	0.4507

注：括号内为t统计量。*** 和 ** 分别表示在1%和5%的水平下显著。

3. 工具变量模型分析

上述的基本回归可能存在内生性问题，如果解释变量权力寻租与随机扰动项之间具有相关性，那么基本回归中对权力寻租系数的估计就有可能是有偏的。因此需要选择合适的工具变量，来解决变量的内生性问题。为了避免内生性问题，笔者选择中国各个省区“民营经济占固定资产投资总额比重”作为地方官员权力寻租的工具变量。选择民营经济投资占比作为工具变量原因有两点：第一，地方政府具有一种“不求所有，但求所在”的精神，这种精神使得地方政府在对辖区企业进行扶持时并不特别看重企业性质是国有、集体还是民营，不同性质的企业均能够享受到地方政府给它们提供的贷款、税收、环境保护、土地使用和劳动用工方面的政策优惠，在软预算约束下各类型的企业均具有投资冲动和“做大、做强”的愿望，换句话说，在中国投资忽冷忽热的形成过程中，国有企业和民营企业所扮演的角色并无本质差异①，因此中国的经济波动与企业的性质可能没有直接

① 关于民营企业的投资冲动，2004 年“江苏铁本”事件就是一个典型的例子。

的因果关系①；第二，在现行制度环境中成长起来的民营企业，与一般成熟市场经济中的民营企业不同，它们想要获得成功，除了必须对市场商机高度敏感外，还必须具备与政府部门和官员打交道的公关能力（刘树成，2005），在现行体制下，民营企业的这种打交道和公关过程往往会伴随着权钱交易和权力资本化的现象，民营企业成长对应着少数地方官员的贪污腐败，因此民营经济比重和官员贪污腐败之间可能是紧密相关的。

表 5-5　影响地方政府冲击的工具变量模型

	地方政府冲击值			
	（1）	（2）	（3）	（4）
地区腐败犯罪案件数	0.0110 (2.1616)**	0.0113 (2.2112)**	0.0113 (2.2172)**	0.0115 (2.2669)**
地区财政收入占总财政收入比	-0.0156 (-1.0705)	-0.0159 (-1.0904)		
地区财政支出占总财政支出比			-0.0167 (-1.4674)	-0.0166 (-1.4631)
省（市、自治区）委书记政治晋升	-0.0008 (-0.6851)		-0.0008 (-0.7037)	
省（市、自治区）长政治晋升		-0.0002 (-0.2987)		-0.0002 (-0.2452)
地区人均国内生产总值	0.0316 (2.5846)***	0.0315 (2.5688)**	0.0217 (3.1869)***	0.0213 (3.1362)***
地区进出口占国内生产总值比	-2.75E-05 (-2.1165)**	-2.67E-05 (-2.0629)**	-2.87E-05 (-2.2093)**	-2.78E-05 (-2.1488)**
常数项	-0.0137 (-2.9229)***	-0.0135 (-2.8898)***	-0.0025 (-0.2743)	-0.0024 (-0.2581)
观察值	348	348	348	348
调整后的 R^2	0.4265	0.4133	0.4481	0.4234

注：括号内为 t 统计量。*** 和 ** 分别表示在 1% 和 5% 的水平下显著。

① 笔者选取了 1980~2008 年的时间序列数据，对中国民营经济发展与宏观经济波动之间的关系进行了格兰杰因果关系检验。检验结果表明，民营经济发展不是经济波动的格兰杰原因，经济波动也不是民营经济发展的格兰杰原因，中国民营经济发展与宏观经济波动之间并不存在直接的关系。

工具变量模型计量结果（见表5－5）显示，地区腐败犯罪案件数的系数仍然均为正数。这表明，权力寻租与地方政府冲击两者呈现出正相关。同时，工具变量系数的t统计量均有一定程度的提高，这进一步地肯定了权力寻租与地方政府冲击之间的关系。从财税激励角度看，财政收入占比和财政支出占比的估计系数仍然为负数，并且系数值和系数的t统计量均有一定程度的增加，这进一步地表明了财政分权程度的提高有助于促进中国经济的平稳运行。在工具变量模型中，省委书记政治晋升和省长政治晋升的系数仍然均为负数，与固定效应模型中的符号一致，并且省委书记政治晋升系数值和系数的t统计量略高，这进一步表明地区“一把手”对地方政府行为的影响大于“二把手”。对于地区经济发展水平和地区开放程度的影响，工具变量模型计量结果与固定效应模型的计量结果也是一致的。

固定效应模型计量结果和工具变量模型计量结果共同验证了笔者提出的理论假说：地方官员为了追求直接经济利益而具有的贪污腐败动机，为了追求间接经济利益而具有的“创收”渴望，为了追求政治利益而做出的晋升努力，这三种激励因素决定了地方政府行为，解释了地方政府冲击的特征。并且，相对于官员政治晋升激励和财税激励而言，官员贪污腐败动机影响地方政府行为和宏观经济稳定的显著性更高。经济增长速度偏离其潜在水平，这种偏离主要分为三部分，即地方政府冲击的部分、市场环境冲击的部分和其他冲击的部分。换句话说：地方政府冲击越大，经济增长速度偏离其潜在水平的程度可能越大；偏离的数值越大，经济波动的程度越大。上述研究表明：权力寻租情况越多，经济波动程度越大。

总而言之，要从根本上矫正地方政府的扭曲行为，仅仅调整财税激励和政治晋升激励还不够。地方官员出于对直接经济利益、间接经济利益和政治利益的考虑，运用手中的公共权力采取了包括政府直接投资和赋予辖区内企业预算软约束等措施，对经济运行形成了巨大的冲击，导致了宏观经济波动。上述固定效应模型和工具变量模型分析结果显示，地方政府行为对宏观经济稳定形成的冲击与地区腐败犯罪案件数正相关，与财政分权程度负相关，与官员政治晋升的结果负相关。在5%的显著水平下，官员贪污腐败情况越多，则地方政府行为对宏观经济稳定的冲击程度也就越高；对于官员贪污腐败、政治晋升和财税收入三种激励而言，官员贪污腐败的影响十分显著，而现有文献所强调的政治晋升激励和财税激励的影响则并不显著。对于政治晋升激励而言，“一把手”和“二把手”的政治晋升对地方政府行为有着截然不同的影响，“一把手”政治晋升对地方政府行为和宏观经济稳定的影响程度明显高于“二把手”。此外，地方政府行为对宏观经济稳定形成的冲击与地区经济发展水平之间呈现出正相关的关系，与地区开放程度之间呈现出负相关的关系。应当强调的是，从本书的实证研究结果中无法推导出“地方腐败情况越多，经济增长速度越快”的结论。根据本书的思路和研究结论看：地方腐败情况越多，经济波动程度越大。

对于如何促进中国经济平稳运行，现有文献强调财税激励和政治晋升激励对地方政府的影响，其政策建议的落脚点必然在调整财税激励和政治晋升激励上。然而在短期内，中央政府似乎难以在财税激励和政治晋升激励上做出重大的突破。从财税激励角度看：一方面，中国省级以下财政支出所占比重已经超过八成，这一指标已然是当今世界之最；另一方面，当前的贫富差距已到了令人无法回避的程度，区域发展不平衡问题异常突出，诸如此类问题的解决势必将要仰仗中央政府强大的财政能力。从政治晋升激励角度看：无论怎么设计官员政绩考核指标体系，官员政治晋升的职位都是有限的，在现行体制下，调整官员政绩考核指标体系难以根本解决地方官员的晋升冲动。因此，现有研究针对促进中国经济微波化增长方面的宏观经济政策建议将是乏力的，缺乏可操作性的。针对这种现状，本书启示了一个可操作性强的方法，这个方法就是反腐败。地方政府在“老常态”下的招商引资常常依靠“人缘”、“关系”和“土政策”，昨天许诺诱人的优惠政策，今天则可能“关门打狗”、“吃拿卡要”，以收缴税费为名索要个人好处，甚至最终逼走无奈的投资方。通过加大对权力寻租的打击力度，遏制官员特别是地方官员通过贪污腐败谋求直接经济利益的动机，规范地方官员行使公共权力的过程，从根本上减轻地方政府行为对中国宏观经济稳定构成的冲击。

第六章　基本结论和政策启示

在实现中华民族伟大复兴的征程上，中国地方政府发挥了巨大的推动作用，但也带来了一系列问题。它们时而有作为，时而不作为，时而乱作为。历史会不断地重复自己，有时以线性的方式，有时以非线性的方式。通过剖析历史来理解地方政府的过往行为，便能够推测出中国经济未来可能形成的常态。

一、地方政府的行动指南

谋求地方公众利益最大化本是地方政府的使命，但仅仅用地方公众利益来概括地方政府的行动指南还远远不够，很难解释现实中地方政府所做出的一些置本地公众切身利益于不顾、有损于当地公众利益的行为。一些招商引资项目在这厢受到地方政府的极力推崇，却在那厢遭遇民意的猛烈狙击，神州大地此起彼伏涌现出的群体性事件给地方政府与公众之间的冲突作了生动的注脚。深究下去，那些引爆官民冲突的导火索，绝不会简单到只是“群众工作不够细致”或者“信息不够公开透明”。对于地方政府而言，一些高污染项目可以算得上是“金元宝”。但问题在于，这样的“金元宝”究竟能让当地群众得到多少“真金白银”的利益。高污染项目对于反对者来说，环境保护之类的说辞更像是一个借口，关键是藏在背后的利益分配问题。在官民冲突的背后，也折射出多元化的地方利益诉求：地方公共利益、地方部门利益、地方官员利益，等等。随着权益意识日渐觉醒，地方公众的直接利益诉求越来越具体，共享发展成果的愿望越来越强烈。在地方经济社会发展的一些重要问题上，作为“利益攸关方”的社会公众采取愈加激烈的方式参与利益博弈行动，于是官民之间的利益冲突就表现得愈加突出。

地方政府虽然不像竞争性企业那般以盈利为根本目的，但有着难以忽视的利益取向，呈现出“经济人”的一些特征。究其缘由，中央政府在改革开放后下放了生产经营权和部分行政管理权，赋予了地方政府对地区经济发展的财政剩余索取权和对辖区企业的所有权、控制权和经营权，这些放权让利措施也让地方政府逐渐改变了忠实执行上级政策的代理人角色，成为拥有更大积极性和主动性、承担更多公共服务责任的管理者，其角色从先前的“公共人”转变为后来的“经济人”，其与中央政府间的关系从先前的“指令—服从”演变成后来的“指令—服从”与“指导—自主”相结合。当然，在追求利益最大化过程中，地方政府并非无所顾忌：从宪法上看，地方人民代表大会与地方政府之间形成了委托—代理关系；从实践上看，中央政府与地方政府之间形成了委托—代理关系。然而，地方人大与本级政府之间存在着权力来源、行政体制、法律缺陷以及利益同盟等一系列待解难题，因而无法有力地监督本级政府，甚至沦为本级政府“程序合法”的背书机关。中央与地方之间信息链条过长，加之公共服务和产品往往具有一定程度的异质性，使得地方官员有足够的条件和机会来通过制造假信息或隐瞒真信息以扩大自身利益。

在官员选拔任用过程中，大龄干部不受重用、年轻干部降格以求的或暗或明的晋升规则以及交流、回避制度，更助长了地方政府行为的短期化倾向，强化了地方政府“短期内最大限度显示政绩”的目标取向：在诸多政绩考核指标中，与其选择那些隐性的、难以量化的绿水青山、立党为公、执政为民、廉洁奉公等指标，倒不如选择显性的、容易量化的 GDP、经济增长、财政收入等指标；与其直面并破解发展中的矛盾、难题和问题的“潜绩”，倒不如抓住看得见、摸得着、见效快的“显绩”；与其抓住全部矛盾，倒不如抓住主要矛盾、主要指标（比如经济快速增长、不发生群体性事件、生态环境不出现明显恶化等）。从而，地方官员在中央最为关注和看重的任务上下功夫，而对其他问题一笔带过，将“发展是硬道理”异化成“增长是硬道理”。面对来自于任职制度、考核制度和监督制度等层面的弱约束，一些地方政府在中央分权化改革过程中，将公共权力异化为部门权力，将部门权力异化为个人权力，甚至将个人权利异化为家族权力。一些地方官员将本来姓“公”的权力异化为“私”权，其自身的利益诉求便转化为了行动指南：对财税收入的渴求、对晋升政绩的偏执、对不当得利的贪婪，等等。

要矫正中国地方政府行为的短期化倾向，就必然要把中央政府此前所放的权和所让的利给重新收回去吗？在一个超大规模的国家中，“顶层设计”不可能解决现实中所有的具体问题，尤其是那些具有地区性差异的问题，中央政府很难制定出既充分结合各个地方实际情况，又在形式上整齐划一的政策。早在毛泽东的《论十大关系》中，就从政制结构的层面提出了分权的重要性和必要性，透露出改革中央集权体制的信号。改革开放后，中央政府更加强调向地方政府分权，尽管在这过程中不时地会有收权之举。对于高度集权的国家治理模式进行分权化的改造，似乎成为了中国政府领导人的一个政治“共识”。在经济“新常态”下，要将全面深化改革从顶层贯彻到基层，还必须发挥地方政府的积极性和主动性。实际上，中央的“顶层设计”虽然按下了全面深化改革的按钮，为地方政府和各类市场主体等打响了“发令枪”，但是中央的顶层设计还仅仅是一个总体性部署，深化改革的各项具体措施还需要交由地方政府去创造性地执行，制定并推进适宜本地发展之需的政策。现实中，地方政府围绕提高社会管理水平、提高行政效率等目标，进行了大量的自发性改革。总而言之，继续完善分权制，赋予地方活力和创造力，允许地方性秩序的生发、形成和竞争，是“新常态”下中央与地方关系的题中之义。

二、央地之间的债务博弈

中国地方政府行为的短期化倾向，是中央与地方关系不畅的典型表现。长期以来，在中央下发的文件中，“令行禁不止”问题非常突出，以至于“三令五申”成为一个在官员讲话和媒体报道中使用频率颇高的词汇。中国地方政府在政策执行过程中，通过政策敷衍、政策选择、政策附加、政策替代、政策截留等办法，将其“创造性”展现得淋漓尽致。在地方债务问题上，也存在着典型的“上有政策，下有对策”。国务院此前下发了《关于加强地方政府融资平台公司管理有关问题的通知》，要求地方政府对融资平台进行清理规范。受此影响，地方政府性债务的资金来源和借债主体都发生了显著的变化：一方面，由于地方政府在银行获得正规信贷的管道被收紧，地方政府性债务不得不“去银行化”；另一方面，由于作为地方债举债主体的融资平台公司受到严格监管，地方政府性债务不得不“去平台化”。然而，无论是“去银行化”或“去平台化”，还都主要停留在表面上。地方政府通过“两手抓”的办法轻松地解构了中央政府的债务治理措施：一手是抓资金来源，即通过影子银行来筹资，将原先的表内融资改为如今的表外融资，实现了表面上的“去银行化”；另一手是抓举债主体，即通过下属的地方国有企业，将资金转给融资平台公司，实现了表面上的“去平台化”。从政治实践来看，“令行禁不止”问题的根本原因仍在于政府间关系中缺乏明确的法定分权与合理的利益配置，于是中央不得不使用一些软弱无力的禁令来规范各种非法的分权和利益分割。总的来看，地方政府债务博弈，既有被动的因，也有主动的源。

对于地方政府的被动举债，当前的财政体制不容忽视。从中央与地方之间财政关系看，中央政府拿了较多的本级收入，而仅支出了较少的本级项目。地方政府负责提供教育、医疗、养老、失业保险、最低收入保障、伤残人员保障、保障性住房、基础设施维护等绝大多数的公共品。从地方与地方之间财政关系看，不彻底的“分税制”改革使得财政压力层层下压。1994 年实施的“分税制”改革，构建了一种过渡性、双轨制的制度框架。其特征不仅表现为过渡性，即中央与地方之间财权事权不匹配，也表现为双轨制，即省以下财政关系仍然具有分成制和包干制痕迹，讨价还价色彩十分浓厚。在“向上负责”的行政体制下，财权、财力层层上收，事权、支出责任层层下放。其负面后果在政府性债务审计结果中显露无遗：一是市、县两级政府承担了主要的地方政府性债务；二是市与县政府间财政压力也呈现出了向下传递趋势。尽管如此，治理地方政府性债务问题，并不意味着要必然地取中央本级收入的“长”来补地方本级收入的“短”。其中缘由，就在于地方财政的本级收入与可支配财力之间的鸿沟。与本级支出相比，地方本级收入显然是过低的，这是个不争的事实。然而，地方可支配财力规模并不小。地方可支配财力与本级收入的主要缺口，既体现在中央对地方转移支付上，又体现在地方政府性基金收入上。

对于地方政府的主动举债，官员政绩评定取向不容忽视。在一些地方官员看来，要获得升迁渠道和名望，就离不开发展经济、搞工程。当然，要创造政绩，就必须具备雄厚的资金实力，更有支持基础设施建设的先期垫付资本。在地方财力有限的情况下，具备超强的融资能力，在事实上竟然变成了检验地方官员施政能力的一个重要标尺，变成了政绩考核的隐形风向标。在此情形下，大规模主动举债就逐渐异化为一些地方官员的“主业”。与之相伴而生的，是土地财政发展逻辑——“筹资举债、土地开发、卖地盈利、偿还债务”，亦即通过各种渠道筹资举债以增加对城市基础设施的投资，大力改善招商引资环境，吸引外来资本流入本地，进而促进区域经济发展水平的提高，而作为经济发展的“副产品”，土地也会得到较大幅度的升值，地方财政收入也相应地“水涨船高”，进而增强了偿还债务的能力。这在现金流上的表现就是，土地出让收入急剧飙升。不仅如此，地方政府还能通过土地出让享有后续的各种费用，以及房产税、营业税等一般预算收入。如果加上用土地向银行抵押获得的贷款，地方政府的现金流则会更多。拍卖槌一落、土地一整理，土地出让收入和银行贷款随即滚滚而来、源源不断。

如何化解地方政府债务博弈行为，让中国财政走向再平衡之路？其中的关键，就在于找到地方政府主动举债和被动举债的症结，对症下药。一方面，要改革财政支出挂钩机制。实际上，固化、僵化的财政支出结构，在某种程度上肢解了地方财政的可支配财力，增加了政府统筹安排财力的难度。当前，中国与生产总值或财政收支增幅挂钩的重点财政支出有七种。财政支出挂钩机制不但制约了地方可支配财力，也导致部分领域出现了财政资金投入上的“钱等项目”和“敞口花钱”等一系列负面问题。另一方面，要强化“谁举债，谁偿债”的责任追究制。实际上，除了充分条件，地方官员们还具备了主动举债的必要条件，那就是可以轻松推卸责任。由于可以轻松地推卸责任，一些地方官员形成了“虱多不咬，债多不愁”的病态心理：任期内债务可以推卸到中央与地方分权体制身上，可以推卸到“保增长”、“稳增长”等宏观调控方针身上，可以推卸到有“大手笔”意识的上级领导身上，可以推卸到继任者身上，甚至还可以推卸到动迁“钉子户”身上——因为他们“加大了动迁成本”。因此，对存在问题的融资项目，不管是否调任，都要追究相关人员责任，让导致地方债务结构严重恶化的相应官员付出沉痛代价，并以儆效尤。

三、地区之间的环保“竞次”

中国地方政府行为的短期化倾向，亦是地区之间“白热化”竞争的真实写照。招商引资由于可以带来 GDP 增长、财政增加等“多重政绩”，在一些地方已然成为“一号工程”，党委、政府、政法机关等部门大量地介入具体的招商活动。在经济市场化和政治集权化的环境中，地方政府相互之间为了增长而展开激烈竞争。在竞争的初期，由于交易成本的存在，税收作为一种信号，成为地区之间争夺要素的主要手段。随着实践的发展，地区之间竞争从税收层面向公共支出领域扩展，地区之间的公共服务水平呈现出明显的策略性。在迎接全球产业转移和国内发达地区产业转移的过程中，一些地方政府频频出击，相互间展开了大量的“非财政收支”竞争：放松环境保护和环境监管，压低工业用地价格，放松劳工保护和社会保险缴纳，等等。通过所谓的“优惠政策”，让来本地投资的企业享受到更低的环境保护、土地使用和劳动用工等方面的成本。对地方政府来说，这些“非财政收支”竞争的好处在于不但降低了企业成本，还保住了本地财税收入。毕竟，压低工业用地价格的代价被转嫁给了失地农民，放松劳动保护的代价被转嫁给了以农民工为主体的劳动者群体，放松环境监管的代价被转嫁给了社会公众。在相互间的激烈竞争中，地方政府招商引资的“门槛一降再降，空间一让再让，成本一减再减”，地区之间招商引资竞争已经异化为一个低水平的“谁敢比我狠”的成本“让利竞赛”。

企业在环境保护上具有机会主义倾向。作为要素资源的有机组合，企业在选址时考虑的不仅是税收优惠、基础设施以及公共服务水平等，更关注企业生产经营过程本身。企业在生产经营过程中难以避免地会产生污染物，而控制污染排放的努力将耗费资本，挤占产品的投入，并影响其竞争优势和规模扩张。在地区之间为增长而竞争的背景下，地方政府利用手中的自由裁量权，通过行政审批、土地征用、贷款担保、环境规制以及各种政策优惠可以影响企业的选址和生产经营过程，迎合辖区企业环保上的机会主义倾向，放松环保审批，吸引企业投资本地，以至于一些在国外实现污染物“零排放”的跨国公司，到了国内竟成为污染“大户”。然而，地方政府放松环境监管的行为又往往会引起一些周边地区的连锁反应，导致其他地方政府竞相放松环境监管。地区之间的环境监管行为会相互影响：一方面，地区之间环境监管的差异将引起企业投资的跨区流动，而跨区的资本流动又带来政绩的消长，并决定地方政府攫取经济和政治资源的成败；另一方面，地区之间的环境监管行为具有外部性，比如某河流穿越两个毗邻地区，上游地区污染排放物将被河流冲到下游，上游地区的排污行为的实际代价有可能是由下游地区承担的。这可以总结为：地方政府通过改变环境监管策略可以影响要素资源流入本地的程度；随着要素资源不断流入本地，地方政府也会相应地调整其环境监管策略；地方政府环境监管策略将会引起周边区域的连锁反应，地区之间的环境监管行为具有明显的策略性。当然，地方政府相互之间的招商引资之争，反过来抬高了企业的“胃口”、加剧了优惠政策的力度。一些企业把地方政府在环境监管上的放松视为必备的条件，其结果是环境监管竞次之战愈演愈烈、不断加码。

中国的改革开放遵循着一种“政策试验—扩散”式空间渐进的思路。在这种模式下，当某些地区获得试点权时，其他地区就会进行经验学习、效仿和复制。对此，无论在早先的经济特区、综合配套改革试验区，还是近来的营业税改增值税、自由贸易试验区上，都表现得较为明显。当然，中国各区域的地理环境、资源禀赋以及经济发展水平相差很大，地区之间的环境监管竞争策略也会出现分化，地方政府在制定环境监管策略时也可能基于不同的自身情况以及不同的发展思路而呈现出差异化：一是地区之间的竞争对象出现群分现象，在与谁竞争这个问题上，不同的地方政府将会有不同的选择；二是地方政府放松环境监管的尺度出现群分现象，不同的地区，其放松环境监管的尺度有所不同。从地区之间环境监管竞争的最终目标上看，地方政府通过环境监管策略招商引资，这本身不是目标，其最终目标是获取经济和政治利益。在实现最终目标的过程中，地方政府往往借助于经济增长这个中间目标。因此，地方政府衡量其环境监管策略是否成功，主要取决于其竞争策略是否能够最大化地推动经济增长。在环保软约束的形成过程中，不同地区的竞争策略可能存在差异，相同的策略在不同地区可能会形成不同的经济增长效应。这也可以总结为：地理环境、资源禀赋以及经济发展水平不同的地区，其环境监管策略会有所不同，地区之间的竞争策略会出现分化；相同的环境监管策略，在不同的地区释放出不同的效能，带来不同的绩效。

如何才能让地方政府在环境监管上不再“向底线赛跑”？对此问题，要客观地看待在官员考核体系中引入环境保护指标的作用。有一种观点非常流行：将环境保护纳入官员政绩评价体系，借此改变短期化的地方政府行为和粗放型的经济发展模式。且不说已有政绩考核体系对官员究竟能起多大作用（在政绩考核指标体系之外，少数地方官员施政行为的原动力可能不是财税收入和政治晋升，而是对不当得利的贪婪），即使真的能够起到作用，将与财税增长和 GDP 增长相冲突的环境保护考核指标增加进来，也可能会因为考核指标过多，而环境保护情况较难监测或者数据造假，最终流于空谈。政绩考核指标体系设计得越复杂，在执行过程中反而可能越主观、越模糊，激励效果可能随之大打折扣。要切实改变中国地方政府在环境保护上的“竞次”行为，必须通过更加基础性的制度改革。要从制度上创新，让辖区居民在地方政府环境监管过程中有知情权和决策权，使得地方政府面对“自下而上”的环境考核，这是推动环保从“软约束”向“硬约束”转变的关键途径。当然，“冰冻三尺，非一日之寒”。正如中医的治病之道“急则治标、缓则治本”，在建立起“自下而上”环境考核之前，需要以更大的智慧化解由招商引资问题诱发的群体性事件。在大型项目上马问题上，需要中央从最高层面推动体制改革，增加地方纪委等机构环境保护的权利和义务，强化地方人大的立法和议案审查，规定从每年的项目财税收入中拿出一定比例，以专款专用的方式用于当地具体民生难题，让公众直接感受到项目对于改善自身生活的意义。

四、经济稳定和持续繁荣

转变经济发展方式已成共识，但经济转型方案在现实中一直难以推进。经济转型方案难以推进的重要原因就在于：尽管经济转型方案将促进长期经济增长，但不恰当的转型方案将可能导致中国经济运行出现短期的剧烈波动，而当经济转型与经济稳定之间面临鱼和熊掌不可兼得的情形时，现阶段的中国国情迫使中央决策层必须将宏观经济稳定作为更优先的选择。经济转型和经济稳定相互间就形成了这样的关系：经济稳定要靠经济转型来推动，经济转型要靠经济稳定来保障。因此，判断改革方案是否可行，一个标准就在于其对宏观经济稳定产生何种影响。在理顺政府间纵向关系上，“省直管县”改革并非灵丹妙药。在“市管县”体制下，地级市以一个支部的形式管理下辖的各县，总的来看，各县在地级市的管辖下尚未出现严重的产业同构。而实行省管县后，由于县管理权限的增加、上级政府束缚的减少，县级政府有可能各自为政，筑起行政壁垒，最终损害区域经济发展。单纯地推进“省直管县”改革未必能破解许多两难困境，“省直管县”改革需要一些相关的配套政策。一是要将中央政府对地方政府税收返还和转移支付的方式规范化、法制化。在未来的中央政府对地方政府税收返还和转移支付法规中，要明确规定一般性转移支付和专项转移支付的具体项目及各自比例，从监管制度和技术操作等方面着手，进一步提高转移支付资金使用效益。二是要推进省以下财政体制改革。合理规范省级政府以及市县政府的财政支出责任，主要是要减少县乡政府的支出责任，将部分公共服务的支出责任向省级政府转移，让省级政府在义务教育、社会保障和医疗卫生等方面发挥更大的作用，承担更多的责任。三是要进一步增强省级财政在调节省以下财力差异方面的责任。在全国范围内实现之前，基本公共服务均等化首先应在省级层面先实现。

计划经济时期地方政府之间虽然也存在着激烈的竞争，但“市场的逻辑”没有展开，地方政府行为未能和市场力量相结合，不懂得运用市场，地方政府间竞争不但没有实现“超英赶美”，反而导致经济长期停滞。随着改革开放的推进，各级政府和各级官员的行为几乎全部被市场化了，地方官员不仅用市场的手段发展市场经济、招商引资，还利用市场的手段实现职位升迁，用市场的手段从上级政府那里求得资源的分配，等等。行政手段和市场化手段的结合，使得地方政府实现了对区域经济发展的统御。这不仅表现在企业层面，即通过招商引资影响企业的选址和投资，更表现在产业层面，比如东部沿海地区的一些地方政府为争先承接国际产业转移展开了规模宏大的“腾笼换鸟”行动，与此同时，中西部地区为东部地区淘汰产业而遍地“筑巢引凤”。由于激励模式存在问题，地方政府在承接产业转移时往往缺乏整体考虑和长期规划，转入的企业与本地原有产业往往形成不了配套的产业链，转入的企业得不到相关产业链的支持，企业难免产生“再转移”的念头。地方政府短期化行为，诱发了企业和产业的短期化倾向，进而导致大量建设资金流进流出，这是区域经济波动的重要根源。如果把宏观经济波动看成是“条条”波动和“块块”波动的综合结果，本书通过对波动源进行“条条块块”分解所得出的结论，就是中国经济波动的原因约三成是来源于地方政府冲击。

政治晋升、财政分权和权力寻租均能影响地方政府行为，共同解释了中国经济“忽冷忽热”现象背后的地方政府奥秘。政治晋升对于官员而言是一种政治利益，将关心仕途的地方官员置于极强的激励之下。当然，由于晋升职位也是有限的，对于那些预期晋升无望抑或预期位子不保的官员来说，政治晋升难以成为其内在动力。此外，从组织理论角度来看，组织中的个体偏好往往是异质的，政府领导人并不能将其意志完全贯穿于每一位普通官僚，异质的偏好难以带来统一的愿景。财政分权对于官员而言是一种间接经济利益，它的激励对象主要是集体而非个人，官员从财税激励中获得的是间接经济利益。间接经济利益可能是影响地方政府行为的重要因素，但不是唯一的因素。中央政府分给地方政府的行政权力随时可能被中央以变“块管”为“条管”的方式收回，分给地方政府的财税利益也可能被以“鞭打快牛”和税制改革的方式收回。在地方政府行为的背后还有一种超越财税收入和政治晋升的诱导因素存在，这就是直接经济利益——权力寻租。少数官员通过“权钱交易”或“权力资本化”开发一些本不应该开发的项目、建设一些本无必要建设的工程，其出发点可能不是财税收入或是政治晋升，而是乘机“捞一把”。这些官员在运用地方政府的公共权力牟取私人直接经济利益的时候，本地的经济运行也将受到影响。本书通过固定效应模型和工具变量方法发现，权力寻租对地方政府短期化行为的影响具有显著性，而现有文献所强调的财税激励和政治晋升激励对地方政府短期化行为的影响并不显著。

如何才能促进中国的经济稳定和持续繁荣？如果用增长核算框架对中国经济减速源进行分解，可以发现中国经济增长率放缓的九成原因，都可以用全要素生产率的增长放缓来解释。这意味着，判断经济增速放缓到底是由于周期性的影响，还是由于趋势性拐点的到来，其标准取决于那些可以推动全要素生产率增长的改革措施是否得以出台，稳增长的关键在于提振全要素生产率。全要素生产率的改善通常有两个渠道：一是将劳动力从低生产率的地区和部门向高生产率的地区和部门转移；二是进行技术创新和结构性改革。鉴于近年来出现的用工荒现象，以及固化的既得利益结构，上述两个传统渠道对于中国未来提高全要素生产率的作用已经式微。未来提振中国全要素生产率的途径主要是深化改革，比如通过农地制度和户籍制度改革加速农村劳动力向城市转移，放松行业管制以使服务业从低端服务业向金融、房地产、商业服务、科技服务、卫生和社会福利等高端服务业升级。此外，通过做实制造业来跳出产业结构倒 U 型曲线的拐点区间，对于抑制经济减速而言非常必要。当前人力成本快速上涨、产能大面积过剩和品牌缺乏影响力等问题正使得中国制造业陷入困境。而一些地方政府在发展服务业的过程中比较盲目，甚至为了发展服务业而忽视传统产业，忽视制造业。美国发起的“再工业化”给我们敲响了警钟，其“再工业化”并不是简单地回到“美国制造”，而是为了抢占新一轮科技产业竞争的制高点，其战略核心是高端制造，从根本上做实制造业。当然，在放松行业管制以提升经济增长能力时，必须调整地方政府与辖区企业之间的关系。放松行业管制对于提升中国经济增长能力的重要性毋庸置疑。同时，在放松行业管制的过程中，必须调整地方政府与辖区企业之间的关系，减少或者斩断或削减地方政府给予辖区企业的环保软约束、土地软约束、贷款软约束和劳动用工软约束等，迫使地方政府淘汰那些缺乏效率的企业，倒逼企业提高技术效率。

参考文献

［美］安东尼·唐斯：《官僚制内幕》，郭小聪等译，中国人民大学出版社2006年版。

［美］查尔斯·林布隆：《决策过程》，朱国斌译，上海译文出版社1998年版。

［美］厄尔·克鲁斯克、拜伦·杰克逊：《公共政策词典》，唐理斌等译，上海远东出版社1992年版。

［美］埃德加·博登海默：《法理学：法律哲学与法律方法》，邓正来译，中国政法大学出版社1998年版。

［英］杰里米·边沁：《道德与立法原理导论》，时殷弘译，商务印书馆2000年版。

［美］罗斯科·庞德：《法理学》，廖德宇译，法律出版社2007年版。

［美］詹姆斯·布坎南：《民主财政论》，穆怀朋译，商务印书馆1993年版。

薄贵利：《中央与地方关系研究》，吉林大学出版社1991年版。

薄贵利、金相文：《市场经济条件下中央与地方权限调整的基本趋势》，《政治学研究》1997年第3期。

蔡昉：《人口转变、人口红利与刘易斯转折点》，《经济研究》2010年第4期。

曹永福：《美国经济周期稳定化研究述评》，《经济研究》2007年第7期。

曹正汉、薛斌锋、周杰：《中国地方分权的政治约束——基于地铁项目审批制度的论证》，《社会学研究》2014年第3期。

陈抗、Arye L. Hillman、顾清扬：《财政集权与地方政府行为变化——从援助之手到攫取之手》，《经济学（季刊）》2002年第1期。

邓小平：《邓小平文选》（第三卷），人民出版社1993年版。

杜兴强、曾泉、吴洁雯：《官员历练，经济增长与政治擢升——基于1978～

2008 年中国省级官员的经验证据》,《金融研究》2012 年第 2 期。
樊纲:《两种改革成本与两种改革方式》,《经济研究》1993 年第 1 期。
樊纲:《腐败的经济学原理》,《发展》2005 年第 10 期。
樊纲、苏铭、曹静:《最终消费与碳减排责任的经济学分析》,《经济研究》2010 年第 1 期。
范进学:《定义“公共利益”的方法论及概念诠释》,《法学论坛》2005 年第 1 期。
方朝晖:《权力家族化催生畸形官场生态》,《人民论坛》2014 年第 12 期。
方福前:《中国居民消费需求不足原因研究——基于中国城乡分省数据》,《中国社会科学》2009 年第 2 期。
冯芸、吴冲锋:《中国官员晋升中的经济因素重要吗》,《管理科学学报》2013 年第 11 期。
冯军旗:《中县干部》,博士学位论文,北京大学,2010 年。
冯志峰、张明龙:《市委书记腐败行为分析》,《中国改革》2015 年第 6 期。
韩大元:《宪法文本中“公共利益”的规范分析》,《法学论坛》2005 年第 1 期。
郝春禄:《领导干部“为官不为”问题的调查与思考》,《党政干部学刊》2015 年第 1 期。
洪银兴:《中国经济转型与转型经济学》,《经济学动态》2006 年第 7 期。
纪宝成:《“中国模式”与中国经济复苏》,《经济学动态》2010 年第 5 期。
纪志宏、周黎安、王鹏、赵鹰妍:《地方官员年龄如何影响城商行信贷》,《东方早报》2014 年 4 月 22 日。
贾立政:《公权力异化脉络》,《人民论坛》2014 年第 12 期。
江涌:《警惕部门利益膨胀》,《瞭望新闻周刊》2006 年 10 月 9 日。
江时学:《真的有“中等收入陷阱”吗》,《世界知识》2011 年第 7 期。
李东晓:《中国贪腐丑闻的媒介呈现与新闻生产研究》,博士学位论文,浙江大学,2010 年。
李景鹏:《试论行政系统的权力配置和利益结构的调整》,《政治学研究》1996 年第 3 期。
李宏伟:《名人故里开发要合理适度》,《人民日报》2010 年 8 月 20 日。
李猛:《中国环境破坏事件频发的成因与对策——基于区域间环境竞争的视角》,《财贸经济》2009 年第 9 期。

李猛：《实际经济周期理论的非实际化发展》，《经济学动态》2011 年第 1 期。

李猛：《“省直管县”能否促进中国经济平稳较快增长——理论模型和绩效评价》，《金融研究》2012 年第 1 期。

李猛：《中国经济减速之源：1952 ~ 2011 年》，《中国人口科学》2013 年第 1 期。

李猛、沈坤荣：《地方政府行为对中国经济波动的影响》，《经济研究》2010 年第 12 期。

李扬：《努力实现无水分的经济增长》，《求是》2013 年第 10 期。

林毅夫、蔡昉、李周：《比较优势与发展战略——对“东亚奇迹”的再解释》，《中国社会科学》1999 年第 5 期。

林毅夫：《中国经济专题》，北京大学出版社 2008 年版。

林尚立：《民主集中制的财政基础——对中国国家建设的一种分析》，《社会科学》2006 年第 11 期。

刘福垣：《中等收入陷阱是一个伪命题》，《南风窗》2011 年第 16 期。

刘鹤：《两次全球大危机的比较研究》，《比较》2012 年第 5 期。

刘树成：《繁荣与稳定——经济周期与宏观调控》，社会科学文献出版社 2005 年版。

刘作翔：《中国司法地方保护主义之批判》，《法学研究》2003 年第 1 期。

龙静云：《消费伦理的变迁与当代家庭消费伦理之建构》，《道德与文明》2006 年第 2 期。

马亮：《官员晋升激励与政府绩效目标设置——中国省级面板数据的实证研究》，《公共管理学报》2013 年第 2 期。

石亚军、施正文：《我国行政管理体制改革中的部门利益问题》，《中国行政管理》2011 年第 5 期。

苏力：《当代中国的中央与地方分权——重读毛泽东“论十大关系”第五节》，《中国社会科学》2004 年第 2 期。

孙广生：《经济波动与产业波动（1986 ~ 2003）——相关性、特征及推动因素的初步研究》，《中国社会科学》2006 年第 3 期。

唐志军、谌莹：《转型期中国地方政府官员的腐败问题研究——基于委托代理理论的视角》，《社会科学论坛》2012 年第 5 期。

唐雪松、周晓苏、马如静：《政府干预、GDP 增长与地方国企过度投资》，

《金融研究》2010 年第 8 期。
陶然、苏福兵、陆曦、朱昱铭：《经济增长能够带来晋升吗——对晋升锦标竞赛理论的逻辑挑战与省级实证重估》，《管理世界》2010 年第 12 期。
王庆、章俊、Ernest Ho：《2020 年前的中国经济：增长减速不是会否发生，而是如何发生》，研究报告，摩根士丹利，2010 年。
王守坤：《中国转型过程中财政分权的特征事实：历程与评价》，《中国经济史研究》2011 年第 1 期。
王贤彬、张莉、徐现祥：《辖区经济增长业绩与省长省委书记晋升》，《经济社会体制比较》2011 年第 1 期。
王小鲁、樊纲、刘鹏：《中国经济增长方式转换和增长可持续性》，《经济研究》2009 年第 1 期。
王新红、谈琳：《论“国资委”的性质、权利范围与监督机制》，《湖南社会科学》2005 年第 4 期。
吴敬琏：《中国腐败的治理》，《战略与管理》2003 年第 2 期。
吴一平：《财政分权、腐败与治理》，《经济学（季刊）》2008 年第 1 期。
夏永祥：《“苏南模式”中地方政府公司主义的功过得失》，《苏州大学学报》2012 年第 4 期。
熊文钊：《地方保护探由及其法治途径》，《改革》2014 年第 9 期。
徐湘林：《渐进政治改革中的政党、政府与社会》，中信出版社 2004 年版。
闫文娟、钟茂初：《中国式财政分权会增加环境污染吗》，《财经论丛》2012 年第 3 期。
杨海生、陈少凌、周永章：《地方政府竞争与环境政策——来自中国省份数据的证据》，《南方经济》2008 年第 6 期。
杨宏山：《公共政策的价值目标与公正原则》，《中国行政管理》2004 年第 8 期。
杨其静、郑楠：《地方领导晋升竞争是标尺赛、锦标赛还是资格赛》，《世界经济》2013 年第 12 期。
杨启先：《中国经济从大起大落到软着陆》，《百年潮》1998 年第 4 期。
杨小军：《谨防权力部门化成合法现象》，《人民论坛》2014 年第 12 期。
姚洋、张牧扬：《官员绩效与晋升锦标赛——来自城市数据的证据》，《经济研究》2013 年第 1 期。
殷剑峰：《二十一世纪中国经济周期平稳化现象研究》，《中国社会科学》

2010 年第 4 期。

于金富：《中国经济转型研究的四种经济学范式》，《经济学动态》2011 年第 4 期。

余绪鹏：《我国党政干部晋升的五种模式》，《云南社会科学》2014 年第 5 期。

袁富华：《长期增长过程的“结构性加速”与“结构性减速”：一种解释》，《经济研究》2012 年第 3 期。

袁志刚、朱国林：《消费理论中的收入分配与总消费——及对中国消费不振的分析》，《中国社会科学》2002 年第 2 期。

张光：《中国政府间财政关系的演变（1949～2009）》，《公共行政评论》2009 年第 6 期。

张立群：《中国经济周期微波化趋势探讨》，载于刘树成主编《中国经济周期研究报告》，社会科学文献出版社 2006 年版。

张锡恩：《从中央与地方关系看“令行禁不止”问题》，《人民论坛》2012 年第 8 期。

张晏、龚六堂：《分税制改革、财政分权与中国经济增长》，《经济学（季刊）》2005 年第 1 期。

赵宝春：《西方消费伦理实证研究述评》，《外国经济与管理》2009 年第 2 期。

赵鼎新：《当今中国会不会发生革命》，《二十一世纪评论》2012 年第 12 期。

中国经济增长前沿课题组：《经济增长、结构调整的累积效应与资本形成》，《经济研究》2003 年第 8 期。

中国经济增长前沿课题组：《开放中的经济增长与政策选择》，《经济研究》2004 年第 4 期。

中国经济增长前沿课题组：《高投资、宏观成本与经济增长的持续性》，《经济研究》2005 年第 10 期。

中国经济增长与宏观稳定课题组：《干中学、低成本竞争机制和增长路径转变》，《经济研究》2006 年第 4 期。

中国经济增长与宏观稳定课题组：《增长失衡与政府责任：社会性支出角度的分析》，《经济研究》2006 年第 10 期。

中国经济增长与宏观稳定课题组：《劳动力供给效应与增长路径的转换》，

《经济研究》2007 年第 8 期。

中国经济增长与宏观稳定课题组：《外部冲击与中国通货膨胀》，《经济研究》2008 年第 5 期。

中国经济增长与宏观稳定课题组：《中国可持续增长的机制：证据、理论和政策》，《经济研究》2008 年第 10 期。

中国社会科学院工业经济研究所：《中国工业发展报告（2014）——全面深化改革背景下的中国工业》，经济管理出版社 2014 年版。

周黎安：《晋升博弈中政府官员的激励与合作——兼论我国地方保护主义和重复建设问题长期存在的原因》，《经济研究》2004 年第 6 期。

周黎安：《官员晋升锦标赛与竞争冲动》，《人民论坛》2010 年第 15 期。

周作翰：《地方保护主义是腐败的温床》，《当代世界与社会主义》2002 年第 4 期。

Alesina A. , R. Campante and G. Tabellini, "Why is Fiscal Policy Often Procyclical?", *European Economic Economic Association*, Vol. 6, No. 5, 2008, pp. 1006 - 1036.

Altig D. , J. Christiano, M. Eichenbaum and J. Linde, "Firm - Specific Capital, Nominal Rigidities and the Business Cycle", *NBER Working Paper*, No. 11034, 2005.

Alvarez F. and M. Veracierto, "Labor Market Policies in an Equilibrium Search Model", *NBER Macroeconomics Annual*, Vol. 14, 1999, pp. 265 - 316.

Ambler S. , E. Cardia and C. Zimmermann, "International Business Cycles: What are the Facts?", *Journal of Monetary Economics*, Vol. 51, No. 2, 2004, pp. 257 - 276.

Banister J. , "Manufacturing Earnings and Compensation in China", *Monthly Labor Review*, Vol. 128, No. 8, 2005, pp. 22 - 40.

Battaglini M. and S. Coate, "A Dynamic Theory of Public Spending, Taxation and Debt", *American Economic Review*, Vol. 98, No. 1, 2008, pp. 201 - 236.

Beaudry P. and F. Portier, "Stock Prices, News and Economic Fluctuations", *American Economic Review*, Vol. 96, No. 4, 2006, pp. 1293 - 1307.

Benhabib J. and Y. Wen, "Indeterminacy, Aggregate Demand, and the Real Business Cycle", *Journal of Monetary Economics*, Vol. 51, No. 2, 2004, pp. 503 - 530.

Ben – David D. and D. Papell, "Slowdowns and Meltdowns: Postwar Growth Evidence from 74 Countries", *Review of Economics and Statistics*, Vol. 80, No. 4, 1998, pp. 561 – 571.

Blanchard O. and J. Simon, "The Long and Large Decline in US Output Volatility", *Brookings Papers on Economic Activity*, Vol. 2001, No. 1, 2001, pp. 135 – 174.

Bo Z., "Economic Performance and Political Mobility: Chinese Provincial Leaders", *Journal of Contemporary China*, Vol. 5, No. 12, 1996, pp. 135 – 154.

Boldrin M., J. Christiano and J. Fisher, "Habit Persistence, Asset Returns, and the Business Cycle", *American Economic Review*, Vol. 91, No. 1, 2001, pp. 149 – 166.

Burns A., "Progress toward Economic Stability", *American Economic Review*, Vol. 50, No. 1, 1960, pp. 1 – 19.

Chari V., J. Kehoe and E. McGrattan, "Are Structural VARs Useful Guides for Developing Business Cycle Theories?", *NBER Working Paper*, No. 14430, 2008.

Chow G. C., "Capital Formation and Economic Growth in China", *Quarterly Journal of Economics*, Vol. 108, No. 3, 1993, pp. 809 – 842.

Chen Y., H. Li and L. Zhou, "Relative Performance Evaluation and the Turnover of Provincial Leaders in China", *Economics Letters*, Vol. 88, No. 3, 2005, pp. 421 – 425.

Christiano L. and M. Eichenbaum, "Current Real Business Cycle Theories and Aggregate Labor Market Fluctuations", *American Economic Review*, Vol. 82, No. 3, 1992, pp. 430 – 450.

Christiano L. and J. Fitzgerald, "The Business Cycle: It's Still a Puzzle", *Economic Perspectives*, Vol. 22, No. 4, 1998, pp. 56 – 83.

Christiano L., R. Motto and M. Rostagno, "The Great Depression and the Friedman – Schwartz Hypothesis", *Journal of Money Credit and Banking*, Vol. 35, No. 6, 2003, pp. 1119 – 1197.

Comin D. and M. Gertler, "Medium – Term Business Cycles", *American Economic Review*, Vol. 93, No. 3, 2006, pp. 523 – 551.

Comin D. and T. Philippon, "The Rise in Firm – Level Volatility: Causes and

Consequences", *NBER Working Paper*, No. 11388, 2005.

Copeland B. A. and M. S. Taylor, "North – south Trade and the Environment", *Quarterly Journal of Economics*, Vol. 109, No. 3, 1994, pp. 755 – 787.

Daniel L., "Assessing the Empirical Impact of Environmental Federalism", *Journal of Regional Science*, Vol. 43, No. 3, 2003, pp. 711 – 733.

Denyer S., "Without Corruption, Some Ask, Can the Chinese Economic System Function", *The Washington Post*, February 11, 2015.

DiCecio R., "Comovement: It's Not a Puzzle", *Federal Reserve Bank of St. Louis Working Paper*, No. 35, 2005.

Dua A. and D. C. Esty, *Sustaining the Asia Pacific Miracle: Environmental Protection and Economic Integration*, Washington: Institute for International Economics, 1997.

Eggers A. and Y. Ioannides, "The Role of Output Composition in the Stabilization of U. S. Output Growth", *Journal of Macroeconomics*, Vol. 28, No. 3, 2006, pp. 585 – 595.

Eichengreen B., D. Park and K. Shin, "When Fast Growing Economies Slow Down: International Evidence and Implications for China", *NBER Working Paper*, No. 16919, 2011.

Esty D. C. and D. Geradin, "Market Access, Competitiveness, and Harmonization: Environmental Protection in Regional Trade Agreements", *The Harvard Environmental Law Review*, Vol. 21, No. 7, 1997, pp. 265 – 336.

Fisher J., "The Dynamic Effect of Neutral and Investment – Specific Technology Shocks", *Journal of Political Economy*, Vol. 114, No. 3, 2006, pp. 413 – 451.

Gali J., "Technology, Employment, and the Business Cycle: Do Technology Shocks Explain Aggregate Fluctuations?", *American Economic Review*, Vol. 89, No. 1, 1999, pp. 249 – 271.

Gali J., D. Lopez and J. Valles, "Technology Shocks and Monetary Policy: Assessing the Fed's Performance", *Journal of Monetary Economics*, Vol. 50, No. 4, 2004, pp. 723 – 743.

Gordon R., "What Caused the Decline in US Business Cycle Volatility", *NBER Working Paper*, No. 11777, 2005.

Greenwood J., Z. Hercowitz and P. Krusell, "The Role of Investment – specific

Technological Change in the Business Cycle", *European Economic Review*, Vol. 44, No. 1, 2000, pp. 91 – 115.

Guo G., "Retrospective Economic Accountability under Authoritarianism: Evidence from China", *Political Research Quarterly*, Vol. 60, No. 3, 2007, pp. 378 – 390.

Hailu A. and T. Veeman, "Environmentally Sensitive Productivity Analysis of the Canadian Pulp and Paper Industry, 1959 – 1994: An Input Distance Function Approach", *Journal of Environmental Economics and Management*, Vol. 40, No. 3, 2000, pp. 251 – 274.

Hall R., "Employment Fluctuations with Equilibrium Wage Stickiness", *American Economic Review*, Vol. 95, No. 1, 2005, pp. 50 – 65.

Harrold P., "China' s Reform Experience to Date", *World Bank Discussion Paper*, No. 180, 1992.

Hausmann R. and B. Klinger, "Structural Transformation and Patterns of Comparative Advantage in the Product Space", *Harvard University Center for International Development Working Paper*, No. 128, 2006.

Hausmann R. F. Rodriguez and R. Wagner, "Growth Collapses", *Harvard University Center for International Development Working Paper*, No. 136, 2006.

Hilary S., "Decentralization and Environmental Quality: An International Analysis of Water Pollution", *NBER Working Paper*, No. 13908, 2003.

Jain A. K., "Corruption: A Review", *Journal of Economic Surveys*, Vol. 15, No. 1, 2001, pp. 71 – 121.

Jaffe A., S. Peterson, P. Portney and R. Stavins, "Environmental Regulation and the Competitiveness of U. S. Manufacturing: What does the Evidence Tell US", *Journal of Economic Literature*, Vol. 33, No. 1, 1995, pp. 132 – 163.

Jaimovich N. and M. Floetotto, "Firm Dynamics, Markup Variations, and the Business Cycle", *Journal of Monetary Economics*, Vol. 55, No. 7, 2008, pp. 1238 – 1252.

Jefferson G. and T. Rawski, "How Industrial Reform Worked in China: The Role of Innovation, Competition, and Property Rights", *Proceedings of the World Bank Annual Conference on Development Economics*, 1995, pp. 129 – 170.

John A., "Regulatory Federalism and Environmental Protection in the United

States", *Journal of Regional Science*, Vol. 40, No. 3, 2000, pp. 453 –471.

Konisky D. M., "Regulatory Competition and Environmental Enforcement: Is There a Race to the Bottom", *American Journal of Political Science*, Vol. 51, No. 4, 2007, pp. 853 –872.

Kornai J., *The Road to a Free Economy*, New York: Norton & Company, 1990.

Lipton D., J. Sachs and L. Summers, "Privatization in Eastern Europe: The Case of Poland", *Brookings Papers on Economic Activities*, Vol. 1990, No. 2, 1990, pp. 293 –341.

Kouparitsas M., "Is the United States an Optimum Currency Area? An Empirical Analysis of Regional Business Cycles", *Federal Reserve Bank of Chicago Working Paper*, No. 22, 2001.

Kraay A. and J. Ventura, "Comparative Advantages and the Cross – Section of Business Cycles", *NBER Working Paper*, No. 8104, 2001.

Krugman P., "The Myth of Asia' s Miracle", *Foreign Affairs*, Vol. 73, No. 6, 1994, pp. 62 –78.

Kydland F. and E. Prescott, "Time to Build and Aggregate Fluctuations", *Econometrica*, Vol. 50, No. 6, 1982, pp. 1345 –1370.

Landry P., "The Political Management of Mayors in Post – Deng China", *The Copenhagen Journal of Asian Studies*, Vol. 21, No. 17, 2003, pp. 31 –58.

Lau L. J., "The Chinese Economy: The Next Thirty Years", *Proceedings at the Institute of Quantitative and Technical Economics, Chinese Academy of Social Sciences*, January 16, 2010.

Levinson A. and M. S. Taylor, "Unmasking the Pollution Haven Effect", *International Economic Review*, Vol. 49, No. 1, 2008, pp. 223 –254.

Lopez R. and S. Mitra, "Corruption, Pollution, and the Kuznets Environment Curve", *Journal of Environmental Economics and Management*, Vol. 40, No. 2, 2000, pp. 137 –150.

McKinnon R. I., "Gradual versus Rapid Liberalization in Socialist Economies: Financial Policies and Macroeconomic Stability in China and Russia Compared", *Proceedings of the World Bank Annual Conference on Development Economics*, Washington D. C., 1994.

Maddison A. , *Chinese Economic Performance in the Long Run*, OECD Publications, Paris, 1998.

Maddison A. , "The World Economy: A Millennial Perspective", OECD Publications, Paris, 2001.

Magnani E. , "The Environmental Kuznets Curve, Environmental Protection Policy and Income Distribution", *Ecological Economics*, Vol. 32, No. 3, 2000, pp. 431 – 443.

Mehra R. and E. Prescott, "The Equity Premium: A Puzzle", *Journal of Monetary Economics*, Vol. 15, No. 2, 1985, pp. 145 – 161.

Mohr R. , "Technical Change, External Economies, and the Porter Hypothesis", *Journal of Environmental Economics and Management*, Vol. 43, No. 1, 2002, pp. 158 – 168.

Murty M. and S. Kumar, "Win – Win Opportunities and Environmental Regulation: Testing of Porter Hypothesis for Indian Manufacturing Industries", *Journal of Environmental Management*, Vol. 67, No. 2, 2003, pp. 139 – 144.

Naughton B. and D. L. Yang, *Holding China Together: Diversity and National Integration in the Post – Deng Era*, New York: Cambridge University Press, 2004.

Niskanen W. A. , *Bureaucracy and Representative Government*, Chicago: Aldine Publishing Company, 1971.

North D. , *Understanding the Process of Economic Change*, Princeton: Princeton University Press, 2005.

Oi J. , "Fiscal Refom and the Economic Foundation of Local State Corporatism in China", *World Politics*, Vol. 45, No. 1, 1992, pp. 99 – 126.

Oksenberg M. and J. Tong, "The Evolution of Central – Provincial Fiscal Relations in China, 1971 – 1984: The Formal System", *China Quarterly*, Vol. 1991, No. 125, 1991, pp. 1 – 32.

Opper S. and S. Brehm, "Networks versus Performance: Political Leadership Promotion in China", *Lund University working paper*, 2007, pp. 1 – 41.

Palmer K. , W. Oates and P. Portney, "Tightening Environmental Standards: The Benefit – Cost or the No – Cost Paradigm", *Journal of Economic Perspectives*, Vol. 9, No. 4, 1995, pp. 97 – 118.

Pan J. H. , J. Phillips and Y. Chen, "China's Balance of Emissions Embodied in

Trade: Approaches to Measurement and Allocating International Responsibility", *Oxford Review of Economic Policy*, Vol. 24, No. 2, 2008, pp. 354 – 376.

Persson T. and G. Tabellini, "The Size and Scope of Government: Comparative Politics with Rational Politicians", *European Economic Review*, Vol. 43, No. 6, 1999, pp. 699 – 735.

Peters G. P. and E. G. Hertwich, "Post – Kyoto Greenhouse Gas Inventories: Production versus Consumption", *Climatic Change*, Vol. 86, No. 12, 2008, pp. 51 – 66.

Porter M. E. and C. Linde, "Toward a New Conception of the Environment – competitiveness Relationship", *Journal of Economic Perspectives*, Vol. 9, No. 4, 1995, pp. 97 – 118.

Potoski M., "Clean Air Federalism: Do States Race to the Bottom", *Public Administration Review*, Vol. 61, No. 3, 2001, pp. 335 – 343.

Prescott E., "Theory Ahead of Business – Cycle Measurement", *Federal Reserve Bank of Minneapolis Quarterly Review*, Vol. 10, No. 4, 1986, pp. 9 – 22.

Pritchett L., "Understanding Patterns of Economic Growth: Searching for Hills among Plateaus, Mountains and Plains", *World Bank Economic Review*, Vol. 14, No. 2, 2000, pp. 221 – 250.

Rawski T., "What is happening to China's GDP statistics", *China Economic Review*, Vol. 12, No. 4, 2001, pp. 347 – 354.

Rebelo S., "Real Business Cycle Models: Past, Present, and Future", *NBER Working Paper*, No. 11401, 2005.

Reddy S. and C. Miniou, "Real Income Stagnation of Countries: 1960 – 2001", *Journal of Development Studies*, Vol. 45, No. 1, 2006, pp. 1 – 23.

Rodrik D., "Where Did All the Growth Go? External Shocks, Social Conflict and Growth Collapses", *NBER Working Paper*, No. 6350, 1998.

Sachs J., W. T. Woo and X. Yang, "Economic Reforms and Constitutional Transition", *Harvard University Center for International Development Working Paper*, No. 42, 2000.

Shimer R., "The Cyclical Behavior of Equilibrium Unemployment and Vacancies", *American Economic Review*, Vol. 95, No. 1, 2005, pp. 20 – 49.

Shimer R., "Convergence in Macroeconomics: The Labor Wedge", American

Economic Journal: Macroeconomics, Vol. 95, No. 1, 2009, pp. 280 - 297.

Shleifer A. *The Grabbing Hand: Government Pathologies and Their Cures*, Cambridge, MA: Harvard University Press, 1998.

Shleifer A. and R. W. Vishny, "Corruption", *Quarterly Journal of Economics*, Vol. 108, No. 3, 1993, pp. 599 - 618.

Solow R., "Technical Change and the Aggregate Production Function", *Review of Economics and Statistics*, Vol. 39, No. 3, 1957, pp. 312 - 320.

Stock J. and M. Watson, "Has the Business Cycle Changed and Why", *NBER Macroeconomics annual*, Vol. 17, No. 1, 2002, pp. 159 - 218.

Talvi E. and A. Vegh, "Tax Base Variability and Procyclical Fiscal Policy in Developing Countries", *Journal of Development Economics*, Vol. 78, No. 1, 2005, pp. 156 - 190.

Weber S., "The End of the Business Cycle?" *Foreign Affairs*, Vol. 76, No. 4, 1997, pp. 65 - 82.

World Bank, *The East Asian Miracle: Economic Growth and Public Policy*, New York: Oxford University Press, 1993.

World Bank, *China 2020: Development Challenges in the New Century*, Washington D. C.: World Bank, 1997.

World Bank, *Transition: The First Ten Years - Analysis and Lessons for Eastern Europe and the Former Soviet Union*, Washington D. C.: World Bank, 2002.

Wu J. and L. Ma, "Does Government Performance Really Matter? An Event History Analysis of the Promotion of Provincial Leaders in China", *Paper presentedat the 10th Public Management Research Association Conference*, 2009.

Young A., "The Tyranny of Numbers: Confronting the Statistical Realities of the East Asian Growth Experience", *NBER Working Paper*, No. 4680, 1994.

Zheng J. H., X. X. Liu and A. Bigsten, "Efficiency, Technical Progress, and Best Practice in Chinese State Enterprises (1980 - 1994)", *Journal of Comparative Economics*, Vol. 33, No. 1, 2003, pp. 134 - 152.

索　引

H

J

K

Q

R

S

T

W

X

Z